Educational Governance

Band 19

Ulrike Baumheier • Claudia Fortmann
Günter Warsewa

Ganztagsschulen in lokalen Bildungsnetzwerken

Cit. ✓

Springer VS

Dr. Ulrike Baumheier
Stadt Osterholz-Scharmbeck
Deutschland

Dr. Günter Warsewa
Universität Bremen, Deutschland

Claudia Fortmann
Die Senatorin für Bildung
Wissenschaft und Gesundheit
Bremen, Deutschland

ISBN 978-3-531-19595-7
ISBN 978-3-531-19596-4 (eBook)
DOI 10.1007/978-3-531-19596-4

Die Deutsche Nationalbibliothek verzeichnet diese Publikation in der Deutschen Nationalbibliografie; detaillierte bibliografische Daten sind im Internet über http://dnb.d-nb.de abrufbar.

Springer VS

Gedruckt auf säurefreiem und chlorfrei gebleichtem Papier

Springer VS ist eine Marke von Springer DE. Springer DE ist Teil der Fachverlagsgruppe Springer Science+Business Media.
www.springer-vs.de

GEFÖRDERT VOM

Bundesministerium für Bildung und Forschung

EUROPÄISCHE UNION
Europäischer Sozialfonds

Das diesem Bericht zugrunde liegende Vorhaben „Stadtteilbezogene Vernetzung von Ganztagsschulen" wurde unter dem Förderkennzeichen GTS00108 vom 1.1.2008 bis zum 31.3.2010 aus Mitteln des Bundesministeriums für Bildung und Forschung und aus dem Europäischen Sozialfonds der Europäischen Union gefördert. Die Verantwortung für den Inhalt dieser Veröffentlichung liegt bei den Autor/inn/en.

Inhaltsübersicht

Inhaltsverzeichnis

Abbildungsverzeichnis

Tabellenverzeichnis

Abkürzungsverzeichnis

a.a.O.	Am angegebenen Ort
AG	Arbeitsgemeinschaft
AG JuNo	Arbeitsgemeinschaft Jugendhilfe Nord (Dortmund)
Art.	Artikel
ASB	Arbeiter-Samariter-Bund
ASG	Ambulantes Sachgebiet (Jugendamt Essen)
ASD	Amt für Soziale Dienste
AWO	Arbeiterwohlfahrt
BMBF	Bundesministerium für Bildung und Forschung
BV-Eintracht	Fußballverein im Essener Nordviertel
DELFIN 4	„Diagnostik, Elternarbeit, Förderung der Sprachkompetenz in Nordrhein-Westfalen bei 4-Jährigen" (verbindlicher Sprachtest für Kinder in Kindertagesstätten, NRW)
d.h.	Das heißt
DIFU	Deutsches Institut für Urbanistik
DJI	Deutsches Jugendinstitut
DKJS	Deutsche Kinder- und Jugendstiftung
DRK	Deutsches Rotes Kreuz
ebda.	Ebenda
Ele e.V.	Verein für Erlebnispädagogik (Dortmund)
ESPO	Essener Sportbund
EU	Europäische Union
GG	Grundgesetz der Bundesrepublik Deutschland
Ggf.	gegebenenfalls
GGS	Gemeinschaftsgrundschule
GÖS	Landesprogramm „Gestaltung des Schullebens und Öffnung von Schule", *NRW*
GTS	Ganztagsschule
GU	Gemeinsamer Unterricht (von nicht-behinderten und behinderten Schüler/inne/n in NRW)
HIPPY	Familienbildungsprogramm „Home Instruction for Parents of Preschool Youngsters"
i.d.R.	In der Regel
IGLU	Internationale Grundschul-Lese-Untersuchung

IZBB	Investitionsprogramm „Zukunft Bildung und Betreuung" (2003-2009)
JEKI	Musikalische Bildungsinitiative „Jedem Kind ein Instrument" für Grundschulkinder in NRW
Kita	Kindertagesstätte
KJHG	Kinder- und Jugendhilfegesetz
KMK	Kultusministerkonferenz
KTH	Kindertagesheim
NRW	Nordrhein-Westfalen
o.ä.	Oder ähnlich
OECD	Organization for Economic Co-operation and Development
OGS	Offene Ganztagsschule in NRW
o.J.	Ohne Jahresangabe
PariSozial	Gemeinnützige Gesellschaft für päritätische Sozialdienste mbH (Dortmund)
PISA	OECD-Schulleistungsstudie
QUIGS	„Qualität in Ganztagsschulen" (Selbstevaluationsinstrument für nordrhein-westfälische Schulen)
RAA	Regionale Arbeitsstelle zur Förderung von Kindern und Jugendlichen aus Zuwandererfamilien, Essen
SGB	Sozialgesetzbuch
s.o.	Siehe oben
StEG	Studie zur Entwicklung von Ganztagsschulen
s.u.	Siehe unten
TransKiGs	Bund-Länder-Verbundprojekt TransKiGs zur Förderung des Übergangs von Kindertageseinrichtungen zur Schule (2005-2009)
URBAN II	Gemeinschaftsinitiative des Europäischen Fonds für Regionale Entwicklung
WiN	„Wohnen in Nachbarschaften (Bremer Programm zur Quartiersentwicklung)
z.B.	Zum Beispiel
z.Z.	Zur Zeit

Vorbemerkung

Der Ausbau von Ganztagsschulen hat in Deutschland – nicht zuletzt durch das „Investitionsprogramm Zukunft Bildung und Betreuung" (IZBB) – die Chancen für eine Verbesserung von Bildungsergebnissen und gleichzeitig eine wirksame soziale Integration durch Bildung, Betreuung und Erziehung deutlich erhöht. Wenn mehr Zeit für diese Aufgaben zur Verfügung steht und wenn Schulen gemeinsam und abgestimmt mit vielen anderen – Eltern, Nachbarn, anderen Institutionen und Organisationen – an diesen Aufgaben arbeiten, werden sie auch erfolgreicher zu meistern sein.

Ob und auf welche Weise das so geschaffene Potenzial tatsächlich genutzt wird, hängt – wie von der Educational Governance-Forschung bereits für verschiedene Bildungsreformprozesse belegt – vom Zusammenspiel einer Vielzahl von Bedingungen und Faktoren ab. Die vorliegende Studie untersucht deshalb explorativ anhand von Fallstudien in sechs verschiedenen Wohnquartieren – verteilt auf drei Städte in zwei Bundesländern – ob und unter welchen Bedingungen Ganztagsschulen sich als Teil oder sogar Motor lokaler Bildungsnetzwerke verstehen und entwickeln und identifiziert Einfluss- und Erfolgsfaktoren für eine stärkere sozialräumliche Einbindung von Schulen.

Die Studie wurde im Rahmen der Begleitforschung zum IZBB von Januar 2008 bis März 2010 vom Bundesministerium für Bildung und Forschung (BMBF) und aus dem Europäischen Sozialfonds gefördert. Neben dem BMBF gilt unser Dank den vielen Kooperationspartnern in den Fallstudienstädten und den zuständigen Schulverwaltungen, die uns durch vielfältige Informationen zur Ganztagsschulentwicklung, Bereitstellung von Materialien, Kontaktvermittlung, Organisation von Transferworkshops und vielerlei bereitwillige Auskünfte unterstützt haben: Das nordrhein-westfälische Ministerium für Schule und Weiterbildung, das bremische Senatsressort für Bildung und Wissenschaft, das Familienprojekt Dortmund, die staatliche Schulaufsichtsbehörde und der Geschäftsbereich Jugend, Bildung und Soziales der Stadt Essen. Ein besonders herzlicher Dank gebührt zudem den Schulen und ihren Kooperationspartnern an den ausgewählten Schulstandorten, deren Auskunfts- und Diskussionsbereitschaft wesentlich zum Gelingen des Projekts beigetragen hat.

Bremen, August 2012
Ulrike Baumheier, Claudia Fortmann, Günter Warsewa

Zusammenfassung

Eine wirksame Strategie zur Steigerung von Bildungschancen und zur Verminderung von sozialer Segregation erfordert integrierte Handlungskonzepte, die eine enge Verknüpfung von Bildungseinrichtungen mit ihrem sozialen und räumlichen Umfeld herstellen. Obwohl die Ausweitung von Ganztagsschulen dies begünstigt, liegen Intensität, Dauerhaftigkeit und damit auch Wirksamkeit von Kooperationen im Stadtteil in Deutschland zumeist unterhalb eines optimalen Niveaus. Für eine gezielte Unterstützung lokaler Bildungslandschaften benötigen Länderressorts und Schulträger allerdings vertiefte Kenntnisse über Einfluss- und Erfolgsfaktoren, die auf die Art und die Intensität der sozialräumlichen Einbindung von Schulen sowie auf die Qualität der Kooperation mit außerschulischen Partnern im Stadtteil einwirken.

Vor diesem Hintergrund hat das vom BMBF geförderte Forschungsprojekt im Rahmen der IZBB-Begleitforschung die Auswirkungen der Ganztagsschulentwicklung auf die Vernetzung mit dem Stadtteil untersucht. Ausgangspunkt war dabei die Frage, welche Bedingungen, Einfluss- und Erfolgsfaktoren auf die Art und Intensität der sozialräumlichen Einbindung von Schulen sowie auf die Qualität der Kooperation einwirken. In sechs Fallstudien in unterschiedlich strukturierten Quartieren in Bremen und zwei nordrhein-westfälischen Großstädten wurden mit Methoden der qualitativen Sozialforschung (z.B. Expert/inn/eninterviews, Dokumentenanalysen, Fokusgruppen) die Steuerungs-, Regulierungs- und Funktionsbedingungen der Schulentwicklung auf den Ebenen des Bundeslandes, der Stadt bzw. des Schulträgers und der konkreten Praxis "vor Ort" identifiziert und in ihrem Zusammenwirken analysiert.

Die Ergebnisse deuten darauf hin, dass das Verhältnis von Schulen zu ihrer sozialen und räumlichen Umgebung ein Potenzial birgt, von dessen Nutzung beide Seiten profitieren können. Schulen können (unter bestimmten Bedingungen) mit ihren Kompetenzen und Kapazitäten zur Aufwertung von Stadtteilen beitragen, können Bildungsverständnis und soziales Kapital verstärken und moderne Lebensstile und Lebensformen unterstützen. Umgekehrt können die Öffnung für die Nachbarschaft und die Vernetzung mit anderen Institutionen die Schule von erdrückender Überforderung entlasten und dazu beitragen, dass sie ihrem Bildungsauftrag wieder mehr als bisher gerecht werden kann. Dieses potentielle Win-Win-Verhältnis spiegelt sich darin wider, dass alle Untersuchungsschulen in verschiedenen Handlungsfeldern zur Verbesserung der Lern- und

Lebensbedingungen von Schüler/innen und ihrer Familien und zur Professionalisierung der eigenen Arbeit mit Partnern zusammenarbeiten und diese Zusammenarbeit überwiegend positiv bewerten.

Deutlich wird aber auch, dass es sich um einen mühsamen und schwierigen Annäherungsprozess handelt, dessen hohe Hürden noch lange nicht überwunden sind. Dabei lassen sich sowohl Übergangsprobleme identifizieren, die auf die starke Belastung der schulischen Akteure bei der Umstellung vom Halbtags- auf den Ganztagsbetrieb zurückzuführen sind, als auch Strukturprobleme, die sich aus grundlegenden Prinzipien und Organisationsmerkmalen des Bildungs- und Jugendhilfesystems bzw. des gewählten Ganztagsmodells ergeben. So dominieren additive Kooperationen und vor allem in benachteiligten Stadtteilen findet sich ein hoher Anteil defizitorientierter Kooperationen. Das strukturelle Ungleichgewicht zwischen der Schule und ihren Partnern trägt überdies dazu bei, dass die Kooperationsziele der Schule wie Entlastung und Ermöglichung attraktiver Angebote häufiger erfüllt werden als die Motive der außerschulischen Partner wie Einbringen der eigenen pädagogischen Ansätze oder die Gewinnung neuer Mitglieder bzw. Kunden. Eltern sind vor allem in benachteiligten Quartieren zwar Zielgruppe der Netzwerkarbeit, werden aber nur unzureichend in die Definition von Problemen im Quartier und die Entwicklung von Lösungskonzepten eingebunden.

Die diversen Kooperationsprobleme lassen allerdings auch konkrete Ansatzpunkte zu ihrer Überwindung erkennen: Neben einer Professionalisierung der horizontalen Kooperation im Stadtteil verbessern sich die Chancen für eine erfolgversprechende Weiterentwicklung von Ganztagsschulen durch eine kohärente vertikale Kooperation von Stadtteilakteuren mit den übergeordneten Ebenen der politisch-administrativen Akteure und Angebotsträger. Kommune und Land können dazu durch neue institutionelle Arrangements wie staatlich-kommunale Bildungsnetzwerke, integrierte, sozialräumlich orientierte Konzepte und ressortübergreifende Strukturen für Beratung, Fortbildung und Stadtteilkoordination beitragen.

I Schulen im Stadtteil – Integration durch Vernetzung und Kooperation?

1 Funktionsdefizite und neue Anforderungen an das Schulsystem

Sowohl in den anhaltenden öffentlichen und politischen Debatten als auch in der Bildungsforschung wird seit geraumer Zeit „die Schule" nicht nur in traditioneller Weise als Bildungseinrichtung thematisiert, sondern auch als eine zentrale Instanz der sozialen Integration. Nicht nur erscheint in Deutschland das Bildungsniveau der Absolventen/innen im Durchschnitt unzureichend, die institutionellen Selektions- und Verteilungsmechanismen wirken auch als frühe und kaum revidierbare biographische Festlegungen und begünstigen bzw. verstärken überdies – vor allem in Städten – durch die zunehmende Schulsegregation sozialräumliche Desintegration und soziale Exklusion. Mit anderen Worten: Schulen wirken in räumlicher und sozialer Hinsicht als ein Segregationsmechanismus, dessen Effekte sich nicht zuletzt auch in suboptimalen Bildungsergebnissen niederschlagen. Der in Deutschland besonders enge Zusammenhang zwischen sozialer Herkunft und Bildungserfolg wurde von den OECD-Schulstudien PISA und IGLU wiederholt aufgezeigt, und dabei hängen Entwicklung und Bildungschancen von Kindern eben nicht nur von der Zugehörigkeit zu einer bestimmten Schicht oder Ethnie, sondern auch von der Herkunft aus einem bestimmten Wohnviertel ab. Der benachteiligende Effekt, der davon ausgeht, wird durch das Bildungssystem noch weiter verstärkt, weil die zunehmende Schulsegregation die soziale Zusammensetzung von Stadtquartieren und die Verteilung von Bildungschancen verändert und damit für manche Wohnquartiere zur Auflösung von sozialen Bindungskräften und zur Beschleunigung einer fatalen Abwärtsspirale beiträgt.

Diese Funktionsdefizite erscheinen umso dramatischer, als Bildung und Wissen mit dem Übergang in die Wissens- und Informationsgesellschaft zur bedeutendsten Produktivkraft werden und in den modernen Gesellschaften mehr noch als in der Vergangenheit eine angemessene Bildungsgrundlage zur unerlässlichen Voraussetzung für eine gelingende Berufsbiographie wird. Der grundlegende Wandel von Wirtschaft und Arbeitswelt ist dabei nur eine der Ursachen, die in vielfältige neue Herausforderungen für das Schulsystem einmünden. Gesellschaftliche Bereiche, die, wie Familie, Arbeit oder Nachbarschaft, ehemals

als wirksame Mechanismen der sozialen Integration funktioniert haben, können in vielen Fällen ihre integrativ-sozialisatorische Funktion nicht mehr erfüllen. Dadurch vergrößert sich der Druck auf die Bildungs- und Betreuungseinrichtungen, die diese Aufgaben übernehmen oder zumindest den anderen Institutionen erleichtern sollen. Gleichzeitig wird aber deutlich, dass das deutsche Schulsystem – von seinen institutionellen Voraussetzungen bis hin zur Ausbildung und Qualifikation des Lehrpersonals – mit dieser Aufgabe strukturell überfordert ist.

In zahlreichen und zum Teil heftigen Auseinandersetzungen hat sich vor diesem Hintergrund eine Reihe von – vielfach umstrittenen[1] – Reformbemühungen entwickelt. Wenngleich in föderaler Zuständigkeit kaum einheitliche Bildungsreformen möglich sind, lassen sich doch grob zwei unterschiedliche Ansätze für Erneuerungsbewegungen in Deutschland ausmachen: Zum einen zielen Veränderungen der Schulorganisation und der Bildungskonzepte darauf ab, bessere Bedingungen für die Beseitigung von Bildungsbenachteiligungen durch die Schule sowie für die Kompensation von ungleichen bzw. unzureichenden Bildungsvoraussetzungen in der Schule zu schaffen. Zu diesen Maßnahmen zählen etwa die vielfältigen Bemühungen um angemessenere Unterrichtsgestaltung (z.B. Rhythmisierung oder Differenzierungsunterricht), verlängerte gemeinsame Schulzeiten aller Schüler/innen ebenso wie die forcierte Ausweitung der Ganztagsschule.

Ein zweiter Ausweg aus den beschriebenen Defiziten wird darin gesehen, dass „die Schule" nicht mehr nur nach innen arbeitet, sondern intentional an der bildungs- und integrationsförderlichen Verbesserung von Umfeldbedingungen, lokalen Bildungsmilieus und Lebensverhältnissen mitwirkt. Strategien zur Steigerung von Bildungschancen und zur Verminderung von sozialer Segregation setzen freilich integrierte Handlungskonzepte und eine enge inhaltliche und soziale Verknüpfung von Bildungseinrichtungen mit ihrem räumlichen Umfeld voraus, das in der Regel gleichzeitig das Lebensumfeld der dort betreuten Kinder und Jugendlichen ist. Neben der Öffnung für ihre soziale Umwelt kommt der Vernetzung von Schulen mit anderen sozialen Einrichtungen dabei eine besondere Bedeutung zu. Die Idee derartiger lokaler Bildungsnetzwerke ist keineswegs neu: Was in Deutschland bislang erst in Modellprojekten erprobt wird, wird in anderen europäischen Ländern bereits seit längerem erfolgreich flächendeckend praktiziert. Bereits in den zwanziger und dreißiger Jahren des vorigen Jahrhunderts ist auf der Grundlage ähnlicher Überlegungen in Großbritannien und in den USA das Kon-

[1] Jüngstes Beispiel dafür waren die heftigen Auseinandersetzungen um die Hamburger Schulreform: Nach massiven Protesten von Elterninitiativen wurde im Sommer 2010 bei einem Volksentscheid die von der Koalition aus CDU und Grünen angestrebte Verlängerung der Grundschulzeit auf sechs Jahre abgelehnt.

zept von Community Schools als eines sozialen Zentrums des Stadtteils entwickelt worden, das auch in Deutschland seit den siebziger Jahren breit diskutiert wurde (vgl. die Übersicht bei Buhren 1997). Anders als in Deutschland wurden entsprechende Schulformen in einigen anderen Ländern tatsächlich realisiert. Unabhängig davon, ob diese Netzwerke „Extended Schools" (Großbritannien), „Vensterscholen" (Niederlande), Community Knowledge Centers (USA) oder regionale, kommunale bzw. lokale „Bildungslandschaften"[2] genannt werden, wird immer „die Schule" zusammen mit zahlreichen anderen beteiligten Einrichtungen in enge stadtteil- oder quartiersorientierte Kooperationen eingebunden.

Wie und unter welchen Bedingungen solche Netzwerke erfolgreich aufgebaut und auf Dauer organisiert und betrieben werden können, lässt sich insbesondere an den noch relativ jungen Beispielen in den Niederlanden und Großbritannien studieren, wo sich Schulen durch die institutionalisierte Zusammenarbeit mit Kinderbetreuungseinrichtungen, Gesundheitsämtern, Sozialberatung, Vereinen, Künstlern etc. zu Stadtteilbildungszentren weiterentwickeln können, die sowohl die Bildungserfolge ihrer Schüler/innen im Sinne einer umfassenden Persönlichkeitsentwicklung stärken als auch die Integration spezifischer Zielgruppen (z.B. Migrantenfamilien) in das Bildungssystem wie auch in die Nachbarschaft fördern und so gleichzeitig zu einer ausgewogeneren sozialen Entwicklung in Stadtquartieren beitragen (Baumheier/Warsewa 2009). An eine darauf gerichtete, bildungsinstitutionelle Umorientierung werden auch in Deutschland hohe Erwartungen geknüpft[3], deren Einlösung zum jetzigen Zeitpunkt aber noch

[2] Dieser Begriff scheint sich in Deutschland durchzusetzen, obwohl es eine allgemeingültige Definition für eine Bildungslandschaft (noch) nicht gibt (vgl. Mack 2009: 62, Berse 2009); vielmehr wird der Begriff für „vernetzte Systeme von Bildung, Erziehung und Betreuung" (Deutscher Städtetag 2007: 2) auf unterschiedlichen räumlichen Ebenen (Region, Kommune und/oder Stadtteil), mit unterschiedlichen Akteurskonstellationen und unterschiedlichen Schwerpunkten verwendet. Stolz unterscheidet grundsätzlich zwischen schulzentrierten Bildungslandschaften, bei denen Schulentwicklung und Entwicklung von Unterricht zunächst im Vordergrund stehen und die Einbeziehung außerschulischer Partner erst in einem zweiten Schritt erfolgt (siehe etwa die Programme der Bertelsmann-Stiftung) und dezentrierten Bildungslandschaften, die von Anfang an auf der gleichberechtigten Partnerschaft von Jugendhilfe und Schule beruhen. Während der erste Typ von Bildungslandschaften schon häufig in der Praxis zu finden ist (so in den von der Bertelsmann-Stiftung geförderten regionalen Bildungslandschaften in NRW, Niedersachsen und Baden-Württemberg), handelt es sich beim zweiten Typ um eine Zielvorstellung, die vor allem vom Deutschen Jugendinstitut und Vertreter/innen der öffentlichen und freien Jugendhilfe vertreten wird.

[3] So fördern eine Vielzahl von Stiftungen zur Verbesserung von Bildungschancen die Entwicklung von Bildungslandschaften, z.B. die Bertelsmann-Stiftung (Regionale Bildungslandschaften), die Deutsche Kinder- und Jugendstiftung (Programm „Lebenswelt Schule"), der Stiftungsverbund „Ein Quadratkilometer Bildung" (z.B. in Berlin-Neukölln) und die Montag-Stiftungen (Köln-Altstadt Nord). Ein größerer Stiftungsverbund unterstützt im Rahmen des Bundesprogramms „Lernen vor

nicht sinnvoll evaluativ analysiert werden kann, und angesichts der deutlich unterschiedlichen Rahmenbedingungen für die Schulentwicklung können die Erfahrungen in anderen Ländern auch nur begrenzt auf die Entstehungs- und Funktionsbedingungen solcher lokaler Bildungsnetzwerke im deutschen Kontext übertragen werden.

Vor diesem Hintergrund war es das Ziel der vorliegenden Studie, den institutionellen und lebensweltlichen Bedingungen auf den Grund zu gehen, die für ausgewählte Schulen das Eingehen von kleinräumigen Vernetzungen und lokalen Kooperationen, ihren Umfang und ihre Qualität bestimmen.

2 Chancen und Probleme einer verstärkten sozialräumlichen Orientierung

Die Erwartung positiver Effekte auf Bildungserfolg und soziale Integration durch eine verstärkte sozialräumliche Orientierung der Institution „Schule" beruht nicht zuletzt auf zahlreichen Befunden, aus denen sowohl entwicklungspsychologische und pädagogische (Bedeutung von außerschulischen Kooperationen für den Bildungserfolg) als auch stadtentwicklungspolitische Begründungszusammenhänge (Beitrag von Schulen zur Stadtteil- bzw. Quartiersentwicklung) resultieren:

Die einschlägigen empirischen und theoretischen Arbeiten zur kindlichen Entwicklung gehen überwiegend von einem integrativen Modell der kindlichen Entwicklung aus, nach dem Bildungschancen sowohl abhängig sind von spezifischen kindlichen Persönlichkeitsmerkmalen und Begabungen als auch von Anregung und Förderung durch Familie und soziale Umwelt (Shonkoff/Philipps 2000, Bronfenbrenner/Morris 1998). Die systematische Auswertung zur wechselseitigen Beeinflussung dieser Faktoren durch Furstenberg u.a. (1999) weist auf den Gesamtzusammenhang von Bildung, Erziehung und Betreuung hin. Kinder lernen nicht nur in der Schule, sondern auch an vielen weiteren Lernorten und über die (alten und neuen) Medien. So belegen Fend u.a. (2004), dass außerschulische Bildungsangebote (z.B. Vereine, Musikschulen etc.) Bildungsprozesse auf vielfältige Art befördern und vermitteln und so zentrale Erfahrungen für den weiteren Lebensverlauf ermöglichen. Düx/Sass (2005) zeigen, dass Kinder und Jugendliche durch gesellschaftliches Engagement zentrale, von künftigen Arbeitgebern als Schlüsselkompetenzen nachgefragte *soft skills* wie Organisationstalent, Führungs- und Teamfähigkeit sowie Kreativität erwerben. Nicht zu-

Ort" gemeinsam mit dem Bundesministerium für Bildung und Forschung 40 Kommunen und Regionen bei der Entwicklung eines kohärenten Bildungsmanagements.

letzt vermittele nur eine realitätsnahe (gleichwohl aber fachlich-pädagogisch intensiv begleitete) Praxis außerhalb der „Käseglocke Schule" diejenigen Erfahrungen, die Kinder und Jugendliche unbedingt für eine begründete Wahl von Berufen und Ausbildungsstätten bräuchten (Gonzales 2002: 141).

Bildungsprozesse erfolgen also im Wechselspiel von formellen und informellen Prozessen und in unterschiedlichen sozialen Zusammenhängen und sollten schon deshalb nicht von bzw. in einer Institution allein gestaltet werden; bessere Bildungschancen und Bildungsergebnisse sind dagegen bei einem funktionierenden Zusammenspiel verschiedener Institutionen zu erwarten (Mack 2006: 170; Stolz 2006). Dabei handelt es sich in erster Linie um diejenigen – gleichsam „benachbarten" – Institutionen, die Entwicklungen in der biographischen Phase des Aufwachsens von Kindern und Jugendlichen steuern und regulieren (Krüger 2005); neben der Familie und der Schule mit ihren angelagerten Ergänzungsleistungen (z.B. schulpsychologischer Dienst u. dergl.) also etwa auch die Einrichtungen der Kinderbetreuung, der Jugendhilfe, der Sozialberatung und sozialen Unterstützung, die Gesundheitsdienste etc., die in verschiedenen Organisationsformen und Trägerschaften betrieben werden. Der Zwölfte Kinder- und Jugendbericht der Bundesregierung hat daher die Bedeutung lokaler Bildungslandschaften unterstrichen, „die ein produktives Zusammenspiel unterschiedlicher Bildungsorte und Lernwelten ermöglich(en)" (Bundesministerium für Familie, Senioren, Frauen und Jugend 2005: 334). Dazu seien neue Formen von Kooperation und gemeinsamer Planung von Schulen, Institutionen der Jugendhilfe und kommunalen Ämtern besonders auf Stadtteilebene notwendig (Mack 2006).

Umgekehrt ist in Deutschland auch aus der Perspektive des stadtpolitischen Bundesprogramms „Soziale Stadt" Bildung als ein Schlüsselfaktor für eine nachhaltige Quartiersentwicklung identifiziert worden (Olejniczak/Schaarschmidt 2005). Dabei wird zunächst darauf verwiesen, dass die Schulwahlen ein zentraler Mechanismus sozialer Entmischungsprozesse sind und in manchen Fällen zu einer Segregation führen, die sich als ernste Gefährdung der kulturellen und sozialen Integration in Städten erweist (Häußermann 2002). Schulsegregation verändert die soziale Zusammensetzung von Stadtquartieren nachhaltig und trägt damit in beträchtlichem Maß zur Auflösung von sozialen Bindekräften bei. Wenn Schulen allerdings eine derart wichtige Quelle sozialer Entmischungs- und Desintegrationsprozesse sind, „dann könnten sie auch ein zentraler Ansatzpunkt für Integrationspolitik sein – sowohl hinsichtlich der Migranten als auch der einheimischen Bevölkerung" (Häußermann 2002: 78). Eine Rolle als Ansatzpunkt für eine kleinräumig wirksame Politik sozialer Integration wird der Schule daher in zahlreichen Arbeiten zugewiesen (Schulz 2000; Auernheimer 2001; Gonzales 2002; DIFU 2005).

Aber auch dort, wo soziale Mischung und die Überlagerung verschiedener Milieus im kleinräumigen Umfeld noch bzw. wieder hergestellt werden kann, sind netzwerkartige Bildungs- und Betreuungsstrukturen eine sinnvolle Antwort auf die Anforderungen moderner gesellschaftlicher Entwicklungen: Läpple/Stohr (2006) zeigen, dass die Veränderungen der Beziehungsmuster zwischen Arbeits- und Lebenswelt (Stichwort: Entgrenzung der Arbeit) zu neuen Anforderungen an zukunftsfähige soziale Infrastrukturen geführt haben, die eine stärkere Vernetzung von Bildungs- und Betreuungsinstitutionen mit ihrer räumlichen Umwelt voraussetzen: Schulen – insbesondere Grundschulen – sind nicht nur räumliche Ankerpunkte für die Kinder berufstätiger Eltern, sondern auch Schnittstellen und Orte der Überlagerung verschiedener sozialer Milieus und sollten sich durch ein ausgedehntes und zeitlich flexibles Angebot und die Ausrichtung an den im Umfeld lebenden und arbeitenden Menschen zu „Kristallisationskernen und Informationsschnittstellen für lokale Bildungs- und Betreuungsnetzwerke" (Läpple/Stohr 2006: 187) weiterentwickeln.

Stadtteilbezug, kleinräumige Vernetzung und lokale Kooperationen werden mithin als wesentliche Elemente einer generellen Neuorientierung des deutschen Schulsystems betrachtet. Um sich dem anzunähern, bietet der aktuell forcierte Prozess der Ausweitung von Ganztagsschulen deutlich verbesserte Rahmenbedingungen und günstige Gelegenheitsstrukturen: Da die Schulen für die Entwicklung von Ganztagsangeboten zumeist auf die Kooperation mit außerschulischen Partnern angewiesen sind, haben sie in vielen Fällen bereits Kontakte zu anderen Stadtteilinstitutionen geknüpft. Mit Sozialpädagog/inn/en und Erzieher/inne/n sind an Ganztagsschulen zudem in vielen Fällen Berufsgruppen vertreten, die häufig vielfältigere Erfahrungen mit der sozialräumlichen Einbindung von Bildungs- und Erziehungsleistungen einbringen. Neben der Ressource „Kompetenzen" können Ganztagsschulen umfassender und in der Regel auch flexibler über die Ressource „Zeit" verfügen, was die Entwicklung quartiersbezogener Lernaktivitäten vermutlich begünstigt. Nicht zuletzt ist die Einrichtung des Ganztagsbetriebs an vielen Stellen mit baulichen Veränderungen und Investitionen verbunden, die die bauliche Anpassung von Raumkonzepten und materiellen Ausstattungen erleichtern.

Tatsächlich hat die zweite Erhebungswelle der „Studie zur Entwicklung von Ganztagsschulen" (StEG) bestätigt, dass die Bedeutung der Kooperation mit außerschulischen Partnern zunimmt: So arbeiten immer mehr Ganztagsschulen (2007: 85%) mit außerschulischen Partnern zusammen und die Anzahl der Kooperationspartner pro Schule wächst (2007: durchschnittlich 5,5 Partner pro Schule; Deutsches Institut für Internationale Pädagogische Forschung u.a. 2008: 7[4]). Überraschenderweise machen Träger der Kinder- und Jugendhilfe dabei bislang nur ein Fünftel der Kooperationspartner aus, allerdings sind sie vom zeitlichen Umfang her mit der höchsten Wochenstundenzahl an Angeboten der wichtigste Partner. Ein Viertel der Kooperationspartner – und damit zahlenmäßig die stärkste Gruppe – sind Sportvereine. Daneben ist ein breites Spektrum weiterer Institutionen – etwa Betriebe, Bibliotheken, Musikschulen – vertreten. Die Kooperationspartner übernehmen sowohl Betreuungs- als auch Bildungsaufgaben aus verschiedenen thematischen Bereichen; ein Drittel der Partner führt Sportangebote durch. Die Kinder- und Jugendhilfe deckt erwartungsgemäß ein breiteres Themenspektrum ab als andere Partner; weitaus stärker als die übrigen engagiert sie sich insbesondere bei der Förderung benachteiligter Kinder und Jugendlicher (Holtappels u. a. 2007).[5]

Dennoch scheinen trotz steigender Partneranzahl der Grad der Vernetzung, die Intensität und Dauerhaftigkeit der Kooperationen und damit auch ihre Wirksamkeit in Deutschland bislang in der Regel unterhalb eines optimalen Niveaus zu liegen. Die meisten dieser Kooperationen haben nach wie vor additiven Charakter: Die Partner liefern Dienstleistungen für den bestehenden Schulbetrieb – insbesondere in Form von ergänzenden Nachmittagsangeboten –, während der Unterricht als Kerngeschäft der Schule weiterhin in Eigenregie von den einzelnen Schulen durchgeführt wird (vgl. Lipski 2007). Nur wenige Kooperationen (2007: 13%) sind durch Koordinierungsgremien strukturell verankert. Immerhin gut die Hälfte dieser Kooperationen beruht auf Kooperationsverträgen, der Anteil ist zwischen den beiden StEG-Erhebungswellen 2005 und 2007 allerdings leicht zurückgegangen (Deutsches Institut für Internationale Pädagogische Forschung u.a. 2008).

Aus den StEG-Daten geht darüber hinaus nicht hervor, in welchem Umfang die in der Regel bilateralen Kooperationen zur Erstellung von außerschulischen Angeboten in übergreifende Stadtteilnetzwerke eingebunden sind. Zwar ergibt die StEG-Schulleiter/innenbefragung, dass sich Schulen, falls ihnen sozialräum-

---

4 vgl. Pressekonferenz des StEG-Konsortiums am 08.09.2008 (http://www.projekt-steg.de/files/pk080908/Pressekonferenz_Steg_Folien.pdf)

5 Im Unterschied zu den genannten Institutionen werden Eltern nur in geringem Umfang direkt aktiv an der Gestaltung des Schulalltags beteiligt. Der Anteil liegt sowohl bei Eltern von „Halbtags"- als auch von „Ganztags"-Schüler/inne/n fast immer unter 6% (Züchner 2009: 281). Während die StEG-Daten darauf schließen lassen, dass sich Eltern von Kindern, die regelmäßig den Ganztag besuchen, immerhin intensiver beteiligen, als Eltern von Kindern, die den Ganztag unregelmäßig oder nie besuchen (a.a.O.), kommt die Begleitstudie zur Einführung der offenen Ganztagsschule (OGS) in Nordrhein-Westfalen zu dem Ergebnis, dass OGS-Eltern seltener als Nicht-OGS-Eltern an Kursen oder Projekten mitwirken (Beher u.a. 2007: 169).

liche Vernetzungsgremien bekannt sind, auch zur überwiegenden Mehrheit daran beteiligen (Arnoldt 2007: 101). Allerdings zeigt eine Fallstudie zur Evaluation des nordrhein-westfälischen Landesprogramms „Soziale Stadt", dass das Engagement der Schulen von den beteiligten Akteuren recht unterschiedlich wahrgenommen wird: In den untersuchten Stadtteilen stimmen zwar 84 Prozent der Schulen, aber nur knapp die Hälfte der befragten sonstigen Stadtteilakteure der Aussage zu, dass es eine kooperative Grundhaltung unter den Schulen im Stadtteil gibt (vgl. Olejniczak/Schaarschmidt 2005: 146). In Berichten aus der Praxis wird häufig geklagt, dass sich Ganztagsschulen ihrer veränderten Rolle im Stadtteil noch zu wenig bewusst sind, zwar häufig projekthafte Kooperationen, aber seltener langfristige und institutionalisierte Formen der Vernetzung realisiert werden können.

Zu den sog. Ge- und Misslingensbedingungen von Kooperationen liegen mittlerweile einige Untersuchungen und Praxishandreichungen vor (siehe z.B. Hartnuß/Maykus 2004), die insbesondere im Kooperationskontext von Schule und Jugendhilfe entstanden sind. Unterschieden werden hierbei in der Regel die drei interdependenten Bereiche „persönliche Einstellungen und Engagement", „Prozessgestaltung" und „Strukturbedingungen". Zur Überwindung von Problemen, die sich aus berufskulturellen Unterschieden der beteiligten Professionen ergeben, wird beispielsweise gefolgert, dass die beteiligten Akteure einander Vertrauen entgegenbringen sollten, dass die Beteiligten einander auf gleicher Augenhöhe begegnen und frühzeitig wechselseitig in Planungen einbezogen werden müssten und dass alle Partner in der Kooperation ihre Interessen und Ressourcen offen legen sollten (Preiß 2007: 19). Häufig seien es aber strukturelle Probleme, an denen anspruchsvollere Formen der Kooperation in erster Linie scheiterten: Zu knappe Zeitbudgets von Schulleiter/inne/n, Lehrer/inne/n und pädagogischen Fachkräften und unzureichende finanzielle Ressourcen ließen die Vernetzungs- und Kooperationsanforderungen eher als zusätzliche Belastung und weniger als eine Entlastung des Lehrpersonals erscheinen. Die Fragmentierung der Zuständigkeiten für Schule und Jugendhilfe auf Ebene der Kommunen und der Bundesländer schaffe bürokratische und rechtliche Hürden. Erfahrungen mit regionalen Bildungsnetzwerken im Berufsbildungsbereich sowie mit einer Reihe lokaler Pilotprojekte z.B. im Kontext des Bundesprogramms „Soziale Stadt" deuten darauf hin, dass Voraussetzung für die erfolgreiche Vernetzung von Schule und Stadtteil die Auseinandersetzung mit den strukturellen Problemen ist, die sich zum einen aus der traditionellen Trennung der Systeme von Schule und Jugendhilfe, zum anderen aus der relativ geringen Budget- und Personalautonomie deutscher Schulen ergeben. Kooperationen mit anderen Schulen oder außerschulischen Partnern werfen überdies schnell dienstrechtliche Fragen und Finanzierungsprobleme auf (Solzbacher 2007).

Die genannten sowie weitere Problemkomplexe (etwa der Problemdruck vor Ort, die Gestaltung von Elternbeziehungen oder der Einfluss von politisch-ideologischen Positionen) mischen sich in jedem einzelnen Fall zu spezifischen Bedingungskonstellationen, von denen es abhängt, in welchem Umfang und in welcher Qualität beabsichtigte oder erwünschte Vernetzungs- und Kooperationsaktivitäten tatsächlich umgesetzt werden können. An dieser Stelle setzt die vorliegende Studie an: Sie geht zunächst von der Annahme aus, dass es in erster Linie Ganztagsschulen sind bzw. sein werden, die den Anforderungen an eine verstärkte sozialräumliche Orientierung nachkommen können und die auf diesem Wege verbesserte Voraussetzungen dafür schaffen, sowohl ihren Bildungsauftrag als auch die zunehmend wichtige Aufgabe der sozialen Integration zu erfüllen. Im Einzelnen werden daher anhand von Fallstudien in verschiedenen Kommunen und Bundesländern, d.h. unter systematisch variierenden Bedingungskonstellationen, zwei zentrale Fragestellungen verfolgt:

1. Inwieweit trägt die Einrichtung von Ganztagsschulen tatsächlich zu einer Vermehrung bzw. Intensivierung von Kooperations- und Vernetzungsprozessen im Stadtteil bei?
2. Welche Einflussfaktoren und Rahmenbedingungen auf Landes-, kommunaler und Stadtteilebene befördern oder behindern solche Kooperations- und Vernetzungsprozesse?[6]

In den folgenden Abschnitten wird zunächst ein Überblick über das Untersuchungsdesign und die methodische Vorgehensweise gegeben (Kap. II). Daran schließt eine Analyse derjenigen Entwicklungsbedingungen an, die sich für die Schulen durch die Einbettung in ein institutionelles Mehrebenensystem ergeben (Kap. III). Die Darstellung der insgesamt sechs durchgeführten Fallstudien beschreibt die konkreten Entwicklungsprozesse an den betrachteten Schulstandorten und erörtert die jeweiligen Entwicklungsbedingungen (Kap. IV). Aus der fallvergleichenden Analyse werden systematische Ergebnisse zu den Ausprägungen von Kooperations- und Vernetzungsprozessen gewonnen (Kap. V), und in einer abschließenden Interpretation werden die Ergebnisse der Studie auf die aktuellen Debatten und Entwicklungen im deutschen Bildungssystem bezogen (Kap. VI).

---

[6] Damit versteht sich das Projekt als eine spezifische Ergänzung zur „Studie zur Entwicklung von Ganztagsschulen" (StEG): Während sich die StEG intensiv mit der Kooperation zwischen Schulen und außerschulischen Partnern bei der Entwicklung von Angeboten für den Ganztag beschäftigt, liegt der Schwerpunkt hier auf der Analyse der sozialräumlichen, infrastrukturellen und institutionellen Einbindung von Ganztagsschulen in den Stadtteil und ihren Funktionsbedingungen.

II Untersuchungsdesign

1 Forschungsannahmen

Umfang, Intensität und Qualität von Vernetzung hängen nicht nur vom persönlichen Engagement der beteiligten Akteure und von horizontalen Kooperationsprozessen im Stadtteil ab. Schulen ebenso wie die meisten ihrer Partnereinrichtungen sind jeweils auch in vertikale Kooperationsbeziehungen zu übergeordneten Behörden bzw. Trägern oder Verbänden eingebunden. Die Educational Governance-Forschung hat den Blick dafür geöffnet, dass Bildungsprozesse und -ergebnisse vom Zusammenspiel einer Vielzahl von Akteuren aus verschiedenen Bereichen (Politik, Verwaltung, Zivilgesellschaft und Wirtschaft) und auf verschiedenen Ebenen beeinflusst werden (Altrichter/Heinrich 2007; siehe Tab. II.1 und Abbildung II. 1). Da sich die Zuständigkeiten, Steuerungs- und Regulierungskompetenzen in Deutschland auf ein komplexes Mehrebenensystem verteilen, sind die wesentlichen Einflussfaktoren und Wirkungsbeziehungen auf diesen Ebenen – Bundesland, Stadt bzw. Schulträger und konkrete Praxis „vor Ort" – zu identifizieren und in ihrem Zusammenwirken zu analysieren.

Dort, wo sich solche institutionellen Arrangements als praktisch wirksame Kooperationssysteme etablieren, mischen sich zwangsläufig hierarchische und bürokratische mit eher kooperativen und aushandlungsorientierten Strukturen. Ausgleiche zwischen unterschiedlichen Organisationslogiken, konkurrierenden Erwartungen und divergierenden Interessenpositionen müssen gefunden und eine sinnvolle Arbeitsteilung muss zwischen den beteiligten Akteuren hergestellt werden. Horizontale Kooperationserfordernisse oder -wünsche auf einer Ebene mögen im Widerspruch zu den Kooperationsinteressen auf über- oder untergeordneten Ebenen stehen. Selbst wenn also das Programm einer sozialräumlichen Öffnung und Vernetzung explizit darauf abzielt, Schulen durch Kooperation und Arbeitsteilung von den außerordentlich hohen Erwartungen und Anforderungen zu entlasten, mit denen sie sich konfrontiert sehen, wird die Umsetzung dieses Programms auf vielfache Probleme stoßen. Überdies ist davon auszugehen, dass sich die Entwicklung von Akteurskonstellationen und von Kooperationsbeziehungen in Abhängigkeit von den jeweiligen lokalen Rahmenbedingungen unterscheidet und z.B. den Charakter von arbeitsteiligen Netzwerken aber auch von hierarchischen Über-/Unterordnungsverhältnissen annehmen kann.

Im Einzelnen wurden in der Auswahl der Fallstudien deshalb die folgenden Entwicklungsbedingungen berücksichtigt und systematisch variiert:

Abbildung 1: Einbettung von Schulen in ein institutionelles Mehrebenensystem

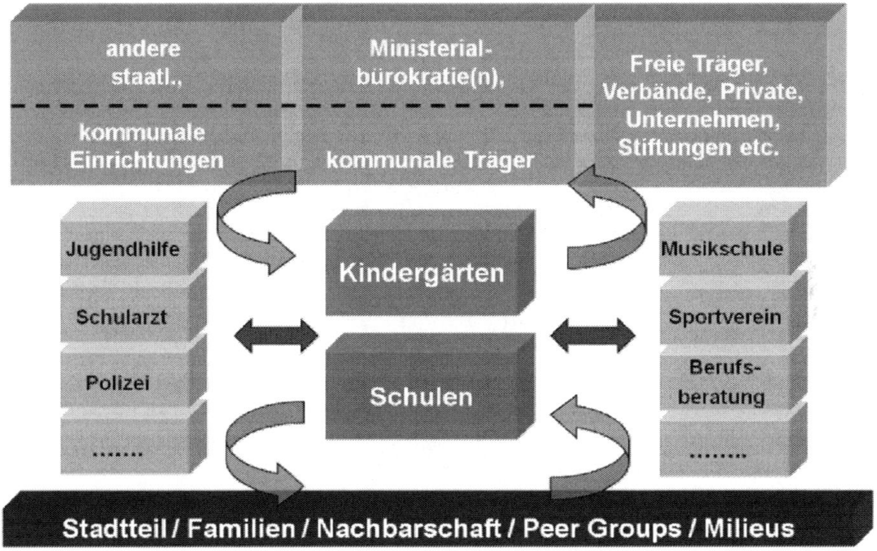

Schul(entwicklungs)politische Konzepte der Bundesländer

Da die Zuständigkeit für die staatliche Schulaufsicht nach Art. 7, I GG bei den Ländern liegt, bilden die schulpolitischen Konzepte der Länder wesentliche Bestimmungsgrößen für das Handeln der kommunalen Schulträger und der Schulen selber. Zum einen sind in diesen Konzepten Zielvorstellungen auch in Bezug auf die Öffnung von Schulen und ihre sozialräumliche Vernetzung verankert, zum anderen regeln sie die Zuweisung von personellen Ressourcen (Schulleitungs- und Lehrerstunden) und bestimmen damit gemeinsam mit den Kommunen (s.u.) über Ressourcenausstattung und Budgetautonomie der Schulen. Darüber hinaus werden auf dieser Ebene zeitliche Rahmenbedingungen wie die Länge des Schultags und die Möglichkeit zur Rhythmisierung festgelegt. Auf dieser Ebene werden auch im Wesentlichen die politischen Debatten und Interessengegensätze ausgetragen, die sich oftmals in den Bildungs- und Schulkonzepten der Bundesländer widerspiegeln.

Insbesondere die Wahl des Ganztagsschulmodells (offen – gebunden) lässt einen Einfluss auf den jeweiligen Vernetzungsgrad an den betreffenden Schulstandorten vermuten: In der Bildungsforschung überwiegt die Auffassung, dass das gebundene Modell wegen der Beteiligung aller Schüler/innen und der Möglichkeit einer Rhythmisierung bessere Voraussetzungen für eine Verzahnung von Unterricht mit außerunterrichtlichen Angeboten bietet als das offene (Burrow/ Pauli 2006). Auch die StEG-Ergebnisse lassen eine spürbar stärkere konzeptionelle Verbindung bei voll- oder teilgebundenen Ganztagsschulen erkennen (Holtappels 2007: 151). Haenisch (2009) belegt allerdings an einer Vielzahl von Fallbeispielen aus NRW, dass auch in offenen Ganztagsschulen vielfältige Verzahnungsmöglichkeiten mit verschiedenen Partnern bestehen. In den Fallstudien wurde deshalb untersucht, wie sich einzelne Strukturmerkmale des offenen und gebundenen Modells und die damit verbundene Ressourcenausstattung auswirken. So ist z.B. davon auszugehen, dass Qualität und Intensität von Vernetzungsprozessen positiv beeinflusst werden, wenn Schulen und Kooperationspartner über größere zeitliche Ressourcen für die Abstimmung oder gemeinsame Projekte verfügen. Beobachtungen in den Niederlanden und Großbritannien deuten zudem darauf hin, dass eine größere Budget- und Personalautonomie der Schulen die Kooperations- und Vernetzungsintensität von Ganztagsschulen erhöhen können, da eine höhere Autonomie die Organisation und die Finanzierung von Kooperationsprojekten vereinfacht (Baumheier/Warsewa 2009).

Kommunale Umsetzungsstrategien

Die Kommunen sind Träger der überwiegenden Mehrheit der allgemeinen und beruflichen Schulen und damit von ca. 94% der Schulen in Deutschland (Hebborn 2008: 960). Im Rahmen von Schulentwicklungsprozessen sind sie zuständig für die Bereitstellung der notwendigen Räumlichkeiten und die Einstellung von pädagogischen Fachkräften und bestimmen damit neben dem Land über die Ressourcenausstattung und Budgetautonomie der Schulen. Da die Kommunen darüber hinaus für viele andere Bildungsbereiche (Kindertagesstätten, außerschulische Bildungseinrichtungen und -bedingungen, Bibliotheken, kommunale Musikschulen, etc.) verantwortlich sind, verfügen sie außerdem über ein beträchtliches Potenzial zur lokalen Steuerung der Kooperation und Vernetzung von Schulen. Da zum einen die konkreten Anforderungen und Problemlagen an einzelnen Schulstandorten immer auch durch koordinierte Reaktionen auf der Ebene des einzelnen Schulstandortes beantwortet werden müssen und zum anderen die Qualität und das Image der lokalen Bildungseinrichtungen zunehmende Bedeutung als Standortfaktor gewinnen, zeigt sich ein wachsendes Interesse der Kommunalpolitik an der Entwicklung des Bildungs- bzw. Schulsystems. Dabei scheint die Orientierung auf Vernetzung und Kooperation in der Form von „Bildungslandschaften“, „Verantwortungsgemeinschaften“, „Bildungsnetzwerken“ etc. auf der Ebene der Kommunen besonders intensiv verfolgt zu werden.[7]

Es ist allerdings davon auszugehen, dass es hierfür ämterübergreifender Handlungsansätze bedarf, die sich beispielsweise in der Entwicklung von bildungspolitischen Leitbildern, behördenübergreifender Koordination bei der Ganztagsschulentwicklung oder neuen Abstimmungsformen zwischen kommunaler und staatlicher Schulverwaltung widerspiegeln (Maykus 2009, Stolz 2009). Darüber hinaus lässt sich vermuten, dass die Zusammenarbeit von Schulen mit dem umgebenden Stadtteil positiv beeinflusst wird, wenn dieser Aspekt einen hohen Stellenwert in kommunalpolitischen Konzepten einnimmt und gegebenenfalls schon bei der Einführung der Ganztagsschule eine wesentliche Zielgröße darstellt.

Lokale Bedingungskonstellationen auf der Ebene des Stadtteils bzw. Schulstandorts

Wie schulpolitische Konzepte umgesetzt und Ressourcen zur Verbesserung von Qualität und Intensität von Vernetzung eingesetzt werden, wird nicht zuletzt durch strukturelle Rahmenbedingungen im Stadtteil und am Schulstandort beeinflusst. Die Untersuchung von positiven Beispielen aus den Programmgebieten der „Sozialen Stadt“ legt die Vermutung nahe, dass stadtteilbezogene Kooperation und Vernetzung zum einen durch den hohen Problemdruck insbesondere an Schulstandorten befördert werden, die durch einen hohen Anteil unterprivilegierter Bewohner/innen, benachteiligende Wohnverhältnisse, „bildungsferne“ Milieubedingungen charakterisiert sind (i.d.R. Quartiere mit einem hohen Anteil von Familien mit Migrationshintergrund und/oder Sozialhilfeempfängern). Im Zusammenhang damit wirkt überdies die Verfügbarkeit von benötigten Ressourcen, vor allem Finanzmitteln für Kooperationsprojekte und Koordinationsinstanzen im Stadtteil (z.B. ein Quartiersmanagement) positiv auf das Zustandekommen von bildungsbezogenen Kooperationsbeziehungen (Olejniczak/Schaarschmidt 2005). Schließlich wird der Vernetzungsgrad vermutlich auch durch die konkrete Lage im Stadtteil bzw. die räumliche Nähe der existierenden Institutionen zueinander beeinflusst. Die erhofften Optimierungs- und Entlastungswirkungen von Bildungslandschaften bzw. von erweiterten Vernetzungs- und Kooperationsbeziehungen konzentrieren sich freilich weder auf einer programmatischen Ebene noch in der Praxis auf „Problemquartiere“ mit einem hohen Anteil von „Risiko-

[7] So spricht sich z.B. der Deutsche Städtetag in seiner Aachener Erklärung für die Gestaltung kommunaler Bildungslandschaften im Rahmen staatlich-kommunaler Verantwortungsgemeinschaften aus (Deutscher Städtetag 2007).

schülern“ und insofern finden sich unterschiedliche Ansätze und Ausprägungen auch in vielen anderen Umgebungen.[8]

Tabelle 1: Mehrebenensystem der Ganztagsschulentwicklung

	Politik/Verwaltung	**Zivilgesellschaft**	**Wirtschaft**
Bund und Länder	Pol. Parteien; Bund (BMBF); Länder (Bildungsministerien, Jugendministerien, Landesschulbehörden, Unterstützungssysteme, z.B. Serviceagentur Ganztägig Lernen – in Kooperation mit der DKJS)	Stiftungen; Spitzenverbände der Jugendhilfe, freien Wohlfahrtspflege, des Sports u.a.; Kirchen und religiöse Gemeinschaften	Spitzenverbände der Wirtschaft; Kultur und Medien; Arbeitsagentur; Gewerkschaften
Schulträger	Kreise und Kommunen (Schulverwaltungsamt, Jugendamt, ggf. Stadtentwicklung)	Freie Jugendhilfeträger und Träger der Wohlfahrtspflege (Leitungsebene); Stadtsportbund u.a.; Zentralelternbeiräte;	Kommunale Unternehmensverbände; Kammern;
Stadtteil bzw. Schulstandort	Ortspolitik und -verwaltung; Quartiersmanagement; Schulen; Jugendzentren;(Städt.) Kindergärten; Polizei; Bibliotheken;…	Freie Jugendhilfeträger und Träger der Wohlfahrtspflege (Operative Ebene); Sportvereine; Kindergärten (freie Träger); Schulelternbeiräte; Kirchengemeinden; Schulvereine	Lokale Handwerksbetriebe und Unternehmen; private Musik-, Kunst-, Sportschulen; kommerzielle Anbieter von Beratungs-, Betreuungs-, Bildungsleistungen
Beteiligte an Bildung, Erziehung und Betreuung	Lehrer/innen; pädagogische Fachkräfte; Kontaktpolizist/inn/en, Bibliothekare/innen etc.	Schüler/innen; Eltern; Übungsleiter/innen; sonstige Honorarkräfte; Ehrenamtler/innen	Handwerksmeister/innen; freischaffende Künstler/innen; …

Darüber hinaus spielen in allen Fällen die organisationsinternen Bedingungen in der Schule selbst und bei ihren Partnerinstitutionen eine entscheidende Rolle: So

---

[8] Siehe z.B. die „Stadtteil und Schule“-Netzwerke in Lübeck (Meinecke/Schalkhaußer/Täubig 2009), die „Weinheimer Bildungskette“ (Süß/Harmand/Felger 2009) oder die unter Beteiligung der Montag-Stiftungen entwickelte Kölner Bildungslandschaft Altstadt-Nord, die sich an Lernende aller Begabungen richtet und alle Schulformen einbezieht (http://www.montag-stiftungen.com/2867/).

hängt z.B. neben den finanziellen und personellen Ressourcen vieles von der zeitlichen Strukturierung des Schulalltags und den formellen Handlungsspielräumen der Schule aber auch von den Beteiligungs- und Mitsprachemöglichkeiten der außerschulischen Partner ab. Ob etwa die bei gebundenen Ganztagsschulen gegebenen Möglichkeiten zur Rhythmisierung des Unterrichts und zur inhaltlichen Abstimmung mit Kooperationspartnern tatsächlich genutzt werden, wird in beträchtlichem Maße von diesen Faktoren beeinflusst. Schließlich ist auch davon auszugehen, dass Umfang, Intensität und Qualität von Vernetzung auch durch den fortschreitenden Ausbaugrad der Ganztagsschule und wachsende Kooperationserfahrung zunehmen.

Auf der lokalen Ebene, d.h. in den horizontalen Kooperationsstrukturen „vor Ort“ ist schließlich zwischen unterschiedlichen Handlungs- oder Kooperationsfeldern zu unterscheiden, in denen zum Teil unterschiedliche Akteure vertreten sind und miteinander die konkreten Aktivitäten vor Ort organisieren und umsetzen. Bei diesen Kooperationsfeldern handelt es sich um die „alltägliche“ Gestaltung des Unterrichtsbetriebs, die notwendigen zusätzlichen Unterstützungsmaßnahmen in diversen individuellen Problemsituationen, die Gestaltung von allen Arten von Übergängen sowie die Beteiligung an verschiedenen Formen der Stadtteilarbeit. Diese Sortierung der Handlungsfelder umfasst alle wesentlichen Aktivitäten im „normalen“ Schulbetrieb und wurde auf der Grundlage der vorliegenden Informationen vom Projektteam vorgenommen. Sie dient der Veranschaulichung des Netzwerks und seiner unterschiedlichen Aktivitäten – ist jedoch lediglich als flexibler Orientierungsrahmen zu verstehen, da die Beziehung zu ein und demselben Partner teilweise auch in unterschiedlichen thematischen Bereichen genutzt wird.

Gestaltung des Schulalltags

Die Kooperationen in diesem Bereich zielen auf die Erbringung von Angeboten für alle (bzw. alle zum Ganztag angemeldeten) Schüler/innen während des regulären Schultags. Dabei kann es sich um Arbeitsgruppen oder Projekte handeln, die von Partnern oder gemeinsam mit Partnern angeboten werden, aber auch um die Nutzung außerschulischer Lernorte wie Bibliotheken oder Museen.

Einzelfallunterstützung

In diesem Kooperationsfeld geht es um die Unterstützung einzelner Schüler/innen mit besonderem Förderbedarf oder familiären Problemen. Das kann Maßnahmen zur Sprachförderung von Kindern aus Migrantenfamilien ebenso umfassen wie Therapien bei Lernbehinderungen. Eine zunehmende Bedeutung kommt Kooperationen zur Vermeidung von Kindeswohlgefährdung zu.

Gestaltung von Übergängen
Durch die kooperative Gestaltung von Übergängen zwischen Kindertagesstätte und Grundschule, Grundschule und weiterführender Schule sowie weiterführender Schulen und Studium bzw. Beruf soll allen Kindern der Wechsel zwischen den „klassischen" Betreuungs- und Bildungsinstitutionen, die sie der Reihe nach durchlaufen, erleichtert werden. Das kann durch Hospitieren der Kinder in der jeweils „nächsten" Einrichtung, die Gestaltung gemeinsamer Projekte und die Abstimmung von Konzepten z.B. zur Sprachförderung oder Lerndokumentation geschehen.

Stadtteilarbeit
Ziel in diesem Kooperationsfeld ist die Verbesserung der Bildungs- und Lebensbedingungen für alle Stadtteilbewohner/innen. Durch die gemeinsame Organisation von Bildungs-, Beratungs-, Förder- und Freizeitangeboten können Schulen und ihre Partner zur Aufwertung des Quartiers beitragen und zugleich Eltern und andere Stadtteilbewohner/innen in Bildungsprozesse einbinden. Gemeinsame Aktivitäten sind z.B. die Organisation von Quartiersfesten, Familienbildungsangebote, Elterncafés an Schulen oder Freizeitangebote für Kinder und Jugendliche. Die Vernetzung in Stadtteilarbeitskreisen o.ä. kann darüber hinaus zu einer besseren Außenvertretung des Quartiers und einer besseren Durchsetzungsfähigkeit von Quartiersinteressen in der Gesamtstadt beitragen.

Einbindung von Eltern
Eine besondere Rolle bei der Vernetzung von Ganztagsschulen mit dem Stadtteil kommt den Eltern zu. Eltern können Partner aber auch Zielgruppe der Kooperation sein. Generell muss zwischen zwei verschiedenen Formen der Einbindung unterschieden werden:

- Elternarbeit (Eltern als Zielgruppe): Eltern sollen in die Lage versetzt werden, die Entwicklung und das Lernen ihrer Kinder zu unterstützen. Das schließt sowohl die Versorgung und Erziehung der Kinder als auch das häusliche Lernen, d.h. die Unterstützung der Kinder bei den Hausaufgaben, und einen kontinuierlichen Informationsfluss zwischen Eltern und Schule ein (vgl. Epstein 1995). Werden hier Defizite wahrgenommen, reagieren Schule und Partnerinstitutionen mit Angeboten wie Familienhilfe, Familienberatung und -bildung, Sprachkursen für Eltern etc.
- Elternbeteiligung (Eltern als Partner oder Mitgestalter): Elternbeteiligung umfasst die formelle Partizipation der Eltern in Schulgremien und die freiwillige Mithilfe und Mitarbeit der Eltern in der Schule. Freiwillige Mithilfe kann sowohl die regelmäßige Mitwirkung (z.B. als Lesemutter, AG-Anbie-

ter etc.) und/oder die punktuelle Mithilfe bei Veranstaltungen etc. umfassen als auch die finanzielle Unterstützung der Schule etwa durch die Mitgliedschaft im Schulverein. Eltern fördern zum Teil auch die Zusammenarbeit von Schule mit Stadtteil oder Kommune, indem sie eigene Kontakte z.B. zu Vereinen oder Unternehmen zur Anbahnung von Kooperationen nutzen.

Zwischen den beiden Bereichen gibt es vielfältige Überschneidungen. So hat ein an einer Schule stattfindender „Mama lernt Deutsch"-Kurs zwar in erster Linie das Ziel, die Sprachkenntnisse der Mütter zu verbessern und sie damit zu einer besseren Unterstützung ihrer Kinder zu befähigen (Eltern als Zielgruppe), wird aber von den Schulen gerne auch dafür genutzt, diese Mütter zur Beteiligung an weiteren Aktivitäten der Schule bzw. in der Schule zu motivieren und zu ermutigen.

2 Auswahl der Fallstudien

Zur Operationalisierung der Forschungsfragen wurde ein komparatives Design entwickelt, das eine fallverstehende mit einer fallvergleichenden Analyse systematisch ausgewählter Beispielsfälle kombiniert. Die sechs qualitativen Fallstudien an Ganztagsschulstandorten wurden nach den Kriterien der sinnvollen Vergleichbarkeit sowie einer hinreichenden Variationsbreite von Ausgangs- und Rahmenbedingungen für die Vernetzung von Ganztagsschulen mit ihrem sozialen und institutionellen Umfeld ausgewählt. Da sich Zuständigkeiten, Steuerungs- und Regulierungskapazitäten für das Schulwesen in Deutschland horizontal und vertikal auf ein komplexes Mehrebenensystem verteilen, orientierte sich die Auswahl der Fallstudien an einer systematischen Variation in drei Untersuchungsdimensionen:

Politische Steuerung (differenziert nach unterschiedlichen Schul(entwicklungs)konzepten auf Ebene der Bundesländer):
Um den Auswirkungen schulpolitischer Konzepte und Vorgaben, insbesondere der Entscheidung für „gebundene" oder „offene" Formen von Ganztagsschule auf konkrete Vernetzungsformen und -intensitäten nachgehen zu können, wurden Schulstandorte in zwei Bundesländern verglichen. Mit Bremen und NRW wurden zwei Bundesländer ausgewählt, die bei der Entwicklung neuer Ganztagsschulen im Rahmen des Investitionsprogramms „Zukunft Bildung und Betreuung" (IZBB) einerseits beide in besonderem Maße die Notwendigkeit einer

Ausweitung der Zusammenarbeit von Schule, Jugendhilfe und weiteren außerschulischen Organisationen betonen[9] und aus denen bereits eine Reihe von Good Practices für eine Vernetzung von Ganztagsschulen mit dem Stadtteil dokumentiert sind.[10] Andererseits unterscheiden sie sich aber in der Form der Umsetzung erheblich: Während NRW „offene" Ganztagsgrundschulen einrichtet, fördert Bremen im Primarbereich die Entwicklung „gebundener" Ganztagsschulen.

Kommunale Umsetzungsstrategien
Durch den Vergleich zwischen drei Städten in diesen Bundesländern wurden die Auswirkungen kommunalpolitischer Konzepte zur Vernetzung von Schule und Jugendhilfe sowie organisatorischer und rechtlicher Vorgaben der Schulträger – etwa zu Rahmenbedingungen für Kooperationen und der Budgetautonomie der Schulen – überprüft. Durchgeführt wurden Fallstudien in Bremen und in zwei Großstädten Nordrhein-Westfalens. Dabei wurde mit Dortmund eine Untersuchungsstadt ausgewählt, die nach übereinstimmender Meinung von Expert/inn/en die Kooperation von Schulen mit dem Stadtteil unter anderem durch die Institutionalisierung von Koordinationsinstanzen intensiv und innovativ fördert. Als Vergleichsfall wurde mit der Stadt Essen eine nach der Einwohnerzahl vergleichbare Kommune mit vergleichsweise traditionellen städtischen Bildungsstrukturen ausgewählt.

Lokale Bedingungskonstellationen auf der Ebene des Stadtteils bzw. der Einzelschule (differenziert nach Art des Stadtteil- bzw. Quartiersumfelds)
Wie lokale Bedingungskonstellationen die Vernetzung von Schulen mit ihrem Umfeld beeinflussen, wurde mittels eines Vergleichs zwischen Schulstandorten untersucht, die unterschiedliche Problemkonstellationen repräsentieren. Zu diesem Zweck wurden in jeder der drei Städte in Abstimmung mit den Schulämtern und weiteren lokalen Expert/inn/en jeweils eine Ganztagsschule in einem benachteiligten Quartier (Sozialdaten deutlich unter dem städtischen Durchschnitt) und eine Ganztagsschule in einem gutsituierten Stadtteil (Quartier mit überdurchschnittlichen Sozialdaten) ausgewählt. Da in Grundschulen aufgrund der in der Regel engeren Kontakte zu den Eltern günstigere Bedingungen für eine sozi-

---

[9] In Bremen müssen Schulen, die Ganztagsschulen werden wollen, ein Konzept entwickeln, das unter anderem die Beteiligung von und die Zusammenarbeit mit Partnern aus dem Stadtteil vorsieht. In NRW ist ein Verfahren zur freiwilligen und eigenverantwortlichen Qualitätsentwicklung in Ganztagsschulen (QUIGS) entwickelt worden, das auch die sozialräumliche Verankerung der Schulen umfasst (Serviceagentur NRW 2007a).

[10] Siehe z.B. die unter www.ganztaegig-lernen.org oder in der Datenbank des Deutschen Jugendinstituts zur Kooperation mit außerschulischen Partnern (www.dji.de) dokumentierten Praxisbeispiele.

alräumliche Einbindung bestehen als in weiterführenden Schulen, konzentrierte sich die Untersuchung ausschließlich auf den Primarbereich. Um die Vergleichbarkeit zu gewährleisten, wurden für die Fallstudien nur IZBB-geförderte Schulen berücksichtigt. Soweit möglich, wurde dabei Schulen der Vorrang gegeben, die bereits über eine mehrjährige Erfahrung als Ganztagsschule verfügen.

Insgesamt wurden somit in den drei Großstädten Bremen (Land Bremen), Dortmund und Essen (Nordrhein-Westfalen) sechs Fallstudien zur Vernetzung von Ganztagsschulen im Primarbereich mit ihrem Stadtteil durchgeführt:

Tabelle 2: Gesamtübersicht Untersuchungsdesign

Auswahl der Fallstudien			
Vergleichsebene	**Bundesland**	**Stadt**	**Stadtteil/Quartier**
Untersuchungsdimensionen	**Politische Steuerung** Bildungspolitische Vorgaben; Landesprogramme (Ressourcenallokation)	**Kommunalpol. Umsetzungskonzepte** Abstimmung mit sozial- und stadtentwicklungspolitischen Strategien; organisatorische, finanzielle und rechtliche Bedingungen	**Lokale Bedingungskonstellation** Problemkonstellation; Verfügbare Ressourcen und Anreize; Beteiligte Akteure (v.a. kollektive) und ihre Ziele, Interessen, Kooperationserfahrungen; Initiative von außen; vorhandene Koordinationskapazitäten
Fallstudien	**Bundesland I: Bremen**	**Stadt A: Bremen**	**Fallstudie 1 in benachteiligtem Quartier:** Blockdiek
			Fallstudie 2 in gut-situiertem Quartier: Steintorviertel
	Bundesland II: NRW	**Stadt B: Dortmund**	**Fallstudie 3 in benachteiligtem Quartier:** Borsigplatz
			Fallstudie 4 in gut-situiertem Quartier: Husen-Kurl
		Stadt C: Essen	**Fallstudie 5 in benachteiligtem Quartier:** Nordviertel
			Fallstudie 6 in gut-situiertem Quartier: Werden

3 Methodisches Vorgehen: Datenerhebung und -auswertung

Die Untersuchung kombinierte unterschiedliche Methoden der qualitativen Sozialforschung und erfolgte insgesamt in drei Hauptphasen, die – in dieser Reihenfolge – darauf abzielten, stadtteilbezogene Vernetzungsprozesse zu rekonstruieren und zu analysieren, durch einen systematischen Fallvergleich die Wirksamkeit verschiedener Einflussfaktoren zu bestimmen und Hinweise bzw. Empfehlungen zur Herstellung günstiger Rahmenbedingungen für Vernetzungsprozesse abzuleiten. Die erste Phase umfasste mithin die Datenerhebung und beanspruchte für ihre Durchführung den größten zeitlichen Umfang und erforderte den Einsatz verschiedener Methoden (Dokumentenanalyse, Experteninterviews, qualitative Netzwerkanalyse, Fokusgruppen, teilnehmende Beobachtung).

Den Auftakt dieser Untersuchungsphase stellte die systematische Analyse von Dokumenten (Gläser/Laudel 2006; Mayring 2003) zu den relevanten rechtlichen Grundlagen sowie Programmen, Berichten, Kooperationsvereinbarungen etc. dar. Auf Grundlage dieses Überblicks wurden in einem weiteren Arbeitsschritt vertiefende Expert/inn/eninterviews (Meuser/Nagel 2002; Gläser/Laudel 2006) mit Vertreter/inne/n aus der Landes- bzw. Kommunalverwaltung für Bildung, Soziales/Jugend und Stadtentwicklung geführt. An allen Standorten wurden zwischen Juni 2008 und Januar 2009 Fokusgruppen (nach Dürrenberger/Behringer 1999) mit Vertreter/inne/n der Schule (Leitung, Lehrer/inne/n, pädagogische Fachkräfte, Elternvertreter/innen), der Kooperationspartner und Einrichtungen des Stadtteils durchgeführt. Diskutiert wurden wesentliche Spezifika, Probleme und Konflikte im bisherigen Entwicklungsprozess der stadtteilbezogenen Vernetzung und Herstellung von außerschulischen Kooperationen sowie Veränderungen, die sich im Zuge der Ganztagsschulentwicklung ergeben haben. Mithilfe der Fokusgruppen konnten erste Erkenntnisse zu wesentlichen Netzwerk- oder Kooperationsstrukturen sowie zu den Inhalten und Motiven dieser Beziehungsmuster gewonnen werden. Gleichzeitig erleichterte dieser Einstieg den Zugang zu den lokalen Netzwerken und den weiteren Interviewpartner/inne/n.

Im Anschluss an die Fokusgruppen fanden pro Quartier zehn bis zwölf Interviews mit Schul- und Stadtteilakteuren statt. Ergänzt durch weitere Dokumentenanalysen (z.B. schulische Dokumente wie Ganztagskonzeptionen, Schulprogramm o.ä.) und teilnehmende Beobachtungen (nach Flick 2005: 206; Kromrey 2002: 339) stellten diese Gespräche das zentrale Erhebungsinstrument dar, welches parallel durch die Teilnahme an Stadtteilgremien ergänzt wurde. Bei der Auswahl der Interviewpartner/innen wurde darauf geachtet, dass eine möglichst große Variationsbreite der Netzwerkakteure abgebildet werden konnte. Dabei wurden sowohl Schulakteure als auch außerschulische Partner und weitere Stadtteilakteure befragt – darunter auch solche, mit denen in der Vergangenheit Kooperationen abgebrochen wurden bzw. mit denen eine gewünschte Kooperation nicht zustande gekommen war. Zentrale Gesprächsthemen waren die Veränderungen der Beziehungskonstellationen im Rahmen der Ganztagsschulentwicklung, Intensität und Qualität der Vernetzungen sowie Ge- bzw. Misslingensbedingungen für die Entwicklung von Vernetzungsprozessen. In allen Interviews wurden explizit die institutionellen Rahmenbedingungen auf Landes-, kommunaler und Stadtteilebene thematisiert, um deren Einfluss auf die fallspezifische Ausprägung von Vernetzungsstrukturen zwischen Schulen und Stadtteil zu überprüfen.

In einer zweiten Phase wurden die so gewonnenen Fallstudienbeschreibungen miteinander verglichen. Mithilfe eines fallübergreifenden Kategorienschemas wurde ein systematischer Vergleich durchgeführt, in dem relevante Gemeinsamkeiten und Unterschiede zwischen den Fallbeispielen herausgearbeitet wurden. Dabei konnte insbesondere überprüft werden, inwieweit Gemeinsamkeiten oder Differenzen auf unterschiedliche institutionelle Rahmenbedingungen zurückzuführen sind. Der so durchgeführte Vergleich liefert Hinweise für die Erklärung von spezifischen Verläufen und Ergebnissen bei der Herstellung von Stadtteilbezügen und Vernetzungen von Ganztagsschulen mit anderen Institutionen und stellt somit die Basis für die Ableitung von Empfehlungen dar.

In einer dritten Phase wurden die Befunde der Studie in lokalen Abschlussworkshops mit den Beteiligten sowie weiteren interessierten Akteuren rückgekoppelt. Auf diese Weise konnten Fehlinterpretationen korrigiert, Präzisionen und weitere Informationen ergänzt werden. Anregungen und Ergebnisse dieser Abschlussveranstaltungen sind in die abschließende Formulierung der Projektergebnisse eingeflossen. Die Interpretation der Ergebnisse und die daraus gewonnenen Empfehlungen berücksichtigen sowohl die zukünftige Gestaltung von Rahmenbedingungen als solches als auch Veränderungspotenziale unter den gegebenen Voraussetzungen.

Tabelle 3: Arbeitsschritte und Methodeneinsatz

	Arbeitsschritte	*Methodenmix*
Phase 1	Fallverstehende Analyse/Analyse stadtteilbezogener Vernetzungsprozesse (a) Analyse der institutionellen Rahmenbedingungen auf Landes- und kommunaler Ebene (Bremen, Dortmund, Essen) (b) Analyse der Netzwerkstrukturen zwischen Ganztagsschulen und Stadtteil auf Ebene der einzelnen Standorte: • Erfassung des Ist-Zustandes der Netzwerkstrukturen und Rekonstruktion von Veränderungen im Laufe der GTS-Entwicklung • Erfassung der relevanten Einflussfaktoren für die fallspezifische Ausprägung	(a) • Dokumentenanalysen (Landeserlasse, Schulgesetze, Programme, Kooperationsvereinbarungen etc.) • Experteninterviews mit Vertreter/innen der Landes- und Kommunalverwaltung aus den Bereich Bildung, Soziales/Jugend und Stadtentwicklung (b) • Fokusgruppen mit Schul- und Stadtteilakteuren • problemzentrierte Interviews mit Schul- und Stadtteilakteuren • Einsatz egozentrierter Netzwerkkarten in den Interviews mit Schulakteuren • Dokumentenanalysen (Schulprogramme, Ganztagskonzepte, Stundenpläne) • Teilnehmende Beobachtung (Stadtteilgremien)
Phase 2	Fallvergleichende Analyse: Erklärung von Unterschieden • Vergleich aller vorliegenden Daten hinsichtlich der Untersuchungsfragen; Identifikation von Gemeinsamkeiten/ Unterschieden und Generierung von Erklärungsmustern hierfür	• Vergleichende Auswertung mit Hilfe eines entwickelten Kategorienschemas auf Basis einer entsprechenden Software
Phase 3	Empfehlungen zur Herstellung günstiger Bedingungen für die stadtteilbezogene Vernetzung von Ganztagsschulen	• Diskussion der Ergebnisse mit Akteuren der Fallstudien im Rahmen von Abschlussworkshops • Ableitung von Empfehlungen

4 Qualitative Netzwerkanalyse und Netzwerkbegriff

Da die Analyse von Kooperationsbeziehungen und Netzwerkstrukturen in einem gegebenen räumlichen Umfeld einen Kernbestandteil der Studie ausmacht, erfolgt an dieser Stelle eine kurze Erläuterung des konzeptionellen und methodischen Hintergrunds für die Adaption der qualitativen Netzwerkanalyse (vgl. Hollstein/Strauss 2006; Wassermann/Faust 1994).[11] Im Fokus der Studie steht die Analyse räumlicher Netzwerke[12], bei denen im Gegensatz zu strategischen Netzwerken räumliche Nähe, persönliche Kontakte und zwischenmenschliche

[11] Genauere Angaben hierzu finden sich im Anhang, Abschnitt A1.

[12] Bzw. residenzielle (= nachbarschaftliche) Netzwerke (vgl. Schubert/Spiekermann 2002)

Interaktionen eine wichtige Rolle spielen (Weyer 2000: 21). Durch den gewählten qualitativen Erhebungszugang können für einen bestimmten Zeitpunkt vertiefte Erkenntnisse über die Beziehungsqualität von Kooperationen und Vernetzungen generiert werden.

Ob die hier betrachteten Kooperationsbeziehungen immer als Netzwerkstrukturen zu behandeln sind, mag zweifelhaft sein; es ist aber davon auszugehen, dass über die jeweilige Zusammenarbeit mit dem zentralen Akteur „Schule" – zudem in einem begrenzten räumlichen Kontext – doch eine mindestens indirekte Verknüpfung der beteiligten Akteure hergestellt wird, die sich, wie in der Netzwerkforschung häufig bestätigt, vor allem durch ihre arbeitsteiligen Kompetenzkombinationen und Synergieeffekte bei der Erreichung gemeinsamer Ziele auszeichnet. Dieses Verständnis erscheint hier auch deshalb sinnvoll, weil aus Gründen der Praktikabilität und aufgrund der Forschungsfrage kein Gesamtnetzwerk im Stadtteil (z.B. Netzwerk der Stadtteilentwicklung) analysiert wird, sondern das jeweils „egozentrierte" Netzwerk der Schule mit ihren Stadtteilpartnern. Für die weiteren Ausführungen ist somit zu berücksichtigen, dass die Netzwerkstrukturen gemäß der Forschungsfragestellung – *stadtteilbezogene Vernetzung von Ganztagsschulen* – in erster Linie aus Sicht der Schule erhoben wurden und die erstellten Netzwerkkarten (siehe unten) deshalb diese Perspektive abbilden. In ihren Strukturen reichen die Stadtteilnetzwerke allerdings weit darüber hinaus, da auch unter den Kooperationspartnern der Schule vielfältige Querverbindungen bestehen und weitere Partner ins Netzwerk eingebunden sind, die hier nicht berücksichtig werden. Ein Anspruch auf vollständige Erfassung des – an allen Standorten existierenden – Stadtteilnetzwerks wird hier also nicht erhoben.

Netzwerke bündeln also „...Kompetenzen und Ressourcen, um gemeinsam Ziele zu erreichen, mit denen jeder Partner für sich allein überfordert wäre...Es geht vielmehr darum, den Transfer von Kenntnissen und Kompetenzen zu ermöglichen und zu verbessern..." (Minderop/Solzbacher 2007: 3). Um die konkreten Ausprägungen von Netzwerkstrukturen analysieren, vergleichen und Veränderungen beschreiben zu können, wurden in Anlehnung an Dobischat u.a. (2006) folgende Kategorien genutzt:

- Netzwerk- und Kooperationsstrukturen (Identifizierung der *Partner/Akteure* und deren relevante Eigenschaften; *Ziele und Inhalte* der Kooperationsbeziehungen; *Formen* der Kommunikation und der Zusammenarbeit)
- Koordination und Steuerung (bi- oder multilaterale, formelle oder informelle, hierarchische oder aushandlungsorientierte Steuerungs- und Koordinierungsformen)

- Netzwerkkultur (Netzwerkidentität; gemeinsames Leitbild; Zugehörigkeit und (Teil)Autonomie)

Abbildung 2: Beispiel für eine kumulierte Netzwerkkarte[13](Punkt = Partner; 1-4: Wichtigkeit des Kooperationspartners (4 = sehr wichtig))

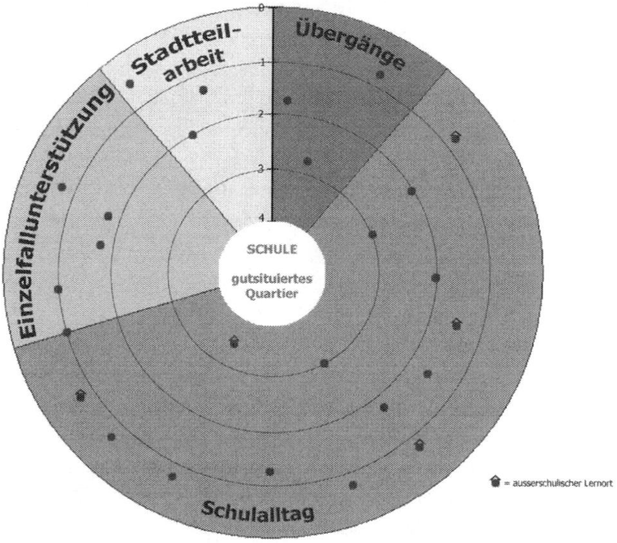

Zur Erfassung dieser Eigenschaften des Beziehungsnetzes zwischen Ganztagsschule und Stadtteil wurden in den Interviews mit Schulakteuren egozentrierte Netzwerkkarten in Form von konzentrischen Kreisen (nach Kahn/Antonucci 1980) eingesetzt. Die von den verschiedenen Gesprächspartner/inne/n in einer Schule ausgefüllten Einzelkarten wurden zu einer kumulierten Darstellung zusammengefasst, die die durchschnittliche Wichtigkeit jedes genannten Partners sowie dessen Zuordnung zu verschiedenen Kooperationsfeldern abbildet. Die Anzahl der Partner in den einzelnen Kooperationsfeldern bestimmt die Größe der diesen Feldern zugeordneten Kreisausschnitte („Tortenstücke"). Ergänzend wurden in den Karten diejenigen Partner gekennzeichnet, bei denen die Kooperationsaktivitäten in eigenen Räumen bzw. Flächen stattfinden (außerschulische Lernorte).

---

[13] Quelle: Interviews mit Schulvertreter/inne/n; eigene Darstellung

III Institutionelle Rahmenbedingungen für Ganztagsschulen und ihre Partner

Qualität und Intensität der Vernetzung von Ganztagsschulen mit dem Stadtteil werden nicht nur von den Bedingungen vor Ort, sondern auch von den Schulentwicklungskonzepten der Länder sowie den kommunalpolitischen Umsetzungskonzepten beeinflusst. Bevor die Fallstudien zu Kooperations- und Netzwerkstrukturen in den Untersuchungsquartieren präsentiert werden, sollen deshalb im Folgenden die landes- und kommunalpolitischen Rahmenbedingungen für Ganztagsschulen und ihre Partner verglichen werden. Dabei wird auf Landesebene auf die unterschiedlichen Ganztagsschulmodelle und die damit verbundenen Zeitstrukturen und Ressourcenzuweisungen sowie die Bedeutung der Öffnung von Ganztagsschulen zum Stadtteil und das Zusammenwirken von Bildung und Jugendhilfe eingegangen (Teil 1). Teil 2 beschäftigt sich mit den unterschiedlichen kommunalen Mustern beim Zusammenwirken von Bildungs-, Jugend- und Stadtentwicklungsbehörden zur Handlungskoordination im Bildungsbereich. Diese Muster sind nicht statisch, sondern haben sich zum Teil im Laufe des Untersuchungszeitraums verändert: In Teil 3 wird abschließend gezeigt, dass die Ganztagsschulentwicklung mit einer Neuorientierung des Zusammenwirkens von Bildung und Jugendhilfe in Kommunen sowie mit einer engeren Kooperation von Land und Kommunen in NRW verbunden war.

1 Schulpolitische Konzepte in NRW und Bremen

1.1 Ausgangssituation und Vorläufer

Wie in allen westlichen Bundesländern gab es in Bremen und NRW vor Beginn des IZBB nur sehr wenige Ganztagsschulen. Im Grundschulbereich nennt die Statistik der Kultusministerkonferenz (KMK) für das Land Bremen 2002 eine Schule, für NRW 32 Schulen (KMK 2008: 4). Die Nachmittagsbetreuung erfolgte zunächst überwiegend in den Horten. In den neunziger Jahren wurden diese durch eine Betreuung an den Schulen ergänzt, so in NRW durch die Landesprogramme „Schule von acht bis eins“ und „13plus“ und in Bremen durch die „volle Halbtagsschule“ und die „verlässliche Grundschule“. In einigen benachteiligten

Quartieren in Bremen entstanden zudem in Kooperation von Bildung und Jugendhilfe Betreuungsschulen, die in ihrer Struktur mit offenen Ganztagsschulen vergleichbar waren.

Die genannten Betreuungsformen gingen an Schulstandorten, an denen IZBB-geförderte Ganztagsschulen entstanden, überwiegend in der Ganztagsschule auf. So war mit der Schaffung der OGS in NRW auch ausdrücklich das Ziel verbunden, das Nebeneinander von verschiedenen Betreuungsangeboten in einem gemeinsamen Programm und an einem Ort zu integrieren (Frey o.J.: 11). Das war, wie auch die Fallstudien zeigen, häufig mit Konflikten verbunden: Erstens waren insbesondere die Horte finanziell (Personalschlüssel und Ausstattung) deutlich besser gestellt als die Ganztagsschulen, was zum Vorwurf eines „Sparmodells" führte, bei dem die individuelle Betreuung und Förderung von Kindern nur unzureichend möglich sei (Frey o.J.: 12). Zweitens bevorzugte ein Teil der Eltern flexiblere Betreuungsformen, wie sie etwa das Programm „13plus" geboten hatte. Und schließlich war das Hortpersonal, das an Ganztagsschulen versetzt wurde, häufig unzufrieden mit den veränderten Arbeitsbedingungen und mangelnder Wertschätzung seiner pädagogischen Arbeit durch die Lehrer/innen. In NRW hat diese Kritik dazu geführt, dass das Vorhaben, die Landesfinanzierung aller alternativen Betreuungsformen bis 2007 auslaufen zu lassen, aufgegeben werden musste (Ministerium für Schule, Wissenschaft und Forschung 2006: 1.4).

1.2 Offene Ganztagsschule in NRW – gebundene Ganztagsschule in Bremen

Im Rahmen des IZBB sind überdurchschnittlich viele offene Ganztagsschulen geschaffen worden: Während 2002 (im Jahr vor Inkrafttreten des IZBB) bundesweit noch die überwiegende Mehrheit der am Ganztagsschulbetrieb teilnehmenden Schüler/innen eine gebundene Ganztagsschule besuchte, hat sich die Mehrheit 2006 zu den offenen Ganztagsschulen verschoben[14] (KMK 2008: 14), die bei festem Gesamtbudget die Schaffung einer größeren Menge von Ganztagsgrundschulen ermöglichen.

[14] Offene Ganztagsschulen sind laut Definition der Kultusministerkonferenz Schulen, an denen die Eltern über die Teilnahme ihrer Kinder am Nachmittagsprogramm individuell entscheiden können. Zu den gebundenen Formen gehören sowohl voll gebundene Ganztagsschulen, an denen alle Schülerinnen und Schüler verbindlich an mindestens drei Tagen für mindestens sieben Stunden Angebote wahrnehmen und teilgebundene Ganztagsschulen, an denen nur einzelne Klassen oder Jahrgangsstufen verbindlich am Ganztagsangebot teilnehmen (KMK 2008: 5).

NRW hat, wie viele andere Bundesländer auch, bei der Umsetzung des IZBB stark das Ziel der Vereinbarkeit von Familie und Beruf betont und sich deshalb im Grundschulbereich für die offene Ganztagsschule entschieden (siehe z.B. Ministerium für Schule, Jugend und Kinder 2004: 1)[15]. Bremen hat dagegen stärker die Qualitätsverbesserung der Bildung[16] in den Vordergrund gestellt und deshalb im Primarbereich (nach einer Modellphase mit offenen Ganztagsschulen) das gebundene Modell gewählt, das die Konzentration der Mittel auf relativ wenige Standorte erforderte.[17] Folgerichtig lag in NRW der Anteil der Ganztagsschulen an den Grundschulen 2006 bereits bei 59,4% und damit mit großem Abstand am höchsten in den westlichen Bundesländern, in Bremen dagegen nur bei 16,8%. Vergleicht man allerdings die Zahl der Schüler/innen im Ganztag an allen Grundschüler/inne/n, so lag Bremen 2006 mit 13,1% nur geringfügig unter NRW mit 14% (siehe Tabelle).

Tabelle 4: Anteil der Grundschulen in Ganztagsform an allen Grundschulen und Anteil der Grundschüler/innen im Ganztag an allen Grundschüler/inne/n 2006

	Deutschland	**Bremen**	**NRW**
Anteil der Ganztags-grundschulen an allen Grundschulen	29,10%	16,80%	59,40%
Anteil der Grund-schüler/innen im Ganztag an allen Grundschüler/inne/n	12,70%	13,10%	14,00%

[15] Der 2008 eingeleitete Ausbau von Hauptschulen zu Ganztagsschulen erfolgte dann allerdings im Rahmen eines gebundenen Modells.

[16] „Wenn man mit Ganztagsschulen nicht nur familienpolitische Zwecke verfolgt, sondern eine qualitative Verbesserung des Unterrichts mit einer Steigerung der Lernleistungen der Kinder erreichen möchte, geht das unserer Überzeugung nach nur in der gebundenen Form". (So die Bremer Ganztagsschulreferentin in Augsburg 2005)

[17] Allerdings gibt es in beiden Bundesländern eine Reihe von Variationen. So richten in Essen einige Grundschulen pro Jahrgang eine reine Ganztagsschulklasse ein und verwirklichen so ein teilgebundenes Modell. Auch Bremer Grundschulen beginnen ihre Entwicklung zur Ganztagsschule mit dem teilgebundenen Modell, weil im ersten Jahr nur in der ersten Klasse das ganztägige Angebot verbindlich ist (im zweiten Jahr dann in der ersten und zweiten Klasse etc.). Auch über die Startphase hinaus verzichten Bremer Schulen zum Teil aus organisatorischen Gründen auf eine Rhythmisierung. Da die pädagogischen Mitarbeiter oft nur Verträge über geringe Stundenzahlen haben, kann ihr Einsatz nicht über den ganzen Tag verteilt werden (vgl. Fallstudien).

In Bremen umfasst die Lernzeit, d.h. die Zeit, an der die Teilnahme an den Ganztagsschulangeboten verpflichtend ist, an mindestens drei Tagen in der Woche mindestens sieben Zeitstunden (Senator für Bildung und Wissenschaft 2007: §2 (2)). Die Lernzeit an den Ganztagsschulen der Primarstufe ist montags bis freitags von 8 bis 16 Uhr, das Schulkonzept kann aber hiervon Abweichungen vorsehen (Senator für Bildung und Wissenschaft: §3 (1)). Wie die Fallstudien zeigen, wird von dieser Möglichkeit auch Gebrauch gemacht, indem z.B. an einem Nachmittag in der Woche den Schüler/inne/n die Teilnahme freigestellt wird. In NRW erstreckt sich der Zeitrahmen der OGS an fünf Tagen in der Woche in der Regel von 8 bis 16 Uhr, im Bedarfsfall auch länger. Für angemeldete Schüler/innen ist die Teilnahme an fünf Tagen in der Woche mindestens von acht bis 15 Uhr verpflichtend (Ministerium für Schule, Wissenschaft und Forschung 2006: 2.5/2.6).

Für Eltern ist die Teilnahme ihrer Kinder an der gebundenen Ganztagsschule in Bremen im Wesentlichen kostenfrei, sie müssen lediglich für das Mittagessen und bei Bedarf für die Ferienbetreuung bezahlen. Die offene Ganztagsschule in NRW wird dagegen über Elternbeiträge mitfinanziert. Die Beiträge werden durch die Kommunen festgelegt. Das Land schreibt allerdings eine soziale Staffelung und einen Höchstbetrag von 150€ monatlich vor (Ministerium für Schule, Jugend und Kinder 2003).

Neben mit Unterstützung des IZBB finanzierten neuen Räumlichkeiten erhalten die Schulen zur Durchführung des Ganztagsbetriebs in beiden Bundesländern zusätzliche Personalstunden. Wie die Tabelle unten zeigt, stehen den offenen Ganztagsschulen in NRW mit mindestens 2,8 zusätzlichen Unterrichtsstunden pro Woche überraschenderweise mehr zusätzliche Lehrer/innenstunden zur Verfügung als den gebundenen Ganztagsschulen in Bremen mit zwei Stunden pro Woche. Bremer Schulen erhalten pro Schule darüber hinaus allerdings drei zusätzliche Leitungsstunden.

Der größte Teil des außerunterrichtlichen Angebots wird in beiden Bundesländern durch pädagogische Fachkräfte abgedeckt. Da diese Fachkraftstunden in NRW von den Kommunen mitfinanziert werden, bestehen große Unterschiede zwischen einzelnen Kommunen und sogar zwischen einzelnen Schulen: Während in einigen der ersten Essener Ganztagsschulen pro Gruppe (mindestens 25 Kinder) eine Vollzeitkraft zur Verfügung steht, die dann auch vormittags im Unterricht eingesetzt werden kann, erhalten die übrigen Schulen ebenso wie die Dortmunder Schulen max. 20-25 Fachkraftstunden pro Gruppe und Woche. In Bremen stehen vergleichbar großen Ganztagsklassen ca. 25 Fachkraftstunden zur Verfügung. Ein Teil der Fachkraftmittel kann in Honorarmittel umgewandelt werden.

Viele Gesprächspartner sowohl in Bremen als auch in NRW empfinden die finanzielle Ausstattung der Ganztagsschule als unzureichend und als eine deutliche Verschlechterung gegenüber der früheren Situation in den Horten. Diese

Kritik betrifft sowohl die Gruppengrößen als auch die geringen Vorbereitungszeiten für das pädagogische Personal. So sind in Bremen nur in zwei Stunden in der Woche Doppelbesetzungen mit Lehrern und pädagogischen Mitarbeitern möglich. Die Vorbereitungszeit von 10% des wöchentlichen Stundendeputats (d. h. bei einer halben Stelle zwei Stunden) erscheint als zu knapp, um ein qualitativ hochwertiges Angebot vorzubereiten und gleichzeitig an Schul- und ggf. Stadtteilgremien mitzuwirken.

Tabelle 5: Personelle Ausstattung des Ganztags im Primarbereich in Bremen und NRW (zusätzliche Wochenstunden pro Ganztagsklasse bzw. – gruppe mit mindestens 25 Kindern)

	Bremen	*NRW*
Leitungsstunden	Drei Stunden pro Schule	---
Lehrerstunden	Zwei Stunden	2,8 Stunden (0,1 Stelle) + weitere 2,8 Stunden, die kapitalisiert werden können
Pädagogische Fachkräfte	ca. 25 Stunden	*Dortmund:* I.d.R. für die erste Gruppe 25 Stunden (für Fachkraft mit Teamleiterfunktion), für alle weiteren Gruppen 20 Stunden oder weniger *Essen:* I.d.R. für die erste Gruppe 25 Fachkraft-, für jede weitere 20 Fachkraftstunden wöchentlich. Vollzeitstellen können in Betracht kommen bei jahrgangsbezogenen rhythmisierten Gruppen, für Vorarbeiterfunktion sowie in Einzelfällen wie besonders benachteiligten Stadtteilen und Schwerpunktschulen für Gemeinsamen Unterricht (GU)

1.3 Bedeutung der Öffnung von Schulen für die Ganztagsschulentwicklung

Neben den durch das gewählte Ganztagsschulmodell vorgegebenen organisatorischen Rahmenbedingungen könnte für Schulen und ihre Partner auch von Bedeutung sein, welchen (bildungs)politischen Stellenwert der Kooperation mit außerschulischen Partnern in den Ganztagsschulkonzepten beigemessen wird.

In beiden Untersuchungsländern sind die Öffnung von Schule und die Zusammenarbeit mit außerschulischen Partnern im Schulgesetz verankert. Nach §12 des Bremer Schulgesetzes soll die Schule zur Erfüllung ihres Auftrags mit Institutionen zusammenarbeiten, „die allgemein für die Angebote und Hilfe in gesundheitlichen, sozialen und berufsbezogenen Fragen zuständig sind…". § 5 des Schulgesetzes NRW verpflichtet die Schulen entsprechend zum Zusammenwirken mit „Personen und Einrichtungen ihres Umfeldes zur Erfüllung des schulischen Bildungs- und Erziehungsauftrages". Besonders hervorgehoben wird in beiden Bundesländern das Zusammenwirken mit der Jugendhilfe und Religionsgemeinschaften. In NRW werden die Schulen zusätzlich zur Kooperation mit Kindertagesstätten verpflichtet. Die Kooperation mit außerschulischen Partnern ist in beiden Untersuchungsländern auch als Teil der Schulkultur in den Qualitätsrahmen für Schulen verankert.

Bei der Entwicklung von Ganztagsschulen im Primarbereich soll die Öffnung der Institution Schule zu einer (Weiter)Entwicklung einer Lernkultur beitragen, die die Schülerinnen und Schüler in ihren Begabungen und Fähigkeiten unterstützt, fördert und fordert (Ministerium für Schule, Wissenschaft und Forschung 2006: 1.1; Bremer Senat 2005: 1). Dabei setzen die beiden Bundesländer aber unterschiedliche Schwerpunkte:

In NRW gehört die Einbindung außerschulischer Partner zur Organisation regelmäßiger Nachmittagsangebote zu den konstituierenden Merkmalen der offenen Ganztagsschule: „Die Angebote werden in Kooperation mit einer Vielzahl von Partnern, insbesondere aus der Kinder- und Jugendhilfe, Sport und Kultur erbracht." (Ministerium für Schule, Wissenschaft und Forschung 2006: 1.2, siehe auch 1.3 und 2.9). Die Ausgestaltung der offenen Ganztagsschule erfolgt auf der Grundlage von Kooperationsvereinbarungen zwischen dem Schulträger, den Schulen und den beteiligten außerschulischen Partnern (1.5). Das Verfahren für eine freiwillige Qualitätsentwicklung in Ganztagsschulen (QUIGS) enthält ein Modul zur sozialräumlichen Verankerung von Schulen, das detaillierte Qualitätsmerkmale wie die Verankerung der Öffnung von Schule im Schulprogramm und ausreichende Zeitressourcen für die Zusammenarbeit mit Institutionen im Umfeld der Schule benennt (Serviceagentur NRW 2007a, 2007b).[18]

[18]Als Vorläufer der Einbindung außerschulischer Partner in der OGS wird das 1996 bis 2003 durchgeführte Programm „Gestaltung des Schullebens und Öffnung der Schule" (GÖS) angesehen. Ziel dieses Programms waren die Förderung fächerübergreifenden Lernens und die Zusammenarbeit mit nichtschulischen Institutionen und Einzelpersonen. Die Schulen konnten sich um Fördermittel für entsprechende Projekte bewerben. Beratung, Austausch und Koordinierung zwischen den beteiligten Schulen, Kommunen und anderen Beteiligten wurden durch eine GÖS-Arbeitsstelle beim Landesinstitut für Schule organisiert (Gomolla 2005: 112/113).

Auch in Bremen müssen Schulen für eine Bewerbung als Ganztagsschule ein Konzept vorlegen, das auch die Zusammenarbeit mit außerschulischen Partnern berücksichtigt (Senator für Bildung und Wissenschaft 2004). Da die gebundenen Bremer Ganztagsschulen grundsätzlich den Ganztag mit Lehrer/inne/n und pädagogischen Fachkräften abdecken können, ist mit Zusammenarbeit – anders als in NRW – aber nicht zwangsläufig der Einsatz von außerschulischen Partnern als Anbieter von regelmäßigen Arbeitsgemeinschaften am Nachmittag gemeint. Vielmehr kann jede Schule selbst entscheiden, ob und in welchem Umfang solche Arbeitsgemeinschaften oder Projekte im Rahmen ihres Schulprogramms sinnvoll sind. Stärker betont wird in Bremen dagegen die Zusammenarbeit mit außerschulischen Partnern zur Stadtteilgestaltung. Zu den Zielen bremischer Ganztagsschulen gehört neben einem gemeinsamen Bildungs- und Erziehungsverständnis von Schule und Jugendhilfe ausdrücklich „die Verankerung der Schule als Lern- und Lebensort im Wohnumfeld“ (Hempe-Wankerl/Reith 2007). Zwei Ganztagsgrundschulen entwickeln zurzeit gemeinsam mit weiteren Partnern aus dem Stadtteil Quartiersbildungszentren mit Freizeit- und Beratungsangeboten für Kinder, Jugendliche und deren Eltern (Freie Hansestadt Bremen 2008: 98).

Aus den Interviews in beiden Bundesländern geht allerdings deutlich hervor, dass dem Ziel der Kooperation mit außerschulischen Partnern für Politik, Verwaltung und die Schulen selber gegenüber den „Kernaufgaben“ von Schule nachgeordnete Bedeutung zukommt. Schulen weisen häufig darauf hin, dass ihre vorgesetzten Behörden das Engagement der Schule im Stadtteil wenig wahrnehmen (siehe Fallstudien). Bei der Ganztagsschulentwicklung ist auch für die Schulen selber die interne Entwicklung, insbesondere die Zusammenarbeit von Lehrer/inne/n und pädagogischen Mitarbeiter/inne/n, zunächst wichtiger als die Orientierung nach außen, was sich unter anderem an den Ergebnissen einer Evaluation von QUIGS erkennen lässt: Bei einer Bewertung der Wichtigkeit der vierzehn QUIGS-Module durch die befragten Schulen erzielten die Module „Kinder fördern“ und „Im Ganztagsteam zusammenarbeiten“ die ersten beiden Plätze, das Modul „Schule sozialräumlich verankern“ dagegen lediglich den zwölften Platz (Böttcher 2008: 44).

Bei der Frage, was mit einer Kooperation von Schule und außerschulischen Partnern erreicht werden soll, finden sich länderübergreifende Unterschiede zwischen den Vertreter/inne/n von Bildungs-, Sozial- und Stadtentwicklungsbehörden. Die Referent/inn/en in Bildungs- und Sozialbehörden nennen als wesentliche Ziele übereinstimmend den Abbau sozialer Benachteiligung und eine bessere, ganzheitliche Bildung. Die „reale Welt“ soll in die Schule geholt und Bildungsanlässe geschaffen werden. Von Bildungsvertreter/inne/n wird darüber hinaus die zusätzliche Hilfestellung durch außerschulische Partner betont, die Schulen bei der Erfüllung ihrer Kernaufgaben unterstützen soll. Vertreter/innen von Stadtentwicklungsbehörden haben dagegen in erster Linie die Stärkung und Aufwertung des Quartiers im Blick: Schule könne sich durch die Zusammenarbeit mit externen Partnern zum Identifikationsobjekt bzw. zum Bürgerzentrum im Quartier entwickeln.

1.4 Zusammenwirken von Schule und Jugendhilfe

Kooperation und Vernetzung können durch unterschiedliche Institutionslogiken von Schule und Jugendhilfe behindert werden: Den beiden Systemen liegen aufgrund von gesetzlichen Vorschriften und ihren spezifischen gesellschaftlichen Funktionen unterschiedliche Ziele und handlungsleitende Prinzipien zugrunde. So ist die schulische Arbeit durch Verpflichtung, Standardisierung und Ergebnisorientierung gekennzeichnet, während die Jugendhilfe sich an Prinzipien wie Freiwilligkeit und Pluralität ausrichtet und prozessorientiert arbeitet (Pauli 2006: 12). Vor diesem Hintergrund stellt sich die Frage nach dem Zusammenwirken der auf Landesebene für diese beiden Bereiche zuständigen Ressorts.

Zentrale Akteure bei der Ganztagsschulentwicklung im Primarbereich sind in NRW das Ministerium für Schule und Weiterbildung sowie das Ministerium für Generationen, Familie, Frauen und Integration. Bei der Einführung der offenen Ganztagsschule 2003 waren in NRW jedoch diese Zuständigkeiten noch in einem Ministerium konzentriert. Nach Aussagen von Interviewpartner/inne/n war die Kooperation von Schule und Jugendhilfe ein spezifisches Anliegen für die zuständige Ministerin. Die offene Ganztagsschule im Primarbereich sei bewusst als Gemeinschaftsvorhaben von Bildung und Jugendhilfe konzipiert worden, es habe geradezu ein „Kooperationsgebot" (Landesvertreter/in) bestanden. Das habe auch zu einem großen Engagement der Landesjugendämter, anderer nachgeordneter Behörden des Ministeriums und der kommunalen Spitzenverbände geführt, die regelmäßig nachgehakt hätten.

Nach der Trennung der Zuständigkeiten für Bildung und Jugendhilfe auf zwei Ressorts nach dem Regierungswechsel 2005 ist der politische Kooperationsdruck zwar zurückgegangen, die beiden Bereiche haben aber eine regelmäßige Abstimmung institutionalisiert. Die 2006 geschlossene Rahmenvereinbarung zur Zusammenarbeit von Jugendhilfe und Schule zielt auf die gemeinsame Gestaltung zentraler Bildungs- und Erziehungsbereiche ab, darunter explizit die Ganztagsschule im Primarbereich. Unter Leitung der zuständigen Abteilungsleiter/innen aus dem Schul- und Generationenministerium findet zweimal jährlich ein Werkstattgespräch der beiden Häuser statt. Als Unterstützungssystem mit Qualifizierungs-, Beratungs- und Vernetzungsangeboten für Ganztagsschulen wurde gemeinsam mit der Deutschen Kinder- und Jugendstiftung (wie in Bremen und 13 weiteren Bundesländern) eine „Serviceagentur Ganztägig Lernen" eingerichtet, die bis heute gemeinsam von beiden Ressorts finanziert wird. Als Instrument der Vernetzung von Schule und Jugendhilfe vernetzt und berät die Serviceagentur auch kommunale Qualitätszirkel mit Vertreter/inne/n aller an der OGS beteiligten Institutionen (Haenisch 2008).

In Bremen ist für die Ganztagsschulen das Bildungsressort federführend. Bei der Einführung der Ganztagsschule im Primarbereich fand eine enge Abstimmung mit dem Ressort für Arbeit, Frauen, Jugend, Gesundheit und Soziales statt. Gemeinsam wurden die Rahmenbedingungen für eine Eingliederung von Horten in Schulen geschaffen. Diese Zusammenarbeit ist jedoch wieder zurückgegangen als die Schaffung neuer Ganztagsschulen zur Routine wurde. So wird z.B. das Sozialressort nicht mehr in die Standortauswahl einbezogen. Im Unterschied zu NRW hat sich das Sozialressort nach den Anfangsjahren aus der Mitfinanzierung der Serviceagentur Ganztägig Lernen zurückgezogen. In anderen Bereichen, z.B. dem Übergang vom Kindergarten zur Schule, hat sich die Zusammenarbeit der beiden Ressorts dagegen im Untersuchungszeitraum verstärkt, was sich 2008 im Abschluss einer Rahmenvereinbarung zur Zusammenarbeit von Jugendhilfe und Schule und Schaffung einer ressortübergreifenden Lenkungsgruppe zur Umsetzung dieser Rahmenvereinbarung niederschlug. Anders als in NRW gehört die Entwicklung von Ganztagsschulen nicht zu den in der Kooperationsvereinbarung benannten Handlungsfeldern, wohl aber die Öffnung von Schulen „als für den Stadtteil bedeutsamen Lern- und Kommunikationsort" (Freie Hansestadt Bremen 2008: 3).

2 Kommunalpolitische Umsetzungskonzepte

2.1 Dortmund: Integrierte Schulentwicklung

2.1.1 Entwicklung von Ganztagsangeboten

Die Entwicklung von Ganztagsangeboten in Kooperation von Schule und Jugendhilfe hat in Dortmund eine lange Tradition. Bereits in den neunziger Jahren wurden zum Teil mit Hilfe des Landes, zum Teil ausschließlich mit städtischen Mitteln alle Grundschulen in einem sozial benachteiligten Stadtteil, der Nordstadt, zu Ganztagsschulen umgestaltet. Im Rahmen des 1996 gestarteten Landesprogramms „Schule von acht bis eins" wurden Schulen an benachteiligten Standorten in ganz Dortmund durch die Einrichtung von Teilzeitstellen bei den Fördervereinen der Schulen bzw. bei Trägern der freien Wohlfahrtspflege unterstützt. 2001 wurde damit begonnen, die Erfahrungen aus der Nordstadt auf das gesamte Stadtgebiet zu übertragen: In jedem der zwölf Stadtbezirke wurde eine Angebotsschule mit ganztägiger Betreuung schwerpunktmäßig für die Kinder alleinerziehender Sozialhilfeempfänger/innen eingerichtet, um diesen den Einstieg in den Beruf zu ermöglichen (Bösebeck u.a. 2006: 224/225).

Der Landeserlass zur Schaffung der offenen Ganztagsschule im Primarbereich von 2003 wurde als Chance zur umfangreichen Ausweitung des Ganztagsangebots begriffen. Bereits im Schuljahr 2003/04 beteiligten sich 28 Schulen im Primarbereich an dem Programm (Bösebeck u.a. 2006: 227). Bis zum Schuljahr 2007/08 waren 92 von insgesamt 104 Schulen im Primarbereich (80 Grundschulen und 12 Förderschulen) mit insgesamt 7.000 Plätzen beteiligt (Stadt Dortmund 2008: 202). Werden die 1.000 Plätze aus den drei nach einem anderen Modell arbeitenden Nordstadtgrundschulen hinzugerechnet, stehen im Primarbereich Ganztagsplätze für 36% der Kinder zur Verfügung (a.a.0.).

Alle beteiligten Schulen arbeiten mit einem festen Partner aus der Jugendhilfe oder der freien Wohlfahrtspflege zusammen, der als Träger der OGS Arbeitgeber für das pädagogische Personal im Ganztag ist und das gesamte Nachmittagsprogramm organisiert. Den Trägern wird pro Schule ein festes Budget zur Verfügung gestellt, in dessen Rahmen sie gemeinsam mit den Schulen über die Einstellung von Fachpersonal entscheiden. Zu den angestellten Mitarbeiter/inne/n gehören z.B. Erzieher/innen, Kinderpfleger/innen, Sozialpädagog/innen und Lehrkräfte, aber auch Personen mit nicht-pädagogischen Qualifikationen wie Gärtner/in oder Kauffrau/-mann und Personen mit langjähriger Erfahrung in der Kinder- und Jugendarbeit (Stadt Dortmund 2007: 13). Die Stadt Dortmund als Schulträger hat 2007/08 mit den beteiligten Schulen und Trägern eine Rahmenvereinbarung zur Einrichtung der OGS geschlossen, auf deren Grundlage zwischen den einzelnen Schulen und den Trägern standortbezogene Kooperationsvereinbarungen abgeschlossen werden.

Als Basisbudget erhalten die Träger aus Bundes- und Landesmitteln für die ersten 50 Plätze einheitlich 90.000€, für alle weiteren Plätze dann 1.230€. Für alle Schulen wird den Trägern vom 51. bis 100. Platz je Standort und je Platz 300€ an ergänzenden Finanzmitteln zur standortunabhängigen Verwendung und Schwerpunktsetzung zur Verfügung gestellt, z.B. für Unterstützung bei den organisatorischen Aufgaben zur Mittagsverpflegung, individuelle Förderangebote, projektbezogene Unterstützung für kulturelle, musisch-kreative, soziale und sportliche Förder- und Freizeitmaßnahmen sowie Unterstützung bei sozialräumlich bedingten Fördermaßnahmen (besondere Problemlagen im Stadtteil) (Stadt Dortmund o.J.). Diese finanzielle Ausstattung ermöglicht die Einstellung von pädagogischen Fachkräften für die Stunden nach (und ggf. vor) dem Unterricht, d.h. die Fachkräfte sind max. für 4-5 Stunden täglich, z.T. aber auch mit einer wesentlich geringeren Stundenzahl an der Schule beschäftigt. An jeder Schule wird ein/e pädagogische/r Mitarbeiter/in als Ganztagskoordinator/in eingesetzt. Über eine bessere Ausstattung verfügen lediglich die Grundschulen in der Nordstadt, die bereits in den neunziger Jahren Ganztagsangebote entwickelten.

Die offenen Ganztagsschulen in Dortmund sind täglich mindestens zwischen 8 und 15 Uhr geöffnet, teilweise wird darüber hinaus ein Frühdienst ab ca. 7.30 Uhr und/oder ein Spätdienst bis ca. 16.30 Uhr angeboten. Der Höchstbetrag für Elternbeiträge beträgt seit dem 1.8.2008 die vom Land erlaubten 150€ (www.familienprojekt.dortmund.de). Dieser Beitrag schließt auf Wunsch auch die Teilnahme an einer standortübergreifenden Ferienbetreuung ein.

2.1.2 Akteurskonstellation und Handlungskoordination

In Dortmund hat der hohe Stellenwert der Bildungspolitik innerhalb der Stadtentwicklungspolitik in den letzten zehn Jahren zu einem integrierten Ansatz geführt, der sowohl auf der *Institutionalisierung von Koordinationsstrukturen* zwischen den beteiligten Behörden als auch auf der Einbeziehung von Wissenschaft und Zivilgesellschaft beruht. Immer wieder betont wird die Bedeutung der Schaffung einer „Verantwortungsgemeinschaft Stadt-Land" (Stadt Dortmund 2008: 153) und von „Bildungspartnerschaften", z.B. der Kooperation zwischen Jugendhilfe, Schulsozialarbeit und Schulen (Stadt Dortmund 2008: 9).

Eine Schlüsselposition kommt dabei dem von 1999 bis 2009 amtierenden Oberbürgermeister zu, der in den neunziger Jahren – damals als Dortmunder Schul- und Kulturdezernent – Mitglied der nordrhein-westfälischen Kommission „Zukunft der Bildung – Bildung der Zukunft" war und bereits kurz nach seiner Amtsübernahme die kommunale Bildungspolitik zur „Chefsache" machte. Im Jahr 2000 beschloss der Rat Handlungsstrategien zur Förderung innovativer Schulentwicklung, mit denen erstmals der Versuch unternommen wurde, Entwicklungs- und Kommunikationsprozesse im Schulbereich kommunal zu gestalten. Die Strategien zielten auf die Entwicklung eines zukunftsfähigen Bildungs- und Qualifikationsangebotes, das auch die Wettbewerbsfähigkeit der Stadt auf Wachstumsmärkten sicherstellen sollte.

Ein zentraler Baustein war dabei die Überwindung von schulform- und organisationsbezogenen Kommunikationsstrukturen: Zum Austausch der verschiedenen Schulformen, der kommunalen Schulverwaltung und der staatlichen Schulaufsicht wurde die Schulkoordinierungskonferenz geschaffen, die sich sowohl mit Fragen der inneren als auch der äußeren Schulaufsicht beschäftigt (Stadt Dortmund 2008: 153). Kommunales Schulverwaltungsamt und staatliches Schulamt sind inzwischen zum Fachbereich Schule zusammengefasst, der u.a. durch einen gemeinsamen Internetauftritt und ein gemeinsames Logo auch nach außen den Zusammenhang deutlich macht. Beide Institutionen richteten gemeinsam mit dem Verein *schul.inn.do*, in dem sich Vertreterinnen und Vertreter aus Schulen, Hochschulen und Unternehmen für eine innovative Schulentwicklung engagieren, ein regionales Bildungsbüro mit schulformübergreifenden Beratungs- und Qualifizierungsangeboten ein, das auch die Koordinierung des Dortmunder Beitrags zum Modellprojekt „Selbstständige Schule" übernahm (Stadt Dortmund 2008: 154ff.).

2001 wurde nach dem Vorbild der nordrhein-westfälischen Bildungskommission als Beratungsinstanz und Ideenwerkstatt für den Schulträger die Dortmunder Bildungskommission mit Expert/inn/en aus Schulen, Hochschulen, Wirtschaft, Kammern und Kirchen eingerichtet. Unter breiter Beteiligung von Schulen und gesellschaftlichen Gruppen entwickelte sie ein „Leitbild für die Schulstadt Dortmund", in dem unter anderem die Verzahnung von Schulentwicklung und Stadtentwicklung als Leitziel verankert wurde:

> „Schulentwicklung und Stadtentwicklung werden so verzahnt, dass soziale und gesellschaftliche Vielfalt und mehr Chancengleichheit gewährleistet sind. Das gilt insbesondere für sog. benachteiligte Stadtteile. Dazu gehört die Öffnung von Schulen zur Nachbarschaft als ein Zentrum im Stadtteil. Bausteine sind dabei der Ausbau von Nachmittagsangeboten, die Ausweitung von Ganztagsschulen, die Verstärkung von Schuljugendarbeit und Schulsozialarbeit." (Stadt Do 2002a:3).[19]

Die Schaffung der offenen Ganztagsschule im Primarbereich wurde als wichtiges Instrument für eine bessere Vereinbarkeit von Familie und Beruf begriffen und deshalb konsequenterweise dem Familienprojekt – einer kurz vorher geschaffenen ämterübergreifenden Projektgruppe unter Leitung des stellvertretenden Leiters des Jugendamts – übertragen. Dafür wurde bewusst zunächst eine außerhalb des bestehenden Ämtersystems stehende Organisationsform gewählt, um schnelle Ergebnisse zu erzielen. 2005 wurde das Familienprojekt zu einem eigenständigen Amt im Dezernat für Jugend, Schule und Familie weiterentwickelt, das allerdings zusätzlich direkt dem Oberbürgermeister untergeordnet ist (Stadt Dortmund 2006: 18).

[19] Siehe dazu auch das Perspektivpapier aus der Dortmunder Bildungskommission zu „Schule als Stadtteilzentrum" (Stadt Dortmund 2002b)

Abbildung 3: Schnittstellen zwischen Stadt und Stadtteilen bei der Schaffung der offenen Ganztagsschule im Primarbereich[20]

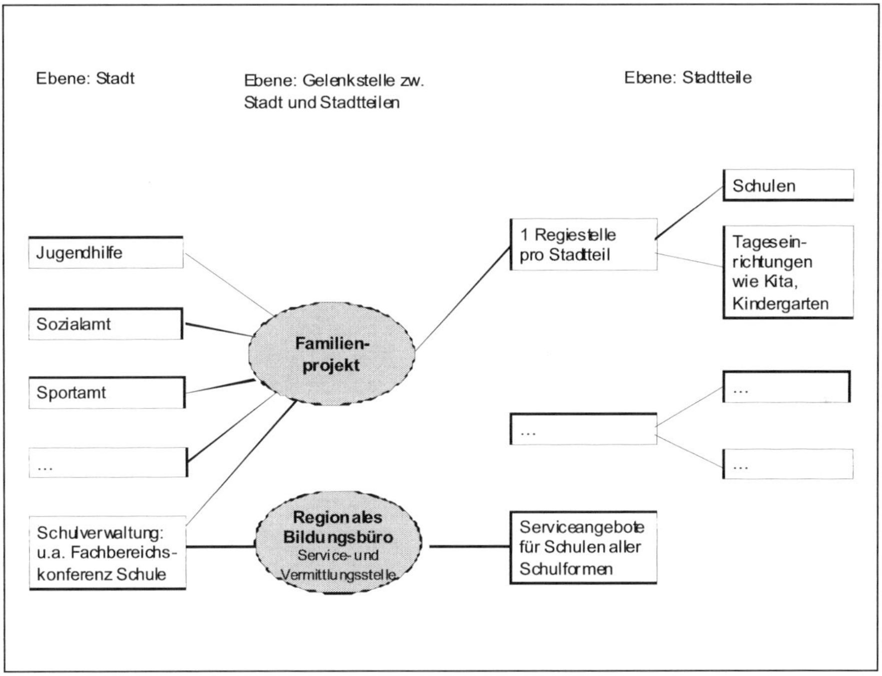

Die OGS stellte zunächst die Hauptaufgabe des Familienprojekts dar. Daneben wurden ihr der Ausbau von Betreuungsplätzen für 1-3jährige, der Ausbau von Ganztagsplätzen für 3-6jährige und die Verstetigung von Kooperationsprojekten an weiterführenden Schulen für 11-14jährige übertragen (Bösebeck u.a. 2006: 226/227). Einen Schwerpunkt legt das Familienprojekt auf den Ausbau eines familienpolitischen Netzwerks und eines umfassenden Familieninformationssystems. Dabei sind leitende Prinzipien „Kundenorientierung…, eine breite Bürgerbeteiligung, die Verknüpfung mit politischen Entscheidungsprozessen und die Förderung von Bürgerengagement“ (Stadt Dortmund 2006: 6).

Das Familienprojekt arbeitet eng mit einem familienpolitischen Netzwerk aus Vertreter/inne/n aus Politik, Wohlfahrtsverbänden, Kirchen sowie Vereinen,

[20] Quelle: Bösebeck u.a. 2006: 230

Verbänden und Initiativen wie z.B. Mütter- und Familienzentren, Elternverbände oder Behindertenselbsthilfeorganisationen etc. zusammen.

Kennzeichnend für das Familienprojekt ist seine dezentrale Struktur. Eine wichtige Rolle u.a. bei der Organisation der offenen Ganztagsschule spielen die in allen zwölf Stadtteilen eingerichteten, mit jeweils zwei Mitarbeiter/inne/n besetzten Familienbüros (anfangs: Regiestellen) (Stadt Dortmund 2006: 34). Damit stellt das Familienprojekt gemeinsam mit dem regionalen Bildungsbüro eine wichtige Schnittstelle zwischen kommunaler Ebene und Stadtteilen dar (siehe Abbildung).

Bei der Handlungskoordination zwischen Stadt und Schulstandorten betonen Kommunalvertreter/innen ausdrücklich die *Autonomie der Schulen*:

> „Der Schulträger ist moderierend und beratend beteiligt, aber Entscheidungen finden vor Ort statt." (Vertreter/in Stadt Dortmund, DO-KV_2)

Die Möglichkeit für Schulen und OGS-Träger, im Rahmen eines festen Budgets eigenverantwortlich über ein OGS-Konzept zu entscheiden, wird begrüßt. Zentrale Mechanismen der Handlungskoordination sind in diesem Rahmen *Information, Beratung, Vernetzung und Fortbildung*. In der Anfangsphase hat das Familienprojekt für Schulen und Träger sowohl zentrale Informationsveranstaltungen zur OGS als auch Veranstaltungen in den Stadtteilen durchgeführt. Dabei haben sich letztere als besonders hilfreich erwiesen, da einige spezifische Probleme direkt vor Ort geklärt werden und die Regiestellen Kontakt zu den interessierten Schulen aufnehmen konnten (Bösebeck u.a. 2006: 228). Die Regiestellen bzw. Familienbüros berieten die Schulen u.a. bei der Wahl des Trägers und halfen bei Bedarf bei der Suche nach außerschulischen Kooperationspartnern. Zwei Ganztagsschulberater/innen des Schulamts unterstützten die Schulen bei der Erstellung und Umsetzung von Konzepten und Herstellung von Kontakten zu anderen Ganztagsschulen (Interview Kommunalvertreter/in, DO-KV_2; DO-KV_4).

Inzwischen liegt aufgrund der großen Zahl von offenen Ganztagsschulen in Dortmund der Schwerpunkt weniger auf der individuellen Beratung als vielmehr auf der Organisation von Gesprächskreisen und Fortbildung. Das Familienprojekt organisiert einen regelmäßigen Austausch zwischen allen OGS-Trägern, den Fachberater/inne/n des Schulamts und Vertreter/inne/n der Familienbüros über Finanz- und Personalfragen, Gestaltung von Tagesstrukturen für die Kinder und Fortbildungsangebote (Stadt Dortmund 2007: 11). Die Familienbüros treffen sich wiederum regelmäßig mit den OGS-Leitungen in ihrem Stadtteil, um z.B. eine gemeinsame Ferienbetreuung zu organisieren. Kommunalvertreter/innen betonen, dass für die Schulen und ihre Partner nach wie vor der „Blick über den Tellerrand" sehr wichtig sei. Die Gesprächskreise seien aber heute themen- und evaluationsorientierter als in der Anfangsphase; es bestehe ein großes Bedürfnis zu *„gucken, wo wir stehen" (Vertreter/in Stadt Dortmund, DO-KV_2).*

Das gemeinsame Fortbildungsprogramm des Familienprojekts und des Fachbereichs Schule für den offenen Ganztag setzte anfangs einen Schwerpunkt auf die interne Kooperation im Ganztag (Lehrer/innen und sozialpädagogische Mitarbeiter/innen), stellt aber auch gemeinsame Projekte von Schulen und außerschulischen Partnern vor.

Darüber hinaus unterstützt die Kommune den offenen Ganztag durch organisatorische *Serviceleistungen* wie eine zentrale Antragsstellung für die OGS-Landesmittel (Familienprojekt) und den Einzug der Elternbeiträge (Jugendamt) *(Vertreter/in Stadt Dortmund, DO-KV_2).*

Finanzielle Anreize zur Zusammenarbeit von Schulen mit Partnern setzt bereits seit 2000 der *Schulentwicklungsfonds* der Stadt Dortmund. Zur Förderung innovativer und für die Stadtentwicklung bedeutsamer Entwicklungen an Dortmunder Schulen stellt der Schulträger jährlich rund 300.000€ zur Verfügung (Stadt Dortmund 2008: 153). Damit können sowohl Projekte einzelner Schulen als auch von Schulnetzwerken bzw. Netzwerken mit außerschulischen Partnern gefördert werden. Bevorzugt werden laut Internetseite des Regionalen Bildungsbüros[21] jedoch Netzwerkprojekte. Trotz hoher Anforderungen an die Antragsteller, die unter anderem die Ergebnisse der Projektarbeit mithilfe von Indikatoren dokumentierten und überprüfen müssen, war und ist die Resonanz groß: Mittlerweile haben sich über 70% der Schulen mit Projekten beteiligt. Beratung und Unterstützung bei der Antragserarbeitung gehören zu den Aufgaben des Bildungsbüros.

Als eine der ersten deutschen Städte hat Dortmund als Planungs- und *Monitoringinstrument* einen *kommunalen Bildungsbericht* vorgelegt. Der Bericht soll zukünftig regelmäßig fortgeschrieben werden und dabei sowohl eine Analyse von Grund- bzw. Eckdaten zu ausgewählten Indikatoren, bedarfsabhängige vertiefende Analysen zu spezifischen Fragestellungen und Berichte über Aktivitäten des Schulträgers enthalten (Stadt Dortmund 2008: 11). Der Bildungsbericht wird ausdrücklich auch als empirische Grundlage für Vernetzung verstanden (Stadt Dortmund 2008: 10).

---

[21] http://dev.rbb.dortmund.de/project/assets/template1.jsp?smi=3.50&tid=97232; letzter Zugriff 16.9.10

2.2 Essen: Integrierte Konzeptentwicklung, aber sektorale Umsetzung

2.2.1 Entwicklung von Ganztagsangeboten

Während die Stadt Dortmund ihre Gestaltungsmöglichkeiten in der Bildungspolitik schwerpunktmäßig durch die Institutionalisierung von Koordinationsgremien und Unterstützungssystemen erweitert hat, meldete die Stadt Essen ihren Mitgestaltungsanspruch zunächst durch die Erarbeitung eines eigenen, inhaltlich anspruchsvollen Ganztagsschulmodells an. Nach Verabschiedung des Landeserlasses zur OGS 2003 bestand in Essen Einigkeit darüber, dass die Stadt den Erlass nicht einfach „abarbeiten" wolle, sondern „eine eigene Zielbestimmung vornehmen und einen Entwicklungsprozess beginnen" müsse (Stadt Essen 2003a: 3). Dieser Entwicklungsprozess sollte auf zwei Grundprinzipien basieren: der gleichberechtigten Zusammenarbeit von Schule und Jugendhilfe als „gemeinsame(n) Träger(n) eines ganzheitlichen Bildungs- und Erziehungsprozesses" (Stadt Essen 2003a: 6) und der Schaffung eines qualitativ hochwertigen Angebots. Zu den Qualitätsstandards gehörte insbesondere eine Rhythmisierung des Schultages mit Lehrer/innen- und Erzieher/innenanwesenheit über den ganzen Tag (Stadt Essen 2003a: 8ff.). Ein additives Modell aus Unterricht am Vormittag und Betreuung am Nachmittag wurde ausdrücklich abgelehnt. Der „Essener Weg" sollte dadurch ermöglicht werden, dass an den beteiligten Schulen perspektivisch jahrgangsbezogene Ganztagsgruppen geschaffen werden sollten, d.h. eine Klasse pro Jahrgang als Ganztagsklasse eingerichtet werden sollte. Damit hätten sich die Schulen zu teilgebundenen Ganztagsschulen entwickelt.

Im Mittelpunkt des „Essener Wegs" stand die Zusammenarbeit von Schulen mit der öffentlichen Jugendhilfe. Bestandteil der Qualitätssicherung sollte zwar auch die Qualität der Vernetzung der Schule im Sozialraum sein. Die Art der Einbeziehung von freien Trägern, Vereinen und Verbänden in die Gestaltung der OGS wurde aber zunächst noch offen gelassen (Stadt Essen 2003a: 8).

Im Unterschied zu Dortmund wurde eine rasche Flächendeckung nicht als primäres Ziel angesehen, vielmehr sollte das Modell zunächst in einer Pilotphase mit nur wenigen Schulen erprobt und auch noch nicht mit der Schließung von Horten verbunden werden. Die offene Ganztagsschule startete im Schuljahr 2003/04 mit sieben Schulen, die die notwendigen Voraussetzungen für ein ganzheitlich orientiertes Bildungs-, Betreuungs- und Erziehungssystem mitbrachten, bereits positive Erfahrungen in der Zusammenarbeit mit dem Stadtteil gesammelt hatten und deren Kollegien und Elternschaft dem Projekt positiv gegenüberstanden. Die Trägerschaft für den offenen Ganztag übernahm die Stadt Essen, d.h. es wurde hier – anders als in Dortmund – bewusst kein verbindliches Kooperationsmodell zwischen Schulen und freien Trägern der Jugendhilfe und Wohlfahrtsverbänden etabliert.

Nach ersten positiven Erfahrungen wurde dann 2005 eine umfassende Ausweitung der OGS in die Wege geleitet. Im Rahmen des jetzt als „Neue Essener Grundschule“ bezeichneten Modells sollten bis zum Schuljahr 2008/09 an 72 Standorten, d.h. an zwei Dritteln aller Standorte, Ganztagsplätze für 5525 Kinder geschaffen werden. Zur Finanzierung plante die Stadt die Schließung aller Horte (Stadt Essen 2005: 1f.). Zentrales Merkmal der „Neuen Essener Grundschule“ sollte nach wie vor die Rhythmisierung sein.

Nur zwei Jahre später führten die mit der OGS-Entwicklung verbundenen Dynamiken allerdings zum Bruch mit diesem Modell: Aufgrund der großen Nachfrage der Eltern nach Ganztagsplätzen und des Wunsches, so gut wie aller Schulen aus Wettbewerbsgründen Ganztagsbetreuung anzubieten, ließ sich nach Wegfall der ursprünglich vom Land festgeschriebenen Deckelung der Ganztagsplätze auf ein Viertel der Schüler/innen die Begrenzung des Ausbaus auf zwei Drittel aller Schulen nicht mehr halten. Da die Stadt Essen sich aber nicht in der Lage sah, die 2005 festgeschriebenen kommunalen Mittel zu erhöhen, war nur eine kostenneutrale Ausweitung des Ausbauziels auf die dem ermittelten Bedarf entsprechenden 6700 Plätze möglich (Stadt Essen 2007a). Dies erforderte eine Senkung des ursprünglich angestrebten Qualitätsstandards zumindest für einen Teil der Schulen. Eingeführt wurden deshalb verschiedene Typen von Ganztagsschulen mit unterschiedlich starker Integration von Unterricht und Betreuung und unterschiedlicher Personalausstattung. Alle drei Modelle bieten bei einem niedrigeren Elternhöchstbeitrag als in Dortmund (max. 100€) eine längere Betreuung, nämlich auf Wunsch zwischen 7 und 17 Uhr.

- Das A-Modell entspricht dem ursprünglich geplanten Typ von Ganztagsschule, der sich durch integrierte schul- und sozialpädagogische Zusammenarbeit sowie Rhythmisierung mit Lehrer/innenpräsenz am Nachmittag und Unterrichtsbegleitung durch sozialpädagogische Fachkräfte auszeichnet. Ganztagsgruppen sind hier durchgängig jahrgangsbezogen, d.h. in der Regel wird eine Ganztagsklasse pro Jahrgang eingerichtet. Pro Ganztagsgruppe finanziert die Stadt eine Vollzeitstelle für eine/n pädagogische/n Mitarbeiter/in. Diesem Modell wurden 2007 14 Schulen zugerechnet, darunter eine der hier einbezogenen Untersuchungsschulen.
- Dem B-Modell wurden 17 Schulen (darunter die zweite Untersuchungsschule) zugeordnet, die jahrgangsübergreifende Ganztagsgruppen haben, allerdings noch nicht rhythmisiert arbeiten, sich aber mittelfristig zu A-Schulen entwickeln können. Um in diesen Schulen eine Unterrichtsbegleitung durch pädagogische Fachkräfte am Vormittag zu ermöglichen, erhalten die-

se Schulen für die erste und u.U. auch für die zweite Ganztagsgruppe eine Vollzeitstelle für eine/n pädagogische/n Mitarbeiter/in, für die weiteren Gruppen eine halbe Stelle.

- Das C-Modell (perspektivisch 58 Schulen) ist ein rein additives Modell, das keine Unterrichtsbegleitung durch sozialpädagogische Fachkräfte vorsieht. Die Stadt stellt diesen Schulen für die erste Ganztagsgruppe für fünf Stunden am Tag eine/n pädagogische/n Mitarbeiter/in zur Verfügung; für die übrigen Ganztagsgruppen stehen vier Stunden am Tag zur Verfügung.[22] Im Unterschied zu den beiden anderen Modellen übernimmt die Stadt Essen beim C-Modell nicht die Trägerschaft für den Ganztag (Stadt Essen 2007b). Diese wurde vielmehr der neugegründeten städtischen Gesellschaft Jugendhilfe gGmbH übertragen.

Sowohl in Bezug auf Organisationsform als auch auf Ausstattung ähnelt das C-Modell stark dem Dortmunder Modell der offenen Ganztagsschule, während die A- und B-Schulen deutlich besser ausgestattet sind. Diese Differenzierung wurde nicht nur durch den Einsparungsdruck gerechtfertigt, sondern auch durch den Widerstand vieler Schulen gegen den „Essener Weg“. Eine Fragebogenaktion in den Grundschulen zum Jahreswechsel 2006/07 hatte ergeben, dass viele Grundschulen nicht ein Konzept „übergestülpt“ bekommen wollten, das nicht ihren tatsächlichen Bedarfen entsprach (Stadt Essen 2007b). Interviews mit Kommunalvertreter/inne/n deuten darauf hin, dass diese Haltung vor allem im Widerstand der Lehrer/innen gegen einen Einsatz am Nachmittag begründet lag. Dieser Widerstand traf zusammen mit der Kritik von Ratsvertreter/inne/n an den hohen Kosten für einen OGS-Platz in Essen, die über den Kosten vieler Nachbarkommunen lagen. In der politischen Diskussion spielte die Frage eine wichtige Rolle, warum sich Essen deutlich teurere Ganztagsangebote als beispielsweise Dortmund leiste, wenn die damit erhöhte Personalausstattung offensichtlich an den Bedürfnissen vieler Grundschulen vorbeigehe.

2.2.2 Akteurskonstellation und Handlungskoordination

In Essen sind in den letzten zwei Jahrzehnten vor allem in der Schul-, Jugend- und Stadtentwicklungspolitik eine Reihe innovativer Handlungsansätze zur Verbesserung von Bildungschancen entwickelt und umgesetzt worden. Nachdem

[22] Zur Entlastung des/der pädagogischen Mitarbeiters/in mit Vorarbeiterfunktion enthält die Schule zusätzliche Honorarmittel. Vorbereitungszeiten werden bei teilzeitbeschäftigten pädagogischen Mitarbeitern/innen gesondert berücksichtigt (Stadt Essen 2007b).

bereits Ende der 80er Jahre die „kinderfreundliche Stadt" als kommunalpolitisches Leitziel verankert wurde, wird seit 1994 in jeder Legislaturperiode ein Kinderbericht erstellt, der aus der Bestandsaufnahme der Lebenslage von Kindern und Familien in verschiedenen Bereichen (Stadtplanung, Gesundheit, Bildung...) Handlungsempfehlungen für die Gestaltung einer kindergerechten Stadt ableitet (Stadt Essen 2008: 37). 1998 wurden unter Beteiligung des Ministeriums für Schule, Weiterbildung, Wissenschaft und Forschung in NRW, der Universität Gesamthochschule Essen, der Vereinigung der Industrie- und Handelskammern in NRW und des Deutschen Städtetags bildungspolitische Leitlinien entwickelt (Berse 2009: 209). Im Rahmen des vom BMBF als Teil des Programms „Lernende Regionen – Förderung von Netzwerken" geförderten Projekts „Lernwelt Essen" wurde unter anderem ein sozialräumliches Elternbildungskonzept entwickelt.

Stärker als in Dortmund waren diese Ansätze aber durch jeweils *sektorale Zugänge* zu Bildung geprägt und führten erst relativ spät zur Schaffung integrierter Strukturen. Schulverwaltungsamt und Jugendamt waren bis 2005 unterschiedlichen Dezernaten zugeordnet und wurden erst dann zu einem gemeinsamen Geschäftsbereich zusammengefasst. Bei der Entwicklung der OGS 2002/03 wurde zwar zunächst der Versuch einer integrierten Entwicklung unternommen, die Umsetzung erfolgte dann aber wieder sektoral.

Im Rahmen des „Essener Wegs" zur Ganztagsschule wurde ein erstes OGS-Konzept ämterübergreifend in einer Entwicklungsgruppe mit Vertreter/inne/n des Schulamts, des Schulverwaltungsamts, der Bildungsplanung, des Jugendamts sowie der Jugend- und Wohlfahrtsverbände erarbeitet (Stadt Essen 2003a: 3). Eine Untergruppe mit jeweils einem/r Vertreter/in von Schulamt, Schulverwaltungsamt und Jugendamt übernahm in der Pilotphase auch die Beratung der neuen Ganztagsschulen. Eine intensive Begleitung, Beratung und Unterstützung sollte den Transfer von Know-How für weitere Standorte sichern und fördern (Stadt Essen 2003a: 7).

Im Unterschied zu Dortmund wurde die flächendeckende Umsetzung des Konzepts aber nicht mehr ämterübergreifend organisiert, sondern für die A- und B-Schulen dem Schulverwaltungsamt, für die C-Schulen ab 2007 der Jugendhilfe gGmbH übertragen. Auch *Beratung, Information und Fortbildung,* die wie in Dortmund als zentrale Instrumente der Handlungskoordination angesehen werden, erfolgen in sektoralen Strukturen: durch eine Fachberaterin des Schulamts sowie für die A- und B-Schulen durch ein OGS-Projektteam im Schulverwaltungsamt und für die C-Schulen durch Fachberater/innen der Jugendhilfe gGmbH.

Das mit fünf Verwaltungsmitarbeiter/inne/n ausgestattete Team im Schulverwaltungsamt organisiert beispielsweise regelmäßige Treffen der pädagogischen Fachkräfte, erstellt für diese Handreichungen etwa zu dienstrechtlichen Regelungen oder Organisationsfragen der Zusammenarbeit mit Schulleitung und

Lehrkräften, organisiert Fortbildungen und informiert zum Teil auch über Möglichkeiten der Zusammenarbeit mit außerschulischen Partnern. Um die Schulen auch inhaltlich noch stärker unterstützen zu können, wird eine Verstärkung des Teams durch sozialpädagogische Mitarbeiter/innen angestrebt, konnte aber bisher aus Ressourcengründen noch nicht verwirklicht werden. Bei pädagogischen Fragen zieht das Projektteam stattdessen Kolleg/inn/en aus der Schulberatungsstelle und dem Schulpsychologischen Dienst hinzu. Die Jugendhilfe gGmbH hat zur Beratung der von ihr betreuten C-Schulen Fachberater/innen eingestellt.

Serviceleistungen für Ganztagsschulen werden darüber hinaus auch vom Essener Sportbund übernommen. Auf der Grundlage eines Kooperationsvertrages mit der Stadt hat der Sportbund eine Koordinierungsstelle eingerichtet, die für die Schulen in Zusammenarbeit mit den Sportvereinen Übungsleiter rekrutiert, ihren Einsatz koordiniert, Fortbildungen organisiert und jederzeit als Ansprechpartner zur Verfügung steht. Die Schulen schätzen an dieser Organisationsform die große Verlässlichkeit und die Entlastung vom Organisationsaufwand. Beinahe jede Essener OGS arbeitet mit Sportvereinen zusammen.

Bei der Kooperation mit Eltern werden Schulen in Quartieren mit hohem Migrationsanteil vom Büro für Interkulturelle Arbeit RAA[23] beraten und unterstützt. Die RAA stellt den Schulen bei Bedarf interkulturelle Vermittler/innen als „Dolmetscher" und Mediatoren zur Verständigung mit Eltern mit Migrationshintergrund zur Verfügung (Stadt Essen/RAA o.J.). Darüber hinaus organisiert sie das Projekt „Rucksack", das ursprünglich auf die Einbindung von Müttern mit Migrationshintergrund zur Förderung ihrer Kinder im Elementarbereich zielte und inzwischen auf den Grundschulbereich ausgeweitet wurde.

Eine geringere Rolle bei der Handlungskoordination als in Dortmund spielen *Vernetzung* und finanzielle Anreize. Zwar werden vom Jugendamt zum Teil Stadtteilkonferenzen oder andere Austauschgremien organisiert, wechselnde Zuständigkeiten im Rahmen der Umorganisation des Jugendamtes hätten aber die Initiierung gemeinsamer Aktivitäten in den Stadtteilen behindert. Auch die Arbeit von Bezirksteams aus je einem Schul- und einem Jugendamtsmitarbeiter, die zur Verbesserung der Kooperation von Jugendhilfe und Schule eingerichtet worden waren, kam durch diese Umorganisation zum Stillstand.

Für die Finanzierung von Kooperationsprojekten gibt es keinen für alle Schulen zugänglichen Fonds – die Kooperation von Schule und Stadtteilinstitutionen wird lediglich in einigen Schulen an benachteiligten Standorten vom Büro für Stadtentwicklung durch *finanzielle Anreize* gefördert. So beteiligt sich das Stadtentwicklungsbüro an einer Schule an der Finanzierung von Kooperationen

[23] Regionale Arbeitsstellen zur Förderung von Kindern und Jugendlichen aus Zuwandererfamilien

zur tänzerischen und frühmusikalischen Ausbildung der Kinder. Im Rahmen des Projekts „Lernende Regionen“ wurden unter Federführung der Behörde für Stadtentwicklung in zwei Stadtteilen Netzwerke der Elternbildungsarbeit aufgebaut (Liesner/Micklinghoff 2005). Darüber hinaus unterstützen Schulverwaltungsamt und Stadtentwicklungsbehörde Schulen bei der Einwerbung von finanziellen Mitteln durch Stiftungen oder Vereinen.

2.3 Bremen: Sektorale Versäulung und integrierte Pilotvorhaben

In Bremen fallen kommunale und Landeszuständigkeiten zusammen. Daher könnte die vertikale Kooperation einfacher und effizienter ausfallen. Tatsächlich hat Bremen als Stadtstaat im Unterschied zu den beiden nordrhein-westfälischen Großstädten auf der einen Seite deutlich umfassendere bildungspolitische Handlungsmöglichkeiten, da es sowohl über die Zuständigkeit für die inneren als auch die äußeren Schulangelegenheiten verfügt. Auf der anderen Seite wird die Entwicklung und Umsetzung behördenübergreifender Ansätze erschwert durch die Bremer Kollegialverfassung. Im Unterschied zu den Oberbürgermeistern von Dortmund und Essen, denen die nordrhein-westfälische Kommunalverfassung eine starke Position bei der Bestimmung der kommunalpolitischen Richtlinien zuschreibt, haben die bremischen Ressorts eine weit reichende Selbständigkeit. Während in Dortmund und Essen die Bildungs- und Jugendbehörde unter das gemeinsame Dach eines Fach- oder Geschäftsbereichs gestellt wurden, sind die Ressorts für Bildung und Soziales (bzw. Jugend) in Bremen zwei relativ selbständig voneinander operierende Einheiten. Das Sozialressort war im Wesentlichen in der Einführungsphase in die Ganztagsschulentwicklung eingebunden, die Hauptzuständigkeit für diesen Bereich liegt beim Bildungsressort. Die beiden Ressorts haben aber eine gemeinsame Lenkungsgruppe zur Koordination von Schule und Jugendhilfe eingerichtet und arbeiten in Pilotprojekten wie der Integration heilpädagogischer Förderung in Ganztagsschulen und der Schaffung von Quartiersbildungszentren auch konzeptionell zusammen. Quartiersbildungszentren werden durch Netzwerke von mindestens einer Ganztagsgrundschule, benachbarter Kindertagesstätten und anderer Stadtteilinstitutionen mit Angeboten für Kinder und Familien getragen, die gemeinsam Bildungs-, Beratungs- und Freizeitangebote für Kinder und Familien ausweiten wollen (Freie Hansestadt Bremen 2008: 98f.). Derzeit werden an drei Standorten in benachteiligten Quartieren in Neubauten für Ganztags-Grundschulen zusätzliche Räumlichkeiten etwa für Sozial- und Gesundheitsberatung oder Familienbildung geschaffen.

Zur Handlungskoordination kann die Bildungsbehörde aufgrund des Bremer Stadtstaatenstatus die Schulentwicklung anders als in Dortmund und Essen durch inhaltliche Vorgaben, etwa die Festlegung von Klassengrößen bzw. Zuweisung von Lehrerstunden oder die Auswahl und Qualifizierung der Schulleiter/innen beeinflussen. Als wesentliches Steuerungsinstrument bei der Einführung von Ganztagsschule und Zusammenarbeit mit außerschulischen Partnern wird von der Bildungsbehörde der Abschluss von jährlichen *Zielvereinbarungen* mit den Schulen angesehen. Auf der Grundlage der Schulprogramme werden konkrete Schritte zur Weiterentwicklung in verschiedenen Bereichen vereinbart, wozu auch eine Intensivierung der Zusammenarbeit mit Partnern im Stadtteil gehören kann. Vertreter/innen der Bildungsbehörde betonen aber ausdrücklich, dass die Schulen – abhängig von den spezifischen Bedingungen an ihrem Standort – selbst entscheiden müssen, in welchen Bereichen, mit welchen Partnern und in welcher Form eine Zusammenarbeit sinnvoll ist. Im Unterschied zu Nordrhein-Westfalen liegt die Verwaltung des Budgets für die außerunterrichtlichen Angebote nicht bei den Schulen selbst, sondern wird von der Schulverwaltung übernommen. Die Schulen verfügen aber über ein Mitspracherecht bei der Entscheidung, ob die Personalmittel vollständig für die Einstellung pädagogischer Fachkräfte verwendet werden oder ob ein Teil dieser Mittel für Honorarkräfte z.B. aus Sportvereinen oder Musikschulen verwendet wird.

In diesem Rahmen kommen ähnlich wie in Dortmund und Essen *Beratung und Fortbildung* eine besondere Rolle zu. Die Serviceagentur Ganztägig Lernen, die weitaus stärker als in den Flächenstaaten einzelne Schulen bei der Entwicklung zur Ganztagsschule betreuen kann, unterstützt die Teambildung durch den Einsatz von Prozessbegleitern in der Planungsphase. Das Landesinstitut für Schule bietet ein breites Spektrum an Fortbildungsangeboten und berät Schulen bei der Qualitätsentwicklung.

Zur *Vernetzung* von Schule und anderen Institutionen im Stadtteil sind von Bildungs- und Sozialressort auf Stadtteilebene „Runde Tische Jugendhilfe und Schule" initiiert worden. In einigen Stadtteilen haben sich diese Runden Tische zu einer ständigen Einrichtung entwickelt, die nicht nur dem regelmäßigen Informationsaustausch, sondern auch der Entwicklung gemeinsamer Projekte dienen. Noch intensiver werden kleinräumige Netzwerke in den Fördergebieten der Programme Soziale Stadt/Wohnen in Nachbarschaften durch die Koordinationsleistungen der Quartiersmanager/innen vorangetrieben. Außerhalb dieser Fördergebiete oder nach Auslaufen einer Förderung wird allerdings schwerpunktmäßig auf die Selbstorganisation der vor Ort vertretenen Institutionen gesetzt.

Auch *finanzielle Anreize* für Kooperationsaktivitäten stehen aus öffentlichen Mitteln nur für Soziale Stadt-Fördergebiete und damit vergleichbar zu Essen nur für Schulen in benachteiligten Quartieren zur Verfügung. Jedes Fördergebiet verfügt zum einen über einen Quartiersfonds, über dessen Verteilung basisdemokratisch in einem Bürgerforum entschieden wird. Schulen, die Mittel für Aktivitäten einwerben wollen, benötigen deshalb das Einverständnis anderer Institutionen im Stadtteil und der beteiligten Bewohner/innen. Zum anderen können aus den entsprechenden Programmmitteln auch Investitionen, z.B. zur Schaffung eines Quartiersbildungszentrums gefördert werden, wodurch eine wichtige Voraussetzung für die Entwicklung eines gemeinsamen Konzepts durch Schulen und andere Stadtteilinstitutionen geschaffen wurde.

3 Einfluss der Ganztagsschulentwicklung auf das Zusammenwirken von Bildung und Jugendhilfe in Ländern und Kommunen

Die Einführung der Ganztagsschule war in allen untersuchten Ländern und Kommunen mit einer Phase der Neubestimmung des Verhältnisses zwischen den für Bildung und Jugendhilfe zuständigen Ressorts und Ämtern verbunden. Insbesondere die Einführungsphase war mit intensiver Kooperation verbunden, um vor allem die Eingliederung der Horte in die Schulen zu regeln. Als die Einrichtung von Ganztagsschulen zur „Routine" wurde, sind diese Kooperationen zwar teilweise wieder zurückgefahren worden – auf der *Landesebene* wurden aber sowohl in NRW (2006) als auch in Bremen (2008) Kooperationsvereinbarungen zur Zusammenarbeit von Jugendhilfe und Schule geschlossen. Dabei wird in der nordrhein-westfälischen Vereinbarung explizit die gemeinsame Verantwortung der beiden Ressorts für die Gestaltung und Weiterentwicklung der offenen Ganztagsschule im Primarbereich betont, die grundsätzlich als Kooperationsmodell zwischen Schule und Jugendhilfe angelegt wurde, was eine Zusammenarbeit der Ressorts offenbar befördert hat. So ist z.B. die Jugendabteilung im damaligen Ministerium für Schule, Jugend und Kinder unter anderem deshalb für das offene Modell eingetreten, weil es bessere Möglichkeiten bot, Ansätze der Kinder- und Jugendhilfe als eigenständigen Teil in der Schule zu verankern und damit einen ganzheitlichen Bildungsbegriff zu realisieren. Gerade der additive Charakter scheint die Zusammenarbeit beider pädagogischer Systeme zu erleichtern, da diese Form eine Kooperationsbeziehung unter weitestgehender Wahrung der jeweiligen Systemzuständigkeiten ermöglicht. Die Abgrenzung relativiert vor allem die Furcht der Jugendhilfe vor Vereinnahmung und Funktionalisierung durch die Schule.

Auf *kommunaler Ebene* wurden die nachhaltigsten Kooperationsstrukturen in Dortmund geschaffen, wo die Umsetzung der offenen Ganztagsschule einem kurz zuvor neu geschaffenen Querschnittsamt, dem Familienprojekt, übertragen wurde. Stärker als in Bremen und Essen wird dort die Bedeutung intensiver Kooperation nicht nur bei der Einführung, sondern auch bei der Weiterentwicklung von Ganztagsschulen thematisiert (z.B. bei der Qualifizierung des Personals und der Qualitätsentwicklung). Wie auch auf der Landesebene wurde in Dortmund das Zusammenwirken auf kommunaler Ebene durch das offene Ganztagsschulmodell begünstigt. Dies ist vor allem darauf zurückzuführen, dass die Trägerschaft für den Ganztagsbetrieb an den jeweiligen Einzelschulen Einrichtungen der freien Jugendhilfe übertragen wurde und deshalb die Sozial- und Jugendbehörde beteiligt ist. Anders gestaltet sich die Situation in Essen, wo anfangs die Kommune die Trägerschaft für alle Ganztagsschulen übernehmen wollte. Hier war die Zusammenarbeit zwischen Bildung und Jugendhilfe zwar in der Anfangsphase intensiv, nahm aber im Laufe der Zeit ab, nachdem die Einführung von Ganztagsschulen „business as usual" wurde. Nach dem Scheitern des ambitionierten „Essener Modells" liegt die Trägerschaft für ca. die Hälfte der Ganztagsgrundschulen beim Schulverwaltungsamt, für die andere Hälfte bei der Jugendhilfe gGmbH.

Darüber hinaus hat die Entwicklung von Ganztagsschulen in NRW gemeinsam mit anderen Faktoren zu einer *verstärkten vertikalen Kooperation von Land und Kommunen* beigetragen. Viele Kommunen (nicht nur) in NRW haben sich stark – über die Vorgaben des Landes hinaus – finanziell bei der Schaffung von Ganztagsschulen engagiert und leiten unter anderem daraus einen inhaltlichen Gestaltungsanspruch ab, der über die traditionelle Rolle als äußerer Schulträger hinausgeht. In seiner Aachener Erklärung von 2007 fordert der Deutsche Städtetag die Länder auf, die kommunalen Steuerungsmöglichkeiten im Schulbereich zu erweitern und die finanziellen Rahmenbedingungen für ein erweitertes kommunales Engagement in der Bildung zu schaffen. Die Forderung des Städtetags zielt dabei nicht auf eine Kommunalisierung des Bildungssystems, sondern auf eine engere Zusammenarbeit von Ländern, Kommunen und anderen bildungspolitisch relevanten Akteuren (Hebborn 2008).

In NRW hat diese Entwicklung bereits deutlich zu einem Abbau hierarchischer Strukturen und zu stärker netzwerkförmigen Formen der Handlungskoordination zwischen Land und Kommunen geführt. Im Sommer 2008 haben 19 kreisfreie Städte und Kreise (darunter Dortmund) mit dem Land Verträge zur Schaffung bzw. Erweiterung regionaler Bildungsnetzwerke geschlossen. Gemeinsam sollen feste Strukturen für die (Weiter)Entwicklung und Steuerung solcher Netzwerke geschaffen werden: eine regionale Bildungskonferenz, ein Lenkungskreis und eine mit Vertreter/inne/n von Kommune und Land besetzte Geschäftsstelle.

Für die Landes- und kommunale Ebene bleibt als vorläufiges Fazit festzuhalten, dass die Ganztagschulentwicklung zu einer Neujustierung des Verhältnisses zwischen den zuständigen Behörden für Bildung und Soziales und von Land und Kommune beigetragen hat. Dabei hat die Einrichtung der offenen Ganztagsschule – zumindest auf diesen übergeordneten Ebenen – zu einem besseren bzw.

erleichterten Zusammenwirken der beiden pädagogischen Systeme „Schule“ und „Jugendhilfe“ geführt. Dies begründet sich nicht zuletzt damit, dass die offene Form beiden Systemen mehr Raum für den Erhalt der Eigenständigkeit innerhalb der Kooperationsbeziehung bietet: Durch die additive Gestaltung der offenen Ganztagsschule kann der Schulalltag im Vor- und Nachmittagsbereich arbeitsteilig organisiert werden. Diese Abgrenzung erfordert weniger Veränderungs- und Anpassungsleistungen der beteiligten Professionen und relativiert vor allem die Befürchtung der Jugendhilfe im Rahmen der Ganztagsschulentwicklung von der Institution Schule vereinnahmt und funktionalisiert zu werden. Ob sich dieser Trend auch „nach unten hin“ fortsetzt, wird in den folgenden Kapiteln zu untersuchen sein.

IV Kooperation und Vernetzung von Ganztagsschulen und Partnern im Stadtteil

1 Fallstudie Dortmund-Borsigplatz

1.1 Merkmale des Quartiers

Der Borsigplatz ist Teil des Stadtbezirks Innenstadt-Nord, der in zentraler Lage nördlich des Hauptbahnhofs und der Dortmunder City liegt. Die Innenstadt-Nord stellt den bevölkerungsreichsten der drei Innenstadtbezirke dar; im Quartier Borsigplatz leben 11.106 Personen (Dortmunder Statistik 2009: 20).

Traditionell waren die Innenstadt-Nord und somit auch das Untersuchungsquartier Borsigplatz Wohngebiet für die Arbeiter des ansässigen Hauptwerks des Stahlunternehmens Hoesch. Mit der Stahlkrise veränderte sich die Zusammensetzung der Wohnbevölkerung allerdings. Heute zeichnet sich der gesamte Stadtbezirk durch eine multikulturelle und sozial vielfältige Bevölkerungsstruktur aus: So liegt der Anteil der Ausländer/innen im gesamtstädtischen Vergleich überdurchschnittlich hoch (Innenstadt-Nord:41,2%; Borsigplatz: 43,8% ebda.: 12 u. 20). Gleiches gilt für die Quote von Arbeitslosen und SGB II-Leistungsempfängern: Mit Prozentsätzen von 26,6% am Borsigplatz bzw. 26,8% im gesamten Stadtbezirk liegt die Arbeitslosigkeit weit über dem städtischen Durchschnitt von 13,4% (ebda.). Der Borsigplatz weist eine überdurchschnittliche Minderjährigenquote (27,3%) (ebda.: 20) auf, worin von den Beteiligten ein besonderes Potenzial für die weitere Quartiersentwicklung gesehen wird. Insgesamt sind z.Z. jedoch die multiplen Problemlagen für den Borsigplatz bzw. den gesamten Stadtbezirk prägend: Sozialproblematiken wie Alkohol- und Drogenmissbrauch, von Armut bedrohte oder betroffene Familien, Familien mit zum Teil vielfältigen psychosozialen Problemen (Erziehungsprobleme, Partnerschaftsprobleme, Finanzprobleme/Verschuldung…) beeinflussen den Lebensraum nachhaltig und stellen die Akteure vor Ort, Politik und Verwaltung vor besondere Herausforderungen. Neben den Bemühungen der lokalen Akteure wurde die Stadtteilentwicklung insbesondere durch die EU-Gemeinschaftsinitiative *URBAN II* vorangetrieben.[24] Zusätzlich zu baulichen und investiven Maßnahmen zur Verbesserung stadträumlicher Qualitäten, dem Aufbau bewohnergetragener Einrichtungen (Nachbarschaftstreffs) oder der Förderung der lokalen Ökonomie wurde auch das *„Quartiersmanagement* Nordstadt“ mit dem Zweck, den Strukturwandel in der Innenstadt-Nord voranzutreiben, eingerichtet (Insekt 2007: 20; vgl. ausführlicher Kap.2.3c). Darüber hinaus wurde in den letzten Jahren einiges zur Weiterentwicklung der sozialen Infrastruktur unternommen. Neben dem Auf- und Ausbau von Ganztagsschulen wurden im Rahmen integrierter Stadtbezirksentwicklungskonzepte Maßnahmen der kinder- und familienfreundlichen Quartiersentwicklung initiiert: U.a. wurden Spielplätze modernisiert, ein Familienbüro Innenstadt-Nord als Beratungs- und Serviceeinrichtung für Familien sowie ein Seniorenbüro eingerichtet, gezielte Elternarbeit durch den Aufbau von Elterncafés in Trägerschaft der Stadtteilschule e.V. an sechs Nordstadtgrundschulen gefördert etc. (ebda.: 51ff.).

Für die perspektivische Weiterentwicklung und Aufwertung des Quartiers werden am Borsigplatz unterschiedliche Aspekte benannt. So fehle hier im Vergleich zu den beiden statistischen Bezirken Nordmarkt und Hafen, die geringere Minderjährigenquoten aufweisen, eine weiterführende Schule. Weitere Entwicklungsbedarfe werden im Ausbau von Spiel- und Bewegungsmöglichkeiten für Jugendliche und der Schaffung von Arbeitsplätzen vor Ort gesehen. Darüber hinaus ist es den Beteiligten ein besonderes Anliegen, nicht nur an bestehenden Problemen anzusetzen, sondern auch das brachliegende Potenzial der multikulturellen Zusammensetzung des Stadtteils zu fördern: Viele Kinder wachsen zweisprachig auf und besitzen damit Kompetenzen, die gerade in Zeiten der Globalisierung gefragt sind. Hier sei es wichtig, Eltern und Kinder frühzeitig zu erreichen, um eine optimale Sprachförderung zu ermöglichen. Betont wird auch die Bereitschaft der Quartiersbewohner/innen, sich für ihr Viertel zu engagieren und gute Ideen einzubringen. Bürgerbeteiligung und Partizipation sind erklärte Ziele der Stadtteilentwicklung, die auch künftig weiterentwickelt werden sollen.

[24] Dem vorangegangen war die Aufnahme der Innenstadt-Nord in das Landesprogramm „Soziale Stadt NRW“. Die Ziele des Programms sind im Jahr 2000 in die EU-Gemeinschaftsinitiative Urban II übernommen worden.

Abbildung 4: Schulen und soziale Einrichtungen im Quartier Dortmund-Borsigplatz (Auswahl)[25]

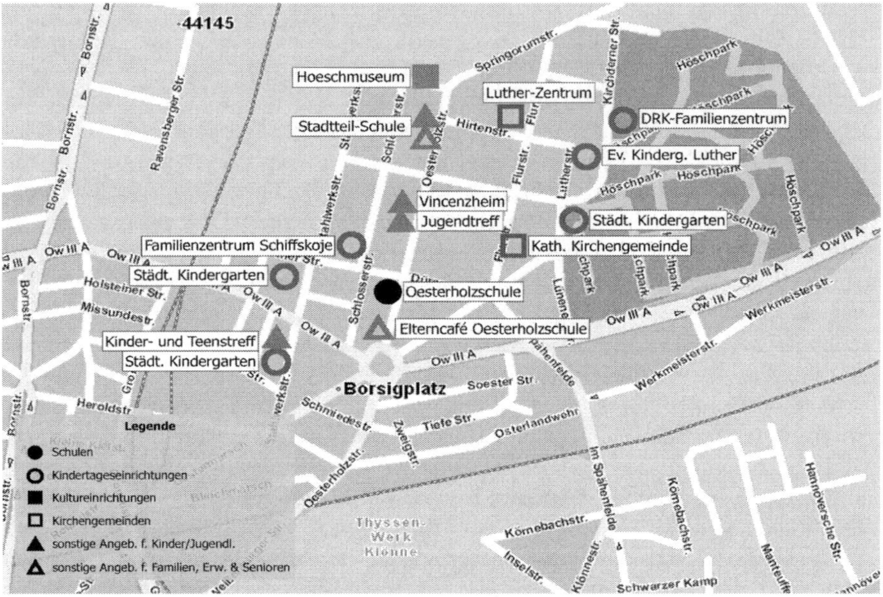

1.2 Entwicklung der Ganztagsschule

Die Probleme im Stadtbezirk bzw. im Quartier Borsigplatz machen auch vor den Schultoren nicht Halt und beeinflussen das Schulklima nachhaltig. Im schulischen Alltag macht sich dies u.a. in allgemeinen und logopädischen Sprachproblemen, Wahrnehmungs- und Konzentrationsstörungen, geringen sozialen Kompetenzen oder der Zunahme von aggressivem Verhalten und Gewalterfahrungen bemerkbar.[26] Die Osterholzgrundschule hat auf diese Problemlagen mit dem Ausbau des Ganztagsbetriebes und dichter Vernetzung mit anderen Institutionen im Stadtteil reagiert.

---

[25] Quelle: www.dortmund.de; eigene Darstellung

[26] Vgl. Pädagogisches Ganztagskonzept der Oesterholzgrundschule (2004:2) (http://innenstadtnord.dortmund.de/upload/binarydata_do4ud4cms/97/61/06/00/00/00/66197/ganztagskonzept_oesterholz_gs.pdf; letzter Zugriff 16.9.2010)

Steckbrief: Oesterholzgrundschule am Borsigplatz

Der Borsigplatz

Quartiersmerkmale:	*Einwohnerzahl: 11.106* *Anteil Nichtdeutsche: 43,8%* *Arbeitslosenquote: 26,6%* *Stadtteilförderung: Soziale Stadt,; URBAN II; Quartiersmanagement*

Die Oesterholzgrundschule

GTS seit:	*Nachmittagsbetreuung seit den 90er Jahren; OGS seit 07/08*
Schülerzahlen:	*Im Schuljahr 07/08: 350 Schüler/innen insgesamt – davon 50 im Ganztag*
GTS-Modell/ Zeitkonzept:	*Offene GTS (OGS)/Additives Modell: Unterricht vormittags. Tägliches AG-Angebot zwischen 14.30-16.00 Uhr*
Ganztagsträger:	*Stadtteilschule e.V.*
Personal Ganztag:	*4 feste Mitarbeiter/innen: 2 städtische (100% u. 75%) und 2 über den Träger angestellte (50% u. 10,5 Std.) Fachkräfte. Zudem: weitere Honorarkräfte u. Küchenpersonal; Ganztagskoordination durch eine/n der städtischen Mitarbeiter/innen.*

Die Schule verfügt bereits über langjährige Erfahrungen in der Nachmittagsbetreuung. Bereits seit den neunziger Jahren wurden Kinder in einer Nachmittagsgruppe betreut. Seit dem Schuljahr 2007/2008 wurde die Oesterholzgrundschule gemäß des Landeserlasses zur *offenen Ganztagsschule (OGS)* umstrukturiert.

Damit einher gingen erhebliche organisatorische Veränderungen, die sich u.a. durch einen Zuwachs an externen Kooperationspartnern und der Übernahme der Ganztagsträgerschaft durch die Stadtteilschule e.V. auszeichneten. Das feste, interne *OGS-Team* setzt sich aus vier pädagogischen Fachkräften mit sozialpädagogischer und Erzieherausbildung zusammen. Anders als in anderen Schulen sind zwei Mitarbeiter/innen mit einer vollen und einer dreiviertel Stelle bei der Stadt angestellt, während die anderen Teammitglieder mit einer halben Stelle bzw. 10,5 Wochenstunden dem Ganztagsträger angehören. Die Funktion der *OGS-Koordination* wird innerhalb des Teams von einer/m vollzeitbeschäftigten

Mitarbeiter/in wahrgenommen. Darüber hinaus verfügt der OGS-Bereich über Küchenpersonal (darunter ein/e Mitarbeiter/in mit fester Anstellung) und weitere Honorarkräfte, die ebenfalls über den Ganztagsträger angestellt sind. Dieses Trägerpersonal wird über das *OGS-Budget* finanziert, welches von der Stadtteilschule e.V. verwaltet wird. Durch die beiden städtischen Mitarbeiter/innen befindet sich die Oesterholzgrundschule in der komfortablen Lage, diese nicht aus Budgetmitteln finanzieren zu müssen.

Die pädagogischen Fachkräfte im Ganztag stehen täglich miteinander in Kontakt, treffen sich darüber hinaus aber wöchentlich zu *Teamsitzungen*, bei denen das „Kernteam", bestehend aus den städtischen Angestellten, einer/s Trägervertreter/in/s und einer/s weiteren Erzieher/in/s, teilnehmen. Des Weiteren finden auf einer übergreifenden Ebene monatliche Treffen der OGS-Koordinatoren/innen aller sieben Grundschulen im Stadtbezirk Innenstadt-Nord statt, welche von der städtischen Dienststelle (RAA) organisiert werden.

Ein „formales Bindeglied" stellen die *Lehrerstunden* dar, die insbesondere in die Hausaufgabenbetreuung einfließen. Ein weiteres Feld der Zusammenarbeit wird über die *schulischen Gremien* realisiert. So nimmt der/die OGS-Koordinator/in regelmäßig an Lehrer- und Schulkonferenzen teil und ist zudem Mitglied im Förderverein. Zusätzliche, regelmäßige Treffen hätten sich hingegen als *„wenig sinnvoll"* erwiesen, da auftretende Fragen und Probleme meist kurzfristiger Klärung bedürfen.

Grundsätzlich spielt der *individuelle Kontakt* zwischen pädagogischen Fachkräften und einzelnen Lehrer/inne/n oder Schulleitung bei bestehendem Austauschbedarf über einzelne Kinder eine große Rolle. Diese Kontakte stellen eine *„individuelle Geschichte"* dar. Sie hängen z.B. davon ab, wie viele OGS-Kinder einer Klasse angehören. Häufig realisieren sich entsprechende Kontakte über *Tür- und Angelgespräche*. Die Initiative gehe i.d.R. von den pädagogischen Fachkräften aus. Kontakte auf der Leitungsebene, d.h. zwischen der OGS-Koordination und der Schulleitung finden hingegen täglich statt.

Konzeptionell zeichnet sich die Oesterholzgrundschule durch ein *additives Modell* aus: Schüler/innen, die am Ganztagsangebot teilnehmen, werden am Nachmittag verschiedene Gruppen und Arbeitsgemeinschaften (s. ausführlich Kap.2.3) angeboten, während sich der Unterricht weiterhin auf den Vormittag konzentriert. Ein thematisch-konzeptioneller Zusammenhang zwischen dem Vor- und Nachmittagsbereich sei aufgrund der zeitlichen Trennung schwierig herzustellen, wird von den Beteiligten aber auch nicht unbedingt als erstrebenswertes Ziel betrachtet. Gerade mit Blick auf die Bedürfnisse der Schüler/innen sei ein deutlicher Schnitt zum Unterricht durchaus sinnvoll:

> „Ich kann mir vorstellen, dass man langfristig versucht jetzt in dieser Jahreszeit sich thematisch abzusprechen. Beispiel: das Thema Herbst. Das passiert wahrscheinlich sowieso, dass das im Unterricht und in OGS läuft, weil sich das einfach anbietet. Aber es passiert nichts Strukturiertes, was Geplantes. Speziell an unserem Standort, warum die Kinder in der OGS sind, dass die Kinder zu Hause große Probleme vorfinden. Ich sehe…im täglichen Unterricht, dass da im sozialen Bereich teilweise unglaubliche Defizite vorliegen, dass die Sozialkompetenzen sehr gering sind und dann finde ich besser, wenn diese Bereiche abgedeckt sind, dass die Kinder in dem Bereich was machen. Nicht nur geplant, denn das ergibt sich durch die Interaktion der Kinder untereinander von alleine“ (Schulvertreter/in, DO-BO-SV_1).

Die AG-Angebote finden täglich in der Zeit von 14.30 bis 16.00 Uhr statt und werden durch die pädagogischen Fachkräfte, Lehr- und Honorarkräfte durchgeführt. An den angebotenen Arbeitsgruppen können maximal 12 Kinder teilnehmen. Im Gegensatz zum alten Ganztagskonzept, in dem es feste Gruppen gab, sieht das neue OGS-Konzept vor, die Kinder in altersgemischten Gruppen entsprechend ihren Neigungen durch ein reichhaltiges AG-Angebot zu fördern. Nicht alle Beteiligten sind von diesem Konzept überzeugt. Aus Sicht der pädagogischen Fachkräfte sei die Auflösung fester Nachmittagsgruppen insbesondere für Kinder mit Entwicklungs- bzw. sozialen Problemen unvorteilhaft, da es keine festen Bezugspersonen mehr gibt, sondern wechselnde Ansprechpartner/innen für die Kinder zur Verfügung stünden. Dies hätte zur Folge, dass die pädagogischen Fachkräfte nicht mehr jedes einzelne Kind und seine Problemlagen wirklich gut kennen. Darüber hinaus sei der Besuch *außerschulischer Lernorte* durch die feste Gruppenstruktur einfacher gewesen – jetzt erforderten solche Aktivitäten einen deutlich höheren Organisationsaufwand durch die Absprachen der Gruppenleiter/innen untereinander. Immerhin sei es aber mittlerweile gelungen, die Erstklässler mit Entwicklungsrückständen wieder in einer festen Gruppe zusammenzufassen.

1.3 Kooperations- und Koordinationsstrukturen

Die Oesterholzgrundschule ist in ein Stadtteilnetzwerk mit vielfältigen Bezügen integriert. Aus den geführten Interviews mit den Beteiligten geht deutlich hervor, dass *adressatenorientierte Gründe* in Form von Verbesserung der Lern- und Lebensbedingungen der Bewohner/innen des Quartiers das vordringlichste Motiv der Zusammenarbeit darstellen. In der Vernetzung wird die Chance gesehen, das Lebensumfeld positiv zu beeinflussen sowie für die Kinder, Familien und Quartiersbewohner/innen vielfältige und neue Bildungsanlässe zu realisieren.

Abbildung 5: Partner der Oesterholzgrundschule (kumulierte Netzwerkkarte)[27] (1-4: Wichtigkeit des Kooperationspartners (4=sehr wichtig))

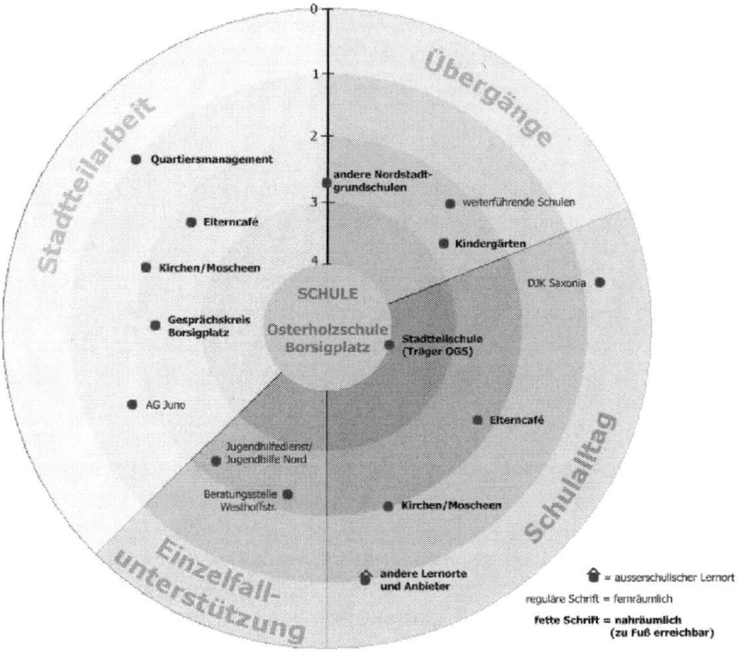

a) Gestaltung des Schulalltags

Ein zentraler Partner im Handlungsfeld „Schulalltag“ ist die Stadtteilschule e.V., die als *Träger* des Ganztags fungiert und gemeinsam mit der Schule für die administrative Abwicklung des OGS-Bereichs (Verwaltung, Finanzen, Personal, außerschulische Angebote etc.) verantwortlich ist. Sie bekommt von der Stadt das OGS-Budget überwiesen und ist dafür zuständig, dieses für die Schule zu verwalten. Gleichzeitig ist die Stadtteilschule e.V. Anstellungsträger für die in der Schule beschäftigten pädagogischen Fachkräfte, Mini-Jobber und Honorarkräfte. Da im Dortmunder Raum vorrangig die großen, karitativen Wohlfahrtsverbände Trägerschaften an Ganztagsschulen übernehmen, ist die Wahl dieser Einrichtung für die Trägerfunktion eher ungewöhnlich. Ausschlaggebend hierfür

27 Quelle: Interviews mit Schulvertreter/inne/n; eigene Darstellung

waren die *„guten Erfahrungen"* der Zusammenarbeit zwischen der Stadtteil- und Oesterholzgrundschule, die bereits *vor* der Entwicklung zur offenen Ganztagsschule gesammelt werden konnten. Letzteres habe allerdings dazu beigetragen, das Kooperationsverhältnis der beiden Einrichtungen zusätzlich zu stärken.[28]

Die Stadtteilschule e.V. erhält für die Koordinationsaufgaben eine Regiepauschale, die jedoch nicht mit dem tatsächlichen Arbeitsaufwand konform gehe. Die inhaltliche Bereicherung und die gute Erfahrung der Zusammenarbeit mit der Oesterholzgrundschule stellen in diesem Fall ein tragfähiges und stabiles Gerüst der Kooperation dar, welches aber für die Übernahme weiterer Trägerschaften nicht aufrechtzuerhalten sei:

> „Wenn wir uns nur über inhaltliche Bereicherung definieren würden, dann wären wir ganz schnell arme Leute" (Vertreter/in außerschulischer Partner, DO-BO-KP_6).

Neben der Stadtteilschule e.V. arbeitet die Oesterholzgrundschule mit einer Reihe weiterer Partner zusammen, die Angebote für die OGS-Kinder unterbreiten. Die Auswahl der Angebote richtet sich dabei insbesondere an den Bedürfnissen der Kinder aus: Neben Bildungslücken beobachtet die Schule vor allem Entwicklungsprobleme und Defizite im Sozialverhalten. Bei der Partnerauswahl wird daher u.a. darauf geachtet, dass diese dem zusätzlichen Förderanspruch gerecht werden können. Das Partnerspektrum umfasst daher eine bunte Mischung verschiedenster Anbieter und Personen, von denen einige an dieser Stelle exemplarisch benannt seien: Der Verein für Erlebnispädagogik (Ele e.V.) sowie der Verein Saxonia unterbreiten Sportangebote im Ganztag. Der Einsatz einer/s ehrenamtlichen Mitarbeiter/in/s ermöglicht eine Lese-AG. Von Lehr- und pädagogischen Fachkräften werden beispielsweise Werken, musikalische Früherziehung, eine Werk-AG, Fußball usw. angeboten. Honorarkräfte der Stadtteilschule e.V. unterbreiten unterschiedliche, freizeitpädagogische Angebote im Ganztag (z.B. Tanz, Computer-AG). Darüber hinaus gibt es eine Reihe von Kooperationspartnern, deren Angebote sich an alle Kinder, d.h. nicht nur an die OGS-Kinder, richten und auch den Schulunterricht tangieren können. Dies sind z.B. punktuelle oder regelmäßige Kooperationen: So bieten z.B. Honorarkräfte der Stadtteilschule e.V. Hausaufgabenbetreuung für die Nicht-OGS-Kinder an. Die Polizei begleitet die Grundschüler zur Verkehrspuppenbühne im Westfalenpark und wirkt auch auf Anfrage mit der Schule in unterschiedlichen Bereichen zusammen (z.B. Informationsveranstaltungen für Eltern). Unterschiedliche Kooperationsbezüge

---

[28] Dieser Umstand dürfte nicht zuletzt darauf zurückzuführen sein, dass Ganztagsschulmodelle, die eine Trägerschaft durch einen außerschulischen Partner (häufig in Form eines freien Jugendhilfeträgers) vorsehen, diesem automatisch eine gestärkte Rolle im Kooperationsverhältnis zuweisen.

bestehen auch zur Kirche, die beispielsweise im Förderverein vertreten ist und aktuell mit der Schule eine Kooperation zur Begabtenförderung unter Einbezug von Ehrenamtlichen plant.

b) Übergänge gestalten

Der Übergang vom Elementar- in den Primarbereich wird durch enge und systematische Kooperationen zwischen der Oesterholzgrundschule und umliegenden *Kindertagesstätten* gestaltet. Neben der verpflichtenden Zusammenarbeit im Rahmen von Bildungsvereinbarungen[29] und der Sprachstandserhebung DELFIN 4[30] wurden auch aus eigener Initiative Konzepte zur Gestaltung des Übergangs entwickelt. Als Beispiel sei hier auf die Kooperation zwischen der Oesterholzgrundschule und dem DRK Zwergenland verwiesen: Zu Jahresbeginn initiieren beide Einrichtungen ein jährlich wechselndes Projekt (z.B. eine Kinderolympiade) zur Erleichterung des Übergangs. Dazu kommt der/die Klassenlehrer/in ein- bis zweimal in der Woche mit den Drittklässler/inne/n in die Kita, um gemeinsam das Projekt durchzuführen. Auch außerhalb des Einjahreszyklus werden immer wieder gemeinsame Aktivitäten durchgeführt (z.B. Picknick, Adventszeit o.ä.). Darüber hinaus führen beide Einrichtungen am Übergang gemeinsame Elterngespräche durch, in dessen Rahmen die im Kindergarten angefertigte Bildungsdokumentation überreicht wird.

Durch die Schulleiter/innendienstbesprechungen stehen auch die sieben Grundschulen des Stadtbezirks Innenstadt-Nord in regelmäßigen Kontakt und tauschen sich in diesem Rahmen über verschiedene Übergangskonzepte aus. Die Kooperation mit den *weiterführenden Schulen* wird als wichtig, allerdings auch als schwieriger eingestuft. Die Kinder der Oesterholzgrundschule wechseln an viele verschiedene weiterführende Schulen, so dass es den Lehrer/inne/n aus Zeitmangel nicht möglich ist, im Vorfeld jede einzelne Schule zu besuchen. Ein Austausch über die Kinder erfolgt hier häufig im telefonischen Kontakt.

---

[29] Die „Vereinbarung zu den Grundsätzen über die Bildungsarbeit der Tageseinrichtungen für Kinder – Bildungsvereinbarung NRW" ist zum 01.08.2003 in Kraft getreten. Im Rahmen dieser Vereinbarung wird der Bildungsauftrag der Tageseinrichtungen für Kinder konkretisiert. U.a. wird angestrebt, den Bildungsprozess des Kindes in einer sog. Bildungsdokumentation festzuhalten. Über die Eltern kann diese Bildungsdokumentation auch an die Grundschule weitergereicht werden.

[30] DELFIN 4 steht für „Diagnostik, Elternarbeit, Förderung der Sprachkompetenz in Nordrhein-Westfalen bei 4-Jährigen" und beinhaltet in NRW einen seit 2007 verbindlich durchzuführenden Sprachtest in Kindertagesstätten. Bei erkannten Defiziten werden entsprechende Sprachförderungsmaßnahmen eingeleitet. (http://www.mgepa.nrw.de/kinder-und-jugend/kinder-nrw/sprachfoerderung/index.php; letzter Zugriff 11.8.10).

c) *Stadtteilarbeit*

Ein weiteres Handlungsfeld der Vernetzung stellt die *Gestaltung des Stadtteils* dar, worunter z.B. die gemeinsame Durchführung von Projekten oder die Planung und Abstimmung von Angebotsstrukturen im Stadtteil angesprochen sind. Als Beispiel sei hier auf ein sozialraumbezogenes Kooperationsprojekt der sieben Grundschulen im Stadtbezirk verwiesen, in dessen Rahmen die Schüler/innen aller Grundschulen gemeinschaftlich einen „Angstatlas" erstellt haben, in dem aus kindlicher Perspektive angstbesetzte Orte im Stadtteil aufgezeigt wurden. Als Reaktion auf diese Initiative wurde seitens des Polizeipräsidiums Dortmund für einen begrenzten Zeitraum Personal umgeschichtet und besonders intensive Kontrollen im Stadtteil durchgeführt.

Eine besondere Rolle im Handlungsfeld Stadtteilarbeit kommt den *institutionalisierten Arbeitskreisen* zu, von denen im Stadtbezirk Innenstadt-Nord zahlreiche zu unterschiedlichen Themenbereichen existieren. Vorrangig dienen diese Gremien dem Informationsaustausch, gemeinsamen Absprachen und der Vorbereitung von Kooperationsaktivitäten. Auch Kooperationsprojekte bilateraler Natur können dort angestoßen werden. Ein zentrales Gremium für den gesamten Stadtbezirk stellt die seit Mitte der 90er Jahre bestehende Arbeitsgemeinschaft Jugendhilfe Nord (AG JuNo) dar, welche nach § 78 KJHG im Bereich der Jugendhilfe agiert. Die AG JuNo tagt ca. 4 bis 5 mal im Jahr und gliedert sich aufgrund der Mitgliedergröße nochmals in die quartiersbezogenen Gesprächskreise Borsigplatz, Hafenrunde und Nordmarkt, welche im vierwöchigen Rhythmus tagen. Der *Gesprächskreis Borsigplatz* tagt reihum in verschiedenen Einrichtungen und wird aktuell durch vier Sprecher/innen aus öffentlichen und freien Trägern organisiert. Die Gremien können als relevante Knotenpunkte der Vernetzung betrachtet werden, indem die verschiedenen Akteure des Stadtteils (z.B. Einrichtungen der Kinder- und Jugendhilfe, Schulen, Kirchen, Beratungsstellen usw.) dort regelmäßig zusammentreffen und aktuelle Informationen austauschen. Die Zusammenkunft in den Arbeitskreisen wird als wichtiger Erfolgsfaktor für die Netzwerkarbeit identifiziert – nicht nur, weil die Arbeitskreise als geregelte Informations- und Austauschplattform fungieren, sondern auch weil sie das persönliche Kennenlernen fördern. Gerade die persönlichen Kontakte begünstigen und erleichtern die vielen informellen Querverbindungen, die neben den formalen Netzwerkstrukturen bestehen. Auch die Oesterholzgrundschule ist regelmäßig in den Gesprächskreisen vertreten.

Neben den benannten Arbeitskreisen spielt das *Quartiersmanagement* als Koordinationsinstanz auf Stadtteilebene eine zentrale Rolle. Die Installation des „Quartiersmanagements Nordstadt" an den drei Standorten Borsigplatz, Nordmarkt und Hafen erfolgte durch die Finanzmittel der EU-Gemeinschaftsinitiative

URBAN II. Am Borsigplatz wird das Quartiersmanagement von den gemeinnützigen Vereinen Stadtteilschule e.V., dem Bernhard-März-Haus des Caritasverbandes Dortmund e.V. und der Vincenzheim-Ausbildungsstätte e.V. getragen.

Auf einer bilateralen Ebene bestehen zwischen der Oesterholzgrundschule und dem zuständigen Quartiersmanagement am Borsigplatz aus verschiedenen stadtteilbezogenen Anlässen punktuelle Kontakte; für die gesamte Stadteilvernetzung kommt diesem die Rolle einer stabilisierenden und verbindenden Konstante zu, indem es vermittelnd, selbst gestaltend und unterstützend tätig ist. Durch regelmäßige Teilnahme an unterschiedlichen Gremien gewährleistet das Quartiersmanagement eine Vernetzung der verschiedenen Arbeitskreise untereinander. Darüber hinaus stellt es wichtige Schnittstellen zwischen Institutionen, Stadtteilbewohner/inne/n, Politik und Verwaltung her und gewährleistet somit als „Brückenakteur" Verbindungen auf unterschiedlichen Ebenen und über das Quartier Borsigplatz hinaus.

d) Einzelfallunterstützung

Nicht zuletzt aufgrund der ausgeprägten Sozialproblematik im Stadtteil (vgl. Kap. 2.1) pflegt die Oesterholzgrundschule enge und beständige Kontakte zu den Jugendhilfediensten und dem Amt für soziale Dienste, um mit Hilfe der dort vorhandenen Kompetenzen angemessen auf die Problemlagen ihres Klientel reagieren zu können. *Einzelfallbezogene Anlässe* stehen hier im Vordergrund. Bei Bedarf übernimmt die Schule hier auch eine „vermittelnde" Funktion, z.B. dann, wenn sie Kontakte zwischen hilfesuchenden Eltern und spezialisierten Beratungsstellen (z.B. Erziehungsberatungsstelle Westhoffstraße) herstellt.

1.4 Einbindung der Eltern

Wie in den anderen benachteiligten Untersuchungsquartieren werden die Eltern von der Schule und ihren Partnern in erster Linie als *Zielgruppe* angesehen. Aufgrund des hohen Migrantenanteils mit defizitären Deutschkenntnissen ist ein wesentliches Anliegen die Vermittlung besserer Sprachkenntnisse und der Grundzüge des deutschen Bildungssystems. Die Oesterholzschule hat zu diesem Zweck gemeinsam mit einem freien Träger in unmittelbarer Nachbarschaft der Schule ein *Elterncafé* eingerichtet, das sich als „Brücke" zwischen Familie und Schule begreift. Die/der dort tätige Sozialpädagog/in/e nutzt ein an den Interessen der Eltern orientiertes Kursangebot (neben Sprach- und Alphabetisierungskurs z.B. auch Näh- oder Fahrradkurs), um dauerhafte Beziehungen zu Eltern aufzubauen und im Problemfall als Ansprechpartner/in bekannt zu sein. Die

Leitung versteht es aber auch als Teil der Aufgabe, die Mütter für die Mitwirkung bei Schulfesten zu aktivieren.

Während sich die Eltern bei solchen Anlässen zahlreich durch Kuchenspenden u.ä. beteiligen, erscheint es schwierig, sie für andere Formen von Beteiligung zu gewinnen. Dies sei u.a. auf die Unsicherheit der Eltern zurück zu führen: Für ihre bei Festen gespendeten Spezialitäten erhielten sie immer viel Lob, in anderen Bereichen fühlten sie sich aber leicht überfordert und hätten Angst vor einer negativen Bewertung. Umgekehrt wird zeitweilig eine resignative Haltung bei vielen Lehrer/inne/n wahrgenommen, die z.B. von vornherein darauf verzichteten, Eltern als Begleitpersonen bei Ausflügen zu gewinnen.

Ein gutes Beispiel für die Einbindung der Eltern in Netzwerkaktivitäten zur Attraktivitätssteigerung des Quartiers stellt die Aktion zur Beseitigung von Angstorten dar (s.o.). Die Elternvertretungen aller Nordstadtgrundschulen haben gemeinsam mit dem Ordnungsamt und der Polizei Informationsveranstaltungen zur Verringerung des Alkoholkonsums im öffentlichen Raum durchgeführt und in einem Brief an den Oberbürgermeister die Einführung von alkoholfreien Zonen um Kinderbetreuungseinrichtungen und Schulen gefordert. Das große Engagement der Eltern sei darauf zurück zu führen, dass hier ein originäres Anliegen der Elternschaft aufgegriffen wurde:

> „Denn die Elternschaft ist hier eher zurückhaltend und hat selbst genug Probleme, als dass sie sich jetzt noch um die Probleme kümmern könnte, die von der Schule thematisiert werden. Aber gerade so Alkohol und Drogenkonsum, da hatten wir letzte Woche hier 60 -70 Eltern in der Turnhalle sitzen, das ist ein Thema, was auch den Eltern unter den Nägeln brennt.“ (Schulvertreter/in, DO-BO-SV_1)

1.5 Vertikale Kooperationsbeziehungen

Neben der horizontalen, stadtteilbezogenen Vernetzung sind die Beteiligten auch in vertikale Kooperationsstrukturen zu vorgesetzten Behörden und Ämtern eingebunden. Der unter III 2.1 geschilderte integrierte Ansatz der Ganztagsschulentwicklung in Dortmund erleichtert für die Akteure am Borsigplatz die vertikale Kooperation. Als Vorteil werden beispielsweise die koordinierenden Bemühungen der Kommune erlebt. Gutes Beispiel hierfür ist das als Querschnittsamt installierte *Familienprojekt*, welches als zentraler Ansprechpartner für die offenen Ganztagsschulen zur Verfügung steht, beratend tätig ist und übergreifende Fortbildungen und stadtweite Trägertreffen zum Erfahrungsaustausch organisiert. Diese Art von „Serviceorientierung“ der Kommune und die eindeutige Schaffung von Zuständigkeiten wird für die Arbeit im Stadtteil als förderlich empfunden.

Als „Hemmschuh" haben sich allerdings langfristige, bürokratische Prozesse und häufig wechselnde Richtlinien und Vorgaben herausgestellt. Langwierige Verfahren bei der Mittelvergabe im Rahmen von Drittmittelprojekten wie z.B. URBAN II erschwerten die Arbeit unnötig. Es sei nur schwer möglich, längerfristig zu planen und die damit einhergehenden unsicheren Beschäftigungsverhältnisse führten zu einer personellen Diskontinuität. Dies sei den Vernetzungsprozessen im Stadtteil wenig zuträglich, da sowohl aufgebaute Kompetenzen als auch persönliche Kontakte regelmäßig verloren gingen (*„Das hat die ganze Arbeit lahm gelegt"; Vertreter/in Kooperationspartner, DO-BO-KP_7).* Besonders gravierend kommt dieser Umstand zum Tragen, wenn der mühsame Aufbau von Vertrauensbeziehungen zur anvisierten Zielgruppe (z.B. Mütter mit Migrationshintergrund) durch Personalfluktuation beeinträchtigt wird.

Häufig wechselnde Richtlinien und Erlasse – sei es von kommunaler oder Landesebene – werden ebenfalls als Einschnitte in die alltägliche Arbeit erlebt. Gerade im Zuge der OGS-Entwicklung habe man weniger Zeit, sich auf die pädagogischen Kernaufgaben zu besinnen (*„Schon wieder Schreibtischarbeit!"; Schulvertreter/in, DO-BO-SV_1).* Noch deutlicher wird dieser Einschnitt empfunden, wenn der Alltag selbst die Themenbereiche aufzeigt, die vorrangig in Kooperation bearbeitet werden müssten, die Richtlinien jedoch ganz andere Handlungsfelder vorsehen. Dies wird als Überregulierung empfunden, die eine flexible Anpassung an die Bedürfnisse vor Ort einschränke.

1.6 Netzwerkkultur

Die Formen und Kontaktstrukturen der Kooperation im Netzwerk reichen von informellen Kommunikationsstrukturen bis hin zu vollständig institutionalisierten und organisierten Kooperationsformen. Für die letztere Variante stellen die Arbeitskreise (s.o.) ein prädestiniertes Beispiel dar. Auch der Abschluss von Kontrakten oder die schriftliche Verankerung von Kooperationen im Schulprogramm und Ganztagskonzept stellen eine verbindlich organisierte Form der Zusammenarbeit zwischen der Schule und anderen Einrichtungen dar. Formen und Intensität der Zusammenarbeit hängen auch von den entsprechenden Anlässen ab, die konstant vorhanden sein können oder aber auch anlassbezogen zu- oder abnehmen. Dies kann z.B. im Handlungsfeld der Übergänge sein, welches durch die Schuljahreswechsel „saisonbedingt" mal mehr oder mal weniger kooperationsintensiv ausfällt. Ähnliches gilt z.B. für Partner, die für die Nutzung außerschulischer Lernorte punktuell aktiviert werden. Neben formellen Zusammenkünften, persönlichen Besuchen, gemeinsamen Projekten und Aktivitäten stellen die informelleren Kooperationsformen ein wesentliches Potenzial der Netzwerkarbeit dar: Viele Probleme können zügig dank eines „kurzen Drahtes" der Einrichtungen und Institutionen untereinander geklärt werden[31]. Gerade die informelle Variante ist aufgrund der knappen Zeitressourcen eine wichtige und gleichzeitig sehr voraussetzungsvolle Kooperationsform, da die Verlässlichkeit in den Absprachen auf Vertrauensbasis dennoch verbindlich gewährleistet sein muss. Dieses Niveau der Netzwerkarbeit ist das Resultat langfristig gewachsener Beziehungen und einer entsprechenden Netzwerkkultur. Dabei zeichnet sich das Stadtteilnetzwerk durch eine ausgeprägte und von allen geteilte Kultur der Zusammenarbeit aus. Es gibt feste, ungeschriebene Regeln, die nicht „von oben" vorgegeben wurden, sondern sich im Laufe der Zeit entwickelt und bewährt haben. Die Beteiligten beschreiben dieses Regelwerk als „Verhaltenskodex", der von allen respektiert wird. Dieser Verhaltenskodex reglementiert u.a. den Umgang mit Konkurrenzsituationen: Angebote und Projektideen werden nicht im Alleingang umgesetzt, sondern zuerst mit allen Beteiligten besprochen und abgestimmt. Auf diese Weise wird eine ausgeglichene Angebotsstruktur im Stadtteil sichergestellt und zudem verhindert, dass *„sich die Projekte…in die Quere kommen" (Stadtteilvertreter/in; DO-BO-STV_13)*. Zudem ist es wichtig, dass neue Anbieter die tatsächlichen Bedarfe des Stadtteils kennen, d.h. eine sorgfältige Analyse durchführen und dann auf die Bedürfnisse des Quartiers zugeschnittene Angebote durchführen bzw. sich vorher abstimmen. Die Beteiligten empfinden diese Kultur der Zusammenarbeit als *„phantastisches System…, was von vornherein solchen Konkurrenzgeschichten entgeht" (Kooperationspartner, DO-BO-KP_7)*. Von neuen Akteuren im Stadtteil wird erwartet, dass sie die gewachsenen Strukturen respektieren und sich diesen anpassen. Neue Institutionen haben die Möglichkeit, sich in den entsprechenden Arbeitskreisen vorzustellen und sich in die bestehenden Strukturen einzufügen.[32] Dieser Verhaltenskodex wird auch durch die zuständige *Bezirks- und Stadtverwaltung* unterstützt: Wesentliches Entscheidungskriterium für die Bewilligung öffentlicher Mittel ist ein im Vorfeld getätigter Abstimmungsprozess zwischen den Antragsstellern. So sei es bereits vorgekommen, dass die Entscheidung über einen nicht abgestimmten Antrag in der Bezirksvertretung ausgesetzt wurde, bis im Stadtteil allgemeiner Konsens

[31] Auffällig ist allerdings, dass viele Kontakte im Netzwerk in erster Linie auf der Leitungs- und weniger auf der Mitarbeiter/innenebene stattfinden. Informationen werden auf dieser Ebene verbreitet und vom Leitungspersonal „nach unten" „durchgereicht". Diese Kommunikationsform wird von einigen Beteiligten als unbefriedigend erlebt.

[32] Diese Partizipationsmöglichkeit scheint allerdings den Institutionen und weniger den interessierten Bürger/inne/n vorbehalten zu sein. So berichtet z.B. ein/e Interviewpartner/in, dass die Mitwirkung als Ehrenamtliche/r in einem der Gesprächskreise abgelehnt, eine Mitwirkung in seiner/ihrer Funktion als Vereinsvertreter/in jedoch gewährt wurde. Unterhalb der institutionellen Ebene ist also eine gewisse Schließung nach außen zu beobachten.

zwischen den Antragsstellern hergestellt wurde. Zwar besteht zur Absprache formell keine Verpflichtung – das Missachten der bestehenden Strukturen kann aber zu entsprechenden Problemen führen (*„Das sind Konfliktfelder, mit denen man hier rechnen muss.“, Stadtteilvertreter/in DO-BO-STV_13*). Gegen Anbieter, die vorwiegend kommerziell orientiert sind und ein Mindestmaß an Kooperationsbereitschaft vermissen lassen, setzen sich die Akteure vor Ort also durchaus zur Wehr.

1.7 Bewertung der Ergebnisse durch die Akteure

Grundsätzlich nehmen die Beteiligten Erfolge auf den Ebenen des Netzwerks, des Stadtteils, der Adressaten und der jeweiligen Institution wahr. Auf der *Ebene des Netzwerks* wird die Entwicklung einer positiven Netzwerkkultur insbesondere auch hinsichtlich der zwischenmenschlichen Zusammenarbeit betont: Kommunikationsbereitschaft, gegenseitiges Vertrauen und Unterstützung, Verlässlichkeit, offener Umgang miteinander, allseitiges Befolgen der Regeln etc. – dieses sind Aspekte der Zusammenarbeit, die sich entwickelt haben und die Akteure motivieren, sich weiterhin in der Netzwerkarbeit zu engagieren. Die Beteiligten bemessen weiterhin den Erfolg von Kooperation in Synergieeffekten, die sich ergeben: Vernetzung ermöglicht spontanes, unbürokratisches Handeln und trägt somit häufig zum schnelleren und effektiveren Problemlösungshandeln bei. Insbesondere die „geballte Kraft“ des Netzwerks wird von den Akteuren als großer Vorteil betrachtet. Die Einrichtungen am Borsigplatz arbeiten mit denselben Familien, Kindern und Bewohner/inne/n und erachten es deshalb als sinnvoll, ihre Interessen zu bündeln. Eine gemeinsame Vertretung nach außen erzeugt mehr öffentlichen Druck, welcher zu politischen Konsequenzen führen kann, wie es z.B. der „Angstatlas“ (s.o.) oder die gemeinsame Initiative von Bewohner/inne/n und Wohnungsbaugesellschaften bezeugen, die erfolgreich darauf abzielte, eine als Alkoholikertreffpunkt bekannte Grünanlage von der Stadt offiziell als Kinderspielplatz ausweisen und wieder aufwerten zu lassen. Gemeinsame Stärke und die Möglichkeit der Einflussnahme beginnen mit Austausch und Zusammenschluss. Viele Aktivitäten und Projekte, die positiven Einfluss auf die Rahmenbedingungen des Aufwachsens am Borsigplatz nehmen, hätten ohne die enge Zusammenarbeit nicht realisiert werden können: *„Man kann dann mehr erreichen. Jeder alleine bringt nichts“ (Stadtteilvertreter/in; DO-BO-STV_15).*

Auf der *Ebene der Adressaten* sehen die Beteiligten den besonderen Erfolg ihrer Bemühungen darin, dass die Bewohner/innen des Quartiers besser erreicht und aktiviert werden können. Dies zeige sich z.B. im Bereich des bürgerschaftlichen Engagements, in dem eine gewachsene Beteiligungsquote zu verzeichnen ist, die als gewinnbringendes Potenzial für die Weiterentwicklung des Quartiers betrachtet wird. Die Bewohner/innen hätten „viele gute Ideen“ für den Stadtteil. Ein weiterer Erfolgsindikator auf Adressatenebene wird darin gesehen, dass bei Stadtteilfesten nicht mehr nur die Kinder, sondern auch deren Familien, Jugendliche und andere Bewohner/innen erreicht werden und durch die Zielgruppenerweiterung ein Beitrag zur Integrationsarbeit geleistet wird. Im Hinblick auf die langfristigen Auswirkungen auf die Adressaten der Bemühungen sehen die Beteiligten das Problem der hohen Fluktuation der Wohnbevölkerung im Quartier und die ständige Veränderung der Zusammensetzung der Bevölkerung. Dies mache es schwierig langfristige Erfolge zu identifizieren.

Positive Rückwirkungen nehmen die Beteiligten auch auf der *Ebene der Institution* wahr: Die Mitarbeit in einem Netzwerk ermöglicht z.B. den Rückgriff auf Kompetenzen, die ansonsten nicht verfügbar sind. So berichtet beispielsweise das Quartiersmanagement von dem Vorzug, jederzeit auf das Expert/inn/enwissen der am Borsigplatz ansässigen Kinder- und Jugendhilfeeinrichtungen zurückgreifen zu können. Auch das „Insiderwissen“ bzw. der Zugang zu wichtigen Informationen kann für die einzelnen Einrichtungen große Vorteile mit sich bringen, z.B. indem man durch unterschiedliche Kanäle erfährt, wo Gelder zu beantragen sind.

2 Fallstudie Dortmund-Husen

2.1 Merkmale des Quartiers

Der Stadtteil Husen-Kurl hat 7.527 Einwohner/innen (Dortmunder Statistik 2009: 26). Husen-Kurl gehört zum Stadtbezirk Dortmund-Scharnhorst und nimmt in diesem Stadtbezirk nicht nur geographisch eine Randlage ein: Es unterscheidet sich im Erscheinungsbild und in der Sozialstruktur deutlich von den anderen statistischen Bezirken des Stadtteils, insbesondere von der angrenzenden Großwohnsiedlung Scharnhorst-Ost, deren durchschnittliche Sozialindikatoren deutlich unter denen Husen-Kurls liegen. Sowohl die Bewohner/innen als auch die ansässigen Institutionen orientieren sich deshalb weniger in Richtung Scharnhorst als vielmehr zu den südlich gelegenen Stadtteilen.

Husen-Kurl zeichnet sich durch seinen ländlichen Charakter mit vielen Freiflächen und einen hohen Anteil von Ein- und Zweifamilienhäusern aus. Derzeit entsteht ein größeres Neubaugebiet an der östlichen Seite von Husen.

Abbildung 6: Schulen und soziale Einrichtungen in Dortmund-Husen (Auswahl)[33]

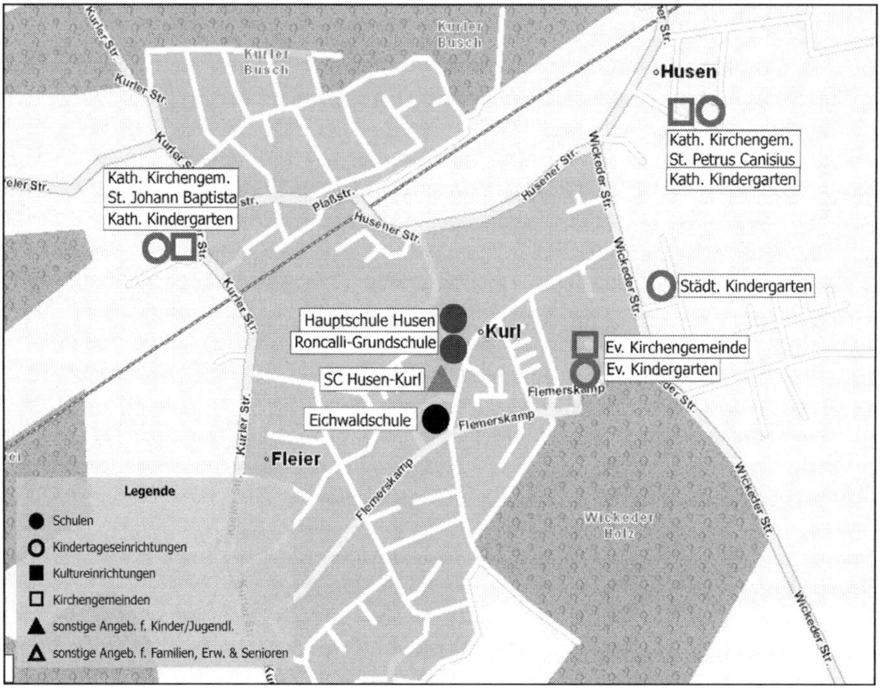

Die Arbeitslosenrate lag Ende 2008 mit 8,1% unter dem Dortmunder Durchschnitt von 13,4% (ebda.). Die Einkommen sind vergleichbar mit dem gesamtstädtischen Durchschnitt. Der Anteil Nichtdeutscher lag Ende 2008 mit 3,5% deutlich niedriger als der Dortmunder Durchschnitt von 12,6% (ebda.).

Im Stadtteil gibt es einen städtischen und drei konfessionelle Kindergärten sowie zwei Grundschulen und eine Hauptschule. Die drei Schulen sind unmittelbar benachbart, was zu einer besonderen Konkurrenzsituation der beiden Grundschulen führt. Im sozialen und kulturellen Leben des Stadtteils spielen die Kirchengemeinden eine wichtige Rolle. Freizeitangebote für Kinder, Jugendliche

[33] Quelle: www.dortmund.de; eigene Darstellung

und Familien unterbreiten außerdem der örtliche Sportverein, die Pfadfinder und der sozialistische Jugendverband Falken.

Die meisten Angebote sind allerdings für Kinder unter dreizehn Jahren, so dass die Eltern im Stadtteil vor allem Freizeitangebote und Treffpunkte für Jugendliche vermissen. Darüber hinaus fehle es an attraktiven Spielplätzen. Schließlich seien Teile des Stadtteils so schlecht an den öffentlichen Nahverkehr angebunden, dass Kinder darauf angewiesen seien, dass ihre Eltern sie mit dem Auto zu ihren Freizeitaktivitäten brächten.

2.2 Entwicklung der Ganztagsschule

Die Eichwaldschule liegt am Rand von Husen in einem Wohngebiet. Die Schule ist seit dem Schuljahr 2004/05 offene Ganztagsschule, im Schuljahr 2007/08 wurden von insgesamt 320 Schüler-/inne/n 85 auch nachmittags betreut. Bereits vor der Einrichtung der OGS gab es eine vom Förderverein mit Elternmithilfe organisierte Nachmittagsbetreuung. Förderverein und Eltern wurden dann auch intensiv bei der Entwicklung des OGS-Konzepts eingebunden. Darüber hinaus hat die Eichwaldschule auf die Beratung durch das Familienbüro zurückgegriffen und mit diesem gemeinsam den Wohlfahrtsverband PariSozial als Träger des Nachmittagsbereichs ausgewählt. Wie generell in NRW wird auch an der Eichwaldschule ein additives Ganztagsschulmodell verwirklicht. Am Vormittag findet im Schulgebäude der Unterricht statt, anschließend werden die Schüler/innen in den OGS-Räumen von Montag bis Donnerstag bis 16 Uhr und am Freitag bis 15 Uhr betreut. Im Anschluss an das Mittagessen und die Hausaufgabenbetreuung werden Freispiel und verschiedene Arbeitsgruppen angeboten – um die Kinder nicht zu überfordern, darf aber jedes Kind in der Woche höchstens an zwei AGs teilnehmen. Geleitet werden die Arbeitsgruppen zur Hälfte von pädagogischen Fachkräften, zur Hälfte von außerschulischen Partnern (siehe IV 2.3). In den Schulferien bieten die pädagogischen Mitarbeiter/innen gemeinsam mit dem Team der Roncallischule eine Ferienbetreuung an. Dabei wird besonderer Wert darauf gelegt, „aus der Schule herauszugehen“ und durch den Besuch z.B. verschiedener Spielplätze den Stadtteil zu erkunden, aber auch durch Ausflüge andere städtische Räume kennen zu lernen.

Die Eltern wählen für den Nachmittagsbereich eigene Vertreter/innen, die sich regelmäßig mit der OGS-Teamleitung und der Schulleitung zu einem Runden Tisch treffen und in dieser Runde Fragen und Anregungen aus der Elternschaft zur Diskussion stellen.

Über die PariSozial sind acht pädagogische Fachkräfte beschäftigt, darunter ein/e Teamleiter/in mit Koordinationsaufgaben. Der/die Teamleiter/in ist mit 25 Wochenstunden angestellt, die übrigen Mitarbeiter/innen mit weniger Stunden.

Diese personelle Ausstattung wird von Schulvertreter/inne/n als sehr knapp bezeichnet, bei Krankheitsfällen gebe es schnell Probleme, das Nachmittagsprogramm abzudecken.

Problematisch sei auch die aktuell hohe Fluktuation beim OGS-Personal, die unter anderem auch auf die unattraktiven Verträge mit geringen Stundenzahlen zurückgeführt wird.

Steckbrief: Eichwaldgrundschule in Husen-Kurl

Husen-Kurl

Quartiersmerkmale:	*Einwohnerzahl: 7527* *Anteil Nichtdeutsche: 3,5%* *Arbeitslosenquote: 8,1%* *Stadtteilförderung: keine*

Die Eichwaldgrundschule

GTS seit:	*OGS seit 04/05*
Schülerzahlen:	*Im Schuljahr 07/08: 320 Schüler/innen insgesamt – davon 85 im Ganztag*
GTS-Modell/ Zeitkonzept:	*Offene Ganztagsschule (OGS)/ Additives Modell: Unterricht vormittags. Tägliches AG-Angebote bis 16.00 bzw. freitags 15.00 Uhr*
Ganztagsträger:	*PariSozial*
Personal Ganztag:	*8 feste über den Träger angestellte Mitarbeiterinnen (Koordinatorin mit 25 Stunden, weiteres Personal mit geringerer Stundenzahl). Ganztagskoordination durch ASB-Mitarbeiterin.*

Der Austausch zwischen Lehrerkollegium und pädagogischen Fachkräften wird insbesondere von letzteren als verbesserungsbedürftig angesehen. Die Kontakte liefen fast ausschließlich über die Teamleitung, die sich zur Abstimmung einmal wöchentlich mit dem/der für die OGS zuständigen Konrektor/in trifft und auch an der Lehrerkonferenz teilnimmt, sofern die Betreuung der Kinder in diesem Zeitraum sichergestellt ist. Etwa zweimal im Jahr findet eine gemeinsame OGS-Lehrerkonferenz statt. Informelle Kontakte zwischen beiden Gruppen finden aufgrund der räumlichen Trennung zwischen Schul- und OGS-Gebäude kaum statt. Die Beteiligten führen dies auch auf die starke zeitliche Belastung sowohl von Lehrer/inne/n als auch von pädagogischen Fachkräften zurück. So ist die Arbeitszeit der pädagogischen Mitarbeiter/innen fast vollständig für die Arbeit am Kind eingeplant. Da die pädagogischen Mitarbeiter/innen nicht im Unterricht eingesetzt werden, gebe es bis auf die Hausaufgabenbetreuung, an der auch Lehrkräfte beteiligt sind, kaum Berührungspunkte zwischen den beiden Gruppen. Gespräche über einzelne Kinder fänden eigentlich nur in dringenden Problemfällen statt.

2.3 Kooperations- und Koordinationsstrukturen

Abbildung 7: Partner der Eichwaldgrundschule (kumulierte Netzwerkkarte)[34] (0-4: Wichtigkeitsgrad der Kooperation (4=sehr wichtig)

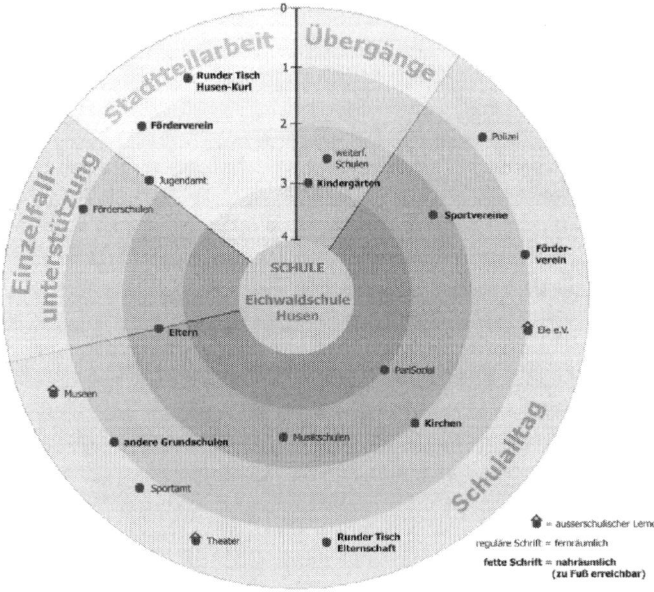

[34] Quelle: Interviews mit Schulvertreter/inne/n; eigene Darstellung

Den größten Raum nehmen in der Eichwaldschule Kooperationen zur Gestaltung des Schulalltags ein, die übrigen drei Bereiche haben dann in etwa das gleiche Gewicht.

a) Gestaltung des Schulalltags

Wichtigster Partner der Eichwaldschule im Handlungsfeld Schulalltag ist die gemeinnützige Gesellschaft *PariSozial*, die als *Träger des Ganztags* für die gesamte Organisation des außerunterrichtlichen Bereichs zuständig ist. So ist sie Arbeitgeber der pädagogischen Fachkräfte, organisiert das Mittagessen und schließt Verträge mit außerschulischen Arbeitsgruppen-Leiter/innen/n ab. Die PariSozial ist mit zehn betreuten Schulen einer der kleineren Träger in Dortmund; ihr Engagement in diesem Bereich hat sich daraus entwickelt, dass sie bereits vor der Einführung der OGS Elternvereine beraten hat, die ein Betreuungsangebot am Nachmittag organisiert haben.

Der/die für den OGS-Bereich zuständige Mitarbeiter/in des Wohlfahrtsverbands steht in intensivem Austausch mit der OGS-Teamleitung und den pädagogischen Fachkräften. Er/sie informiert regelmäßig z.B. über Fortbildungsmöglichkeiten und fördert durch die Organisation von Treffen der OGS-Teams aller von PariSozial betreuten Schulen einen regelmäßigen Erfahrungsaustausch. Mit der Schulleitung sucht sie das Gespräch zur Regelung grundsätzlicher Fragen und zur Klärung von Problemfällen.

Zur Organisation der Arbeitsgruppen im Nachmittagsbereich arbeitet die Schule mit einer Reihe von *neuen Partnern* zusammen, u.a. mit einem Sportverein, dem Verein für Erlebnispädagogik Ele e.V. und einer Musikschule. Gemeinsam mit der Schulleitung ist festgelegt worden, dass einer der Schwerpunkte Sport sein soll, über die Verpflichtung der Partner entscheiden dann die Teamleitung und der Träger. Ein wichtiges Auswahlkriterium ist dabei Verlässlichkeit. Bei Sport- und Musikangeboten ist auch wichtig, dass die AG-Leiter/innen nicht zu leistungsorientiert sind und vorrangig Talente entdecken und fördern wollen, sondern einen breitenorientierten Ansatz haben.

Den Beteiligten zufolge stellen die Eltern hohe Anforderungen an die Qualität der AG-Angebote und machen auch die Wahl der Grundschule zum Teil davon abhängig, was ihren Kindern am Nachmittag geboten wird. Aus diesem Grund bemüht sich die OGS auch um etwas ausgefallenere Angebote wie Erlebnispädagogik und das Trommeln mit Steel-Pans. Nicht zuletzt deshalb kommen die Partner überwiegend nicht aus dem Stadtteil, sondern aus dem gesamten Stadtgebiet. Die Kooperation mit Stadtteilsportvereinen sei aber auch daran gescheitert, dass diese keine Übungsleiter/innen vor 16 Uhr anbieten könnten.

Wie im Schulprogramm der Eichwaldschule festgeschrieben, sind für die Abstimmung mit den AG-Leiter/inne/n die pädagogischen Fachkräfte zuständig. Diese Abstimmung beschränkt sich jedoch überwiegend auf organisatorische Fragen. Die Partnerinstitutionen in diesem Bereich erbringen Serviceleistungen für die Schule – Angebote werden „eingekauft". Mit einigen Institutionen arbeitet die Schule dabei längerfristiger zusammen. Teilweise wechseln die Partner auch, sei es, weil sie den Qualitäts- und Verlässlichkeitsanforderungen nicht entsprechen, sei es, weil das Angebot bei den Kindern nicht gut ankommt oder weil man einfach etwas Neues ausprobieren will. Anregungen für neue Partner erhält der/die OGS-Koordinator/in z.B. vom Ganztagsträger oder den OGS-Teams der anderen Schulen.

Mit den anderen *Grundschulen im Stadtteil*, insbesondere mit der benachbarten Roncallischule, kooperiert das OGS-Team bei der Organisation der Ferienbetreuung. Das Familienbüro organisiert trägerübergreifende Treffen der OGS-Teams im Stadtbezirk, bei denen z.B. die Termine der Ferienbetreuung von benachbarten Schulen so abgesprochen werden, dass in einem Stadtteil die gesamten Ferien abgedeckt sind. Zum Teil organisiert auch das Jugendamt schulübergreifende Ferienaktionen auf einem großen Abenteuerspielplatz in Scharnhorst.

Ein wichtiger Partner im Vormittagsbereich sind die *Kirchen*. Die katholische und die evangelische Kirchengemeinde geben einmal wöchentlich zusätzlichen Religionsunterricht (Kontaktstunden). Viermal im Jahr finden Schulgottesdienste statt, die von Schule und Kirchengemeinde abwechselnd oder auch gemeinsam vorbereitet werden. Diese enge Zusammenarbeit hat sich erst nach der Amtsübernahme der/des aktuellen Schulleiter/in/s entwickelt. Diese/dieser ist als Religionslehrer/in an einer Einbindung der Kirchen besonders interessiert und ist sofort auf die Gemeinden zugegangen. Die Kirchengemeinden schätzen die Zusammenarbeit, weil sie dadurch die Möglichkeit haben, Kontakt zu den Kindern zu halten, die sie bereits im Kindergarten (Husen verfügt über mehrere konfessionelle Kindergärten) begleitet haben. Die Pastor/inn/en bzw. Gemeindereferenten/innen, die die Kontaktstunden halten, stehen in regelmäßigem Austausch mit den Klassenlehrer/inne/n und den Religionslehrer/inne/n der Schule. Durch ihre wöchentliche Anwesenheit an der Schule ist auch ein informeller Austausch über einzelne Kinder unproblematisch möglich.

Sowohl im Vormittagsbereich als auch während der Ferienbetreuung werden außerschulische Lernorte wie *Theater* und *Museen* besucht. Die *Polizei* bietet Verkehrserziehung an.

b) Übergänge gestalten

Gemeinsam mit den Kindergärten bemüht sich die Eichwaldschule intensiv um eine Verbesserung des Übergangs vom Kindergarten zur Schule. Nachdem lange Zeit der einzige Kontaktpunkt der „Hospitationstag" war, an dem die Kindergartenkinder für einen Tag die Schule besuchten, hat sich die Zusammenarbeit mit dem Wechsel der Schulleitung der Eichwaldschule grundsätzlich gewandelt. Die Schulleitung ist etwa auf die städtische Kindertagesstätte, von der etwa die Hälfte der Schulkinder kommt, zugegangen und hat die Mitarbeiter/innen zu gemeinsamen Sitzungen mit den Lehrer/inne/n eingeladen. Gemeinsam wurde ein Kurzkonzept erstellt, das über den Hospitationstag hinaus die Übernahme von Patenschaften der Schulkinder für Kindergartenkinder vorsieht. Zudem bekommt der Kindergarten vor Schuljahresbeginn die Klasseneinteilung mit der Bitte, diese vor dem Hintergrund seiner Kenntnis der einzelnen Kinder zu beurteilen.

Neben den offiziellen Kontakten gibt es auch vielfältige informelle Kontakte, die insbesondere den Austausch über einzelne Kinder betrifft. Dafür benötigen beide Einrichtungen aus Datenschutzgründen eine Einverständniserklärung der Eltern. Dies stelle jedoch kein Problem dar, da die Eltern einsehen, dass der Austausch über ihre Kinder „Sinn macht". Es komme häufig vor, dass z.B. die Schule anruft, um nachzufragen, ob auffällige Verhaltensweisen schon im Kindergarten bemerkt wurden und wie damit umgegangen wurde. Der Übergangsbereich stellt ein zentrales inhaltliches Kooperationsfeld dar, das beiden Partnern gleichermaßen wichtig ist.

Gelegenheit zum Austausch der Schulleitungen von Grundschulen und weiterführenden Schulen im Stadtbezirk besteht bei der vom Familienbüro organisierten Schulkoordinierungskonferenz. Bei diesen Treffen findet unter anderem ein inhaltlicher Austausch über pädagogische Themen statt. Nach Einführung des Englischunterrichts an den Grundschulen wurden beispielsweise Fachlehrer/innen aus beiden Schulstufen eingeladen, um die Auswirkungen des Grundschulunterrichts auf den Unterricht in den weiterführenden Schulen abzuklären. Die Eichwaldschule ist bei diesen Treffen regelmäßig vertreten, sie haben aber nach eigener Aussage für sie nicht so große Relevanz, weil die überwiegende Mehrzahl ihrer Schüler/innen weiterführende Schulen außerhalb von Scharnhorst besucht. Mit diesen Schulen steht die Schule in bilateralem Austausch.

Die Kontakte in diesem Bereich laufen im Wesentlichen über die Schulleitung, zu den Kindergärten bei Bedarf und Gelegenheit auch über die Lehrer/innen. Ein Austausch mit der OGS-Teamleitung und einem schulnahem Kindergarten besteht erst seit Kurzem und soll vertieft werden – wie bei den Lehrkräften stießen die Kooperationsbemühungen aufgrund der begrenzten zeitlichen Kapazitäten der OGS-Mitarbeiter/innen aber auch hier schnell an Grenzen. Angedachte gegenseitige Hospitationen von Lehrer/inne/n und Erzieher/inne/n des Kindergartens, die dem Kennenlernen des jeweils anderen Systems und der Arbeitsweise dienen sollten, konnten bisher aus Zeitgründen nicht realisiert werden.

c) Stadtteilarbeit

Gemeinsam mit ihrem Förderverein trägt die Schule zur Belebung des Veranstaltungsangebots im Stadtteil bei: Organisiert werden beispielsweise Flohmärkte, Kinoabende für Grundschulkinder, Tanzabende und ein jährliches Völkerballturnier für Eltern und Kinder. An allen Veranstaltungen nehmen schwerpunktmäßig Schulkinder und ihre Eltern teil, sie sind jedoch offen für den gesamten Stadtteil. Darüber hinaus beteiligt sich die Schule z.B. am ökumenischen offenen Adventskalender, bei dem an jedem Abend im Advent eine andere Einrichtung im Stadtteil zu sich einlädt.

In Kooperation mit der benachbarten Roncallischule hat die Eichwaldschule vor einigen Jahren ein Forum „Kinderfreundliches Husen" organisiert, bei dem sich alle Institutionen, die mit Kindern und Jugendlichen arbeiten, vorstellen konnten.

Ein zentrales Problem, mit dem sich die Institutionen in Husen-Kurl gemeinsam auseinandersetzen, ist der Umgang mit Störungen durch Jugendliche. Als Reaktion auf zunehmenden Vandalismus von Jugendlichen im Stadtteil hat das Jugendamt den „Runden Tisch Husen-Kurl" initiiert, der von Verantwortlichen der Kinder- und Jugendarbeit sowie ehrenamtlichen Mitarbeiter/inne/n besucht wird, um Maßnahmen und Angebote für diese Altersgruppe zu koordinieren. Die beiden Grundschulen sind beteiligt, weil ihr Gelände besonders von Beschädigungen betroffen war. Als Reaktion wurden die Schulgelände zum Teil eingezäunt, die Runde stellte aber auch Ausweichtreffpunkte wie z.B. einen offenen Jugendkeller in der evangelischen Kirchengemeinde zur Verfügung, die nur zum Teil angenommen wurden. Grundsätzlich seien viele der Jugendlichen nicht an inhaltlichen Angeboten interessiert, sondern lediglich an einem Platz, wo sie gemeinsam Alkohol trinken könnten. Das sei kein Problem von Husen-Kurl allein, sondern betreffe auch andere Stadtteile: Jugendliche aus ganz Dortmund verabredeten sich per Handy zu Alkoholgelagen. Im Moment hat sich die Situation in Husen-Kurl entschärft. Man ist sich aber nicht sicher, ob diese Entspannung auf Dauer anhalten wird.

Während an diesem Runden Tisch die Schule lediglich durch die Schulleitung vertreten wird, beteiligt sich an den oben angesprochenen Veranstaltungen ein breiter Kreis von Eltern, Lehrer/inne/n und pädagogischen Fachkräften.

Die Koordination von gemeinsamen Veranstaltungen erfolgt in der Regel durch eine der in Husen-Kurl ansässigen Institutionen, insbesondere die Kirchengemeinden oder auch die Schule selber. Der Runde Tisch wird von einem/r Mitarbeiter/in des Jugendamts koordiniert. Eine Koordinationsrolle für den gesamten Stadtbezirk übernimmt auch das Familienbüro Scharnhorst, das die Treffen der OGS-Teams und Schulleiter/innen organisiert, bei denen es über die pädagogischen Abstimmungen hinaus auch um die Außendarstellung des Stadtbezirks und schulübergreifende Probleme wie Vandalismus geht.

d) Einzelfallunterstützung

Ein guter Kontakt besteht zu dem/der für die Durchführung von Sprachtests zuständigen Mitarbeiter/in des Jugendamts, der bei Bedarf auch die Eltern intensiv zu Förderfragen berät. Ansonsten wird die Zusammenarbeit mit dem Jugendamt als verbesserungsbedürftig bezeichnet. Die Schulvertreter/innen räumen aber ein, dass aufgrund der Sozialstruktur in Husen-Kurl relativ selten das Einschalten des Jugendamts erforderlich und der Kontakt deshalb nur unregelmäßig sei, während das Jugendamt sehr stark mit den Problemen von Familien in anderen Teilen Scharnhorsts belastet sei.

2.4 Einbindung der Eltern

Die Eichwaldschule zeichnet sich durch eine große Offenheit gegenüber den Eltern aus. Sowohl die Lehrer/innen als auch die pädagogischen Mitarbeiter/innen bemühen sich um einen engen Kontakt zu den Eltern. Die von der OGS-Teamleitung einmal wöchentlich angebotene Elternsprechstunde wird zwar im Moment relativ selten genutzt, aber es finden regelmäßig „Tür-und-Angel-Gespräche" über die Entwicklung der Kinder und auch die Hausaufgabenbetreuung statt. Viermal im Jahr lädt das OGS-Team die Eltern zu einem Elterncafé ein.

Umgekehrt ist auch die aktive Mitwirkung von Eltern an der Gestaltung des Schulalltags und bei der Stadtteilarbeit herausragend. Eltern sind als Lese- oder Büchereieltern aktiv und verleihen als Pausenmütter in den Pausen Spielgeräte. Der von Eltern getragene Förderverein unterstützt die Schule finanziell bei Anschaffungen und größeren Projekten und organisiert eine Reihe von Veranstaltungen. Der Förderverein und einzelne Mütter und Väter bieten nach Ende des Schultags ab 16 Uhr Arbeitsgruppen für alle Schulkinder (also nicht nur für die OGS-Kinder) an, z.B. eine Tanz-AG, eine Garten-AG, Bastel-AGs etc.

Dieses umfangreiche Engagement wird dadurch erleichtert, dass es an der Eichwaldschule einen überdurchschnittlichen Anteil von nicht berufstätigen Müttern gibt – es gibt aber auch viele Engagierte aus dem Kreis der berufstätigen Eltern. Sie sind interessiert daran, das Schulleben ihrer Kinder mitzugestalten und profitieren von ihrem Einsatz auch durch gute Kontakte zu anderen Eltern. Die AGs nach 16 Uhr gehen auf den ausdrücklichen Wunsch der Eltern zurück, Kinder, die wegen der Nicht-Berufstätigkeit ihrer Mütter keinen Platz in der Nachmittagsbetreuung bekommen haben, nicht von den attraktiven Angeboten an der Schule auszuschließen.

Schulleitung und Kollegium sehen aber die Elternbeteiligung teilweise auch als Balanceakt, weil Eltern, die regelmäßig in der Schule mitarbeiten, zuviel Einblick in schulinterne Angelegenheiten erhielten, sich häufig nicht auf ihre Aufgaben beschränkten und über als schulintern empfundene Angelegenheiten mitreden wollten:

> „Ich seh' da manchmal auch noch so ein bisschen eine andere Seite. Ich finde das toll, wenn Eltern mitarbeiten. Allerdings darf's dann auch nicht in die Richtung gehen, dass die Eltern dann meinen, sie können dann hier auch richtig mitbestimmen." (Schulvertreter/in, DO-HU-SV_2)

2.5 Vertikale Kooperationen

Wie am Borsigplatz fühlen sich Schule und Ganztagsschulträger durch das ämterübergreifende Familienprojekt und die dezentralen Familienbüros gut unterstützt: Sowohl auf kommunaler Ebene als auch im Stadtbezirk gebe es durch diese Kooperation zentrale Ansprechpartner/innen bei allen Fragen rund um die OGS. Die vom Familienbüro organisierten regelmäßigen Treffen der OGS-Teams im Stadtbezirk hat die Vernetzung auf dieser Ebene befördert: Während für die Schulleitung der Austausch mit anderen Scharnhorster Schulleitungen von nachgeordneter Bedeutung ist, weil die meisten ihrer Schüler/innen weiterführende Schulen in anderen Stadtbezirken besuchen, kooperieren die Scharnhorster OGS-Teams regelmäßig bei der Ferienbetreuung.

Aus Sicht der Beteiligten hat die Öffnung zum Stadtteil allerdings für die staatliche Schulaufsicht einen wesentlich geringeren Stellenwert:

> „...wenn jemand die Schulräte fragen würde, was an der Schule die Schwerpunkte sind, dann glaube ich nicht, dass die das wüssten. Die schauen, ob die Arbeit einigermaßen läuft und ob die Eltern sich beschweren... Aber ich glaube nicht, dass die das Ganze wahrnehmen, was an den Schulen geleistet wird. Das ist zwar vorgeschrieben und es gibt auch immer wieder Veranstaltungen dazu, aber ich glaub's nicht" (Schulvertreter/in, DO-HU-SV_1).

2.6 Netzwerkkultur

Husen ist gekennzeichnet durch funktionierende soziale Netzwerke. Nach Aussage von Elternvertreter/inne/n ist Husen „ein Dorf" mit sehr familiären Strukturen. Jeder kümmere sich um jeden und jeder habe ein Auge auch auf die Kinder anderer Familien. Trotz der Problematik des Alkoholkonsums und Vandalismus durch einige Jugendliche (s. Kap. IV 2.3c) gebe es noch *„Sicherheit"* und *„Geborgenheit"* und *„man fühlt sich hier gut aufgehoben als Familie" (*Schulvertreter/in, DO-HU-SV_5*).* Diese funktionierenden sozialen Netzwerke erleichtern auch den Austausch zwischen Schule, Kindergärten und Kirchengemeinden: So hat eine Mutter zu einer besonderen Adventsaktion im Kindergarten auch die Schulleitung eingeladen, damit diese prüfen könne, ob das Angebot auch für die Schule geeignet sei.

Die sozialen Netzwerke sind allerdings geprägt durch die Spaltung des Stadtteils zwischen Husen und Kurl, die zum Teil zusammenfällt mit einer Spaltung zwischen katholischem und evangelischem Einflussbereich. Zwischen Kurler und Husener Familien gebe es wenig Berührungspunkte. Eltern, deren Kinder in einen der beiden katholischen Kindergärten in Kurl oder Husen gegangen sind, meldeten diese anschließend überwiegend in der katholischen Roncallischule an, während Kinder aus dem evangelischen und dem städtischen Kindergarten mehrheitlich zur Eichwaldschule gingen.

Aufgrund dieser Spaltung gibt es im Stadtteil auch nicht ein einzelnes Institutionennetzwerk rund um Kinder und Familien, sondern zwei Säulen: Die Eichwaldschule steht in engem bilateralem Kontakt zu den beiden letztgenannten Kindergärten und der evangelischen Kirchengemeinde, aber nicht zu den katholischen Kindergärten und da das Verhältnis zur Nachbarschule stark von Konkurrenzen geprägt ist, gibt es auch auf dieser Ebene wenig Querverbindungen. Die Ganztagsschulentwicklung hat zwar zu einer Zusammenarbeit der Grundschulen bei der Ferienbetreuung geführt, ansonsten aber die Konkurrenz eher noch verschärft, da beide Schulen jetzt auch im Wettstreit um ein möglichst attraktives Nachmittagsangebot stehen. Diese Konkurrenz erschwere die Kooperation zwischen den beiden Grundschulen und in manchen Fällen auch die Kooperation mit außerschulischen Partner: So sei in der Vergangenheit im Kindergarten der Versuch eines Elterninformationsabends mit beiden Grundschulen zu einer Konkurrenzveranstaltung ausgeartet. Auch die Anregung des Familienbüros, für beide Schulen aufgrund ihrer engen Nachbarschaft ein gemeinsames OGS-Gebäude zu errichten, sei an diesen Konkurrenzen gescheitert.

Der vom Jugendamt organisierte „Runde Tisch Husen-Kurl" liegt quer zu diesen Säulen, dort geht es aber schwerpunktmäßig um die Probleme von Jugendlichen und nicht von Grundschulkindern. Daneben gibt es stadtteilübergreifende Institutionennetzwerke zwischen Schulen und Jugendhilfeinstitutionen im Stadtbezirk Scharnhorst, die maßgeblich vom Familienprojekt und dem Jugendamt koordiniert werden (vgl. IV 2.3c). Hier ist die Eichwaldschule besonders im OGS-Bereich eingebunden, sieht sich unter den Schulleiter/inne/n aber in einer Randposition, weil sie sich von den Problemen etwa von Scharnhorst-Ost wenig betroffen fühlt.

Die Husener bzw. evangelische Säule zeichnet sich durch starke und gute bilaterale Beziehungen der Schule zu den Kindergärten und insbesondere der evangelischen Kirchengemeinde aus. Die Partner sehen sich als gleichwertig an. Der städtische Kindergarten hebt insbesondere die gegenseitige Akzeptanz von Lehrer/inne/n und Erzieher/inne/n hervor, die zum Beispiel darin ihren Ausdruck findet, dass sich alle duzen. Die gemeinsam bearbeiteten Themen – Religionserziehung und Übergänge – sind allen Partnern gleichermaßen wichtig und man nimmt gegenseitig Rücksicht auf die Bedürfnisse und Handlungsrestriktionen der anderen, die sich z.B. aus einer geringen personellen Ausstattung ergeben.

2.7 Bewertung der Ergebnisse durch die Akteure

Hauptmotiv für die Kooperation von Eltern, Schule, Kirchen, Kindergärten und weiteren Institutionen in Husen ist die Förderung der Kinder, unter anderem durch die Schaffung eines möglichst vielfältigen Bildungs- und Freizeitangebotes im Stadtteil. Die Qualität der Angebote wird zum Beispiel im offenen Ganztag daran gemessen, ob die Kinder gerne zu den Arbeitsgruppen gehen. Mit dem Erfolg ihrer Bemühungen sind die befragten Akteure für die Gruppe der Grundschulkinder relativ zufrieden. Von einem/r Elternvertreter/in wird sogar kritisch gesehen, dass es in Husen-Kurl „so schön“ sei, dass die Kinder andere Stadtteile bis zum Ende der Grundschulzeit gar nicht kennen lernen würden und so die Gefahr eines Bruchs beim Übergang zu weiterführenden Schulen außerhalb von Husen entstünde. Allerdings gibt es für Kinder ab dreizehn Jahre kaum mehr geeignete Angebote im Stadtteil.

Eng mit dem Motiv der Förderung von Kindern verbunden ist die Gestaltung ihres Lebensumfelds, wobei es vor allem den Elternvertreter/inne/n schwerpunktmäßig um die Förderung sozialer Kontakte geht. Die Kinder sollen sich im Stadtteil „zuhause fühlen“, aber auch die Eltern wünschen sich Kontakte untereinander. Nach Einschätzung der Elternvertreter/innen tragen die Möglichkeiten, die den Eltern für eigenes Engagement etwa an der Schule geboten werden, zu einer verstärkten sozialen Vernetzung bei.

Schließlich haben die beteiligten Institutionen ein Interesse daran, durch gute Kontakte und gegenseitige fachliche Unterstützung ihre eigene Arbeit zu verbessern. Hier findet durchaus eine Kosten-Nutzen-Abwägung statt: Werden Zeit und Ressourcen, die in die Kooperation fließen, tatsächlich durch Vorteile aufgewogen?

Von der Schule wird insbesondere der gute Informationsaustausch zwischen Schulen im OGS-Bereich hervorgehoben:

> „Das ist auch gut, weil man dann hört, dass die Probleme überall gleich sind und man Tipps bekommt, wie man die lösen kann.“ (Schulvertreter/in, DO-HU-SV_1)

In anderen Bereichen erscheint der Informationsaustausch aber noch verbesserungsbedürftig. So berichtet das Familienbüro über die Schwierigkeiten, Räume für Krabbelgruppen bzw. Mutter-Kind-Gruppen zu finden, während die Kirchengemeinden über freie Räume verfügen. Ein/e Elternvertreter/in mahnt die Einbindung von Eltern und anderer Bewohner/innen in Institutionennetze an, da diese die Bedingungen vor Ort am besten kennen würden.

Vertreter/innen der evangelischen Kirchengemeinde heben als Erfolg der Kooperation mit der Schule hervor, dass dadurch auch vermehrt nicht getaufte Kinder in den Konfirmandenunterricht kommen. Sie führen das darauf zurück, dass diese Kinder sie durch die Kontaktstunden persönlich kennen würden und deshalb gezielt in der Gemeinde nach Angeboten fragen würden.

3 Fallstudie Essen-Nordviertel

3.1 Merkmale des Quartiers

Das innenstadtnahe Essener Nordviertel gehört zum Essener Stadtbezirk I und nimmt aufgrund seiner vielfältigen Problemlagen in diesem überwiegend sozial gemischten Bezirk eine Sonderstellung ein. Im Nordviertel leben 7647 Einwohner/innen (Stadt Essen 2009: 9).

Grundsätzlich prägt eine hohe Arbeitslosenquote das Bild: Der Anteil an erwerbslosen Personen liegt mit 15,3% weit über dem gesamtstädtischen Durchschnitt von 9,1% (ebda.: 88). Eine folgenreiche Wohnungspolitik hat zusätzlich zu sozialen Entmischungsprozessen und somit zur Entstehung einer problematischen Sozialstruktur im Stadtteil beigetragen. Der Anteil an Ausländer/innen ist beständig gestiegen, während deutsche Familien – mit Ausnahme der sozial Schwächsten – den Stadtteil verlassen haben. Ende 2008 lag der Anteil Nicht-Deutscher im Nordviertel bei 25,9% und somit weit über dem gesamtstädtischen Durchschnitt von 10,3% (ebda.: 11).

27 verschiedene Nationalitäten[35] sind mittlerweile im Nordviertel vertreten. Die kulturelle Vielfalt hat auch zu einer Zunahme von Konflikten im Stadtteil geführt.

Um eine Verbesserung der derzeitigen Lage zu erreichen, wurde das Nordviertel (gemeinsam mit Altenessen-Süd) im Rahmen des Entwicklungskonzepts „Regionale Wettbewerbsfähigkeit und Beschäftigung 2007-2013" zum Fördergebiet erklärt. Die Inhalte der Förderung beziehen sich u.a. auf Integrationsmaßnahmen, eine Reduzierung der Kriminalität, Verbesserung der Bildungssituation und des bürgerschaftlichen Engagements sowie die Schaffung eines kulturellen Verständnisses (Stadt Essen 2006: 89ff.). Hinzu kommen auch ökologische Projekte, Maßnahmen zur Verbesserung der Wohnqualität und die Sensibilisierung für ein gesundes Leben (ebda.). Aus Sicht der Beteiligten sei auch die Einrichtung eines Familienzentrums o.ä. im Stadtteil von Nöten, das vor allem für Familien mit Migrationshintergrund[36] als Anlaufstelle fungiert, bei der sie Rat und sonstige Hilfestellungen finden können. Interessant könnte in diesem Zusammenhang die stadtweite Erprobung von Familienzentren an Kindertagesstätten sein[37]. Sollte dieses Modell auf das gesamte Stadtgebiet ausgeweitet werden, biete sich eine Vernetzung mit diesen Zentren an. Auch die Einrichtung eines Stadtteilbüros stellt den Beteiligten zufolge eine interessante Alternative dar. Zur Verbesserung der Elternarbeit und Erreichbarkeit von Familien seien zudem zwei zentrale Ansatzpunkte denkbar: Den verstärkten Einsatz von Vermittlern bzw. Übersetzern und die Einrichtung eines Elternbesuchsdienstes.

---

[35] Libanon, Irak, Afghanistan, Sri Lanka, verschiedene afrikanische Länder, Polen (Roma- und Sintifamilien). Insbesondere seien im Laufe der Jahre kurdisch-libanesische Familien hinzugekommen, die z.T. in „Clans" leben, was die Integrationsarbeit vor eine besondere Herausforderung stellt. Aktuell sei auch ein großer Zuwachs an afrikanischen Familien zu verzeichnen.
Quelle: Internetpräsenz der GGS Nordviertel
(http://www.grundschule-nordviertel.essen.de/pages/schulprogramm/allgemeines.php; letzter Zugriff 15.9.10)

[36] Diese Idee ist Resultat einer gemeinsamen Überlegung der Schulen im Nordviertel als Reaktion auf verstärkte Probleme mit der libanesischen Bevölkerungsgruppe im Stadtteil.

[37] In Essen beteiligen sich mittlerweile über 50 Kindergärten und -tagesstätten am Landesprogramm „Familienzentrum NRW" und die Beteiligung wird in den kommenden Jahren weiter ausgebaut. Familienzentren bieten für alle Eltern mit Kindern bis zum Schulalter Beratung und Unterstützung in Alltags- und Erziehungsfragen an (http://www.essen.de/deutsch/rathaus/aemter/ordner_51/51_essen_fuer_familien/Familienzentren.asp; letzter Zugriff 15.9.10).

Abbildung 8: Schulen und soziale Einrichtungen in Essen-Nordviertel (Auswahl)[38]

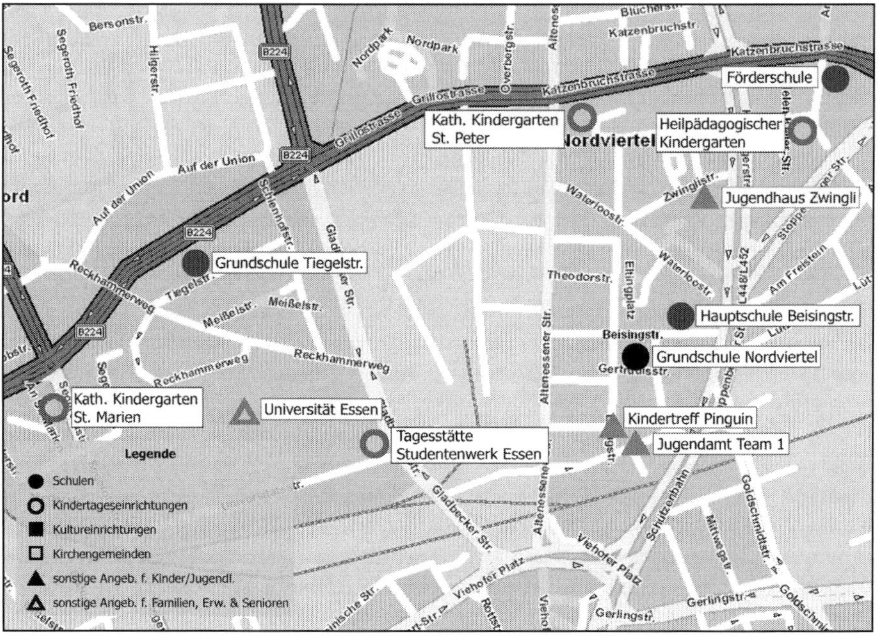

3.2 Entwicklung der Ganztagsschule

Die Grundschule Nordviertel hat bereits vor etlichen Jahren damit begonnen, Nachmittagsbetreuung anzubieten und sich zum Stadtteil zu öffnen. Sukzessive und mit zahlreichen Hürden verbunden, wurden verbindliche Arbeitsgemeinschaften in den dritten und vierten Klassen, Ferienbetreuung und Mittagessensversorgung eingeführt. Kooperation und Vernetzung mit Institutionen im Stadtteil haben daher bereits eine lange Tradition, die auch durch verschiedene externe Initiativen wie z.B. das Landesprogramm „Gestaltung des Schullebens und Öffnung von Schule (GÖS)"[39] vorangebracht wurde. Im Jahr 2003 gehörte die

---

[38] Quelle: www.essen.de; eigene Darstellung

[39] Durch das Landesprogramm *„Gestaltung des Schullebens und Öffnung von Schule (GÖS)"* wurden Außenbeziehungen von Schulen gefördert und systematisiert. Im Jahr 1997/98 nahmen insgesamt 500 Schulen aus mehr als 200 Kommunen teil (Haenisch 1999: 1). Das Programm verfolgte u.a. das

GGS Nordviertel zu den ersten sieben Grundschulen in Essen, die zur *offenen Ganztagsschule (OGS)* umgewandelt wurden.

Gemäß des ursprünglich verfolgten Ganztagsschulkonzepts der Stadt Essen („Essener Weg"; vgl. ausführlicher III 2.2) wurde pro Jahrgangszug eine feste Ganztagsklasse eingeführt, um hier potenziell eine *Rhythmisierung* über den ganzen Tag zu ermöglichen.

Der Schultypus entspricht somit dem städtischen „A-Modell" (vgl. Kap. III, 2.2.1). Seit 2006/2007 bietet die GGS Nordviertel zudem eine umfassende Ferienbetreuung in Kooperation mit den Nachbarschulen an, welche aufgrund der durch die Ganztagsschulentwicklung bedingte Hortschließung zwingend notwendig geworden ist. Der Schultag beginnt mit einer flexiblen Eingangsphase von 8.00-8.15 und endet im Ganztag um 16.00 Uhr. Aktuell bemüht sich die Schule darum, Unterrichtseinheiten in den Nachmittag zu verlegen und rhythmisierte Strukturen in den Ganztagsklassen voranzubringen.

11 Lehrerstunden stehen für den offenen Ganztag zur Verfügung und einige Lehrer/innen bieten schon seit längerem Arbeitsgemeinschaften (z.B. Handarbeits-, Kunst- oder Schwimm-AG) am Nachmittag an. Insgesamt beschränken sich die AG-Angebote aber trotz der besseren Rhythmisierungschancen des A-Modells überwiegend auf den Nachmittags- und weniger auf den Vormittagsbereich. Eine durchgängige Rhythmisierung stoße immer wieder auf Probleme organisatorischer Art: Beispielsweise verlange die Stadt Essen jährlich eine neue Anmeldung für den Ganztag. In der Praxis könne dies zur Folge haben, dass sich viele Kinder im Folgeschuljahr nicht mehr für den Ganztag zurückmelden, da zahlreiche Eltern mit Migrationshintergrund aufgrund bestehender Sprachbarrieren nicht in der Lage seien, das Anmeldeformular zu lesen. Organisatorische Probleme treten auch dann auf, wenn Kinder aus dem Ganztag ein Schuljahr wiederholen müssen, die Ganztagsklasse im unteren Jahrgang aber bereits voll besetzt ist.

Ziel eines „Gemeinwesen orientierten Lehrens und Lernens" durch die „Förderung der Wahrnehmung des lebensweltlichen Umfeldes", die „Vermittlung authentischer Erfahrungen" und die „Verknüpfung außerschulischer Angebote und Aktivitäten mit schulischem Lernen" (Kultusministerium des Landes Nordrhein-Westfalen 1988: 18ff.). „Während bis zum Schuljahr 2000/2001 die Öffnung von Schule zum Gemeinwesen im Vordergrund dieses Programms stand, hatte ab dem Schuljahr 2001/2002 dann die Bildung schulischer Netzwerke zum Informations- und Erfahrungsaustausch zwischen den Schulen Vorrang" (Behr-Heintze/Lipski 2004: 7).
(Quelle: http://www.dji.de/bibs/147_3286_zusa_schluss.pdf; letzter Zugriff 15.9.10)

<u>*Steckbrief: Gemeinschaftsgrundschule Nordviertel*</u>

Nordviertel

Quartiersmerkmale:	*Einwohnerzahl: 7647* *Anteil- Nichtdeutsche: 25,9%* *Arbeitslosenquote: 15,3%* *Stadtteilförderung: Fördergebiet im Rahmen des Entwicklungskonzepts „Regionale Wettbewerbsfähigkeit und Beschäftigung 2007-2013"*

GGS Nordviertel

GTS seit:	*Nachmittagsbetreuung bereits seit etlichen Jahren; OGS seit 03/04*
Schülerzahlen:	*Im Schuljahr 07/08: 260 Schüler-/innen insgesamt – davon 100 im Ganztag*
GTS-Modell/ Zeitkonzept:	*Offene Ganztagsschule (OGS);* *Teilgebundenes Modell: eine feste Ganztagsklasse pro Jahrgang - Rhythmisierung prinzipiell möglich. Dennoch fast ausschließliche Beschränkung der AG-Angebote auf den Nachmittagsbereich bis 16.00 Uhr (additives Modell)*
Ganztagsträger:	*Schulverwaltungsamt Essen*
Personal Ganztag:	*4 feste über das Schulverwaltungsamt angestellte Mitarbeiterinnen (3 Vollzeitstellen, eine dreiviertel Stelle); Ganztagskoordination durch Schulleitung.*

Aktuell wird die Schule von 260 Schüler/inne/n besucht, von denen 100 Kinder am offenen Ganztag teilnehmen. Für die fachliche Betreuung in der OGS ist ein Team aus vier *pädagogischen Fachkräften* (Erzieher/innen, 3 in Vollzeit, eine mit 31 Stunden) zuständig, die jeweils für eine feste, jahrgangsbezogene Gruppe von 25 Kindern verantwortlich sind.

Eine offizielle Teamleitung, wie sie z.B. in Dortmund in der Form der OGS-Koordination zu finden ist, steht hier nicht zur Verfügung. Die pädagogischen Fachkräfte sind über das Schulverwaltungs- und nicht wie für diese Profession normalerweise üblich über das Jugendamt angestellt. Zwei Mitarbeiter/innen der Schule sind aufgrund der Schließung der Horte 2006 in den Schulbetrieb gewechselt und stellen im Vergleich beider Systeme einige negative Veränderungen fest: So habe sich z.B. der Personalschlüssel deutlich verschlechtert. Im Hort seien zwei pädagogische Fachkräfte für eine Gruppe von 20 Kindern verantwortlich gewesen, während die OGS einen Betreuungsschlüssel von 1:25 vorsieht. Dieser Personalschlüssel wird als unzureichend bewertet, zumal viele Kinder aus schwierigen häuslichen Verhältnissen stammen und besondere Zuwendung benötigen. Eine gezielte pädagogische Förderung der Kinder kann unter diesen Bedingungen nicht optimal gelingen. Auch der Wechsel vom Jugend- zum Schulverwaltungsamt als neuer Anstellungsträger sei mit Nachteilen in Form von Stundenkürzungen oder Herabstufungen bei der Lohneingruppierung verbunden gewesen.

Im Vormittagsbereich werden die pädagogischen Fachkräfte für zwei Stunden in den Unterricht ihres Jahrgangs eingebunden. Diese *Doppelbesetzung* findet in Kooperation mit den jeweiligen Klassen- und nicht mit den Fachlehrer/inne/n statt. Die Doppelbesetzung lässt sich jedoch nicht durchgängig organisieren. Vorgegeben sind zehn Stunden pro Woche. Auch wenn der Unterricht teilweise gemeinsam stattfindet, liegt im Regelfall doch kein gemeinsam entwickeltes Konzept zugrunde. Die pädagogischen Fachkräfte werden vorrangig unterstützend tätig oder lösen spezielle Kleingruppen aus dem Klassenverband heraus, um diese gesondert zu fördern.

Die *interne Abstimmung* zwischen Lehrer/inne/n und pädagogischen Fachkräften findet meist während der gemeinsamen Unterrichtszeit, in den Pausen und zwischen „Tür- und Angel“ statt. Für die Lehrkräfte ist hier besonders der Austausch über das Verhalten der Kinder am Nachmittag und in den AGs von Interesse. Gerade Rückmeldungen über das Verhalten der Kinder in einem ganz anderen Setting als dem des Unterrichts ermöglichen nicht nur Rückschlüsse auf die kognitive, sondern auch auf die emotionale und soziale Entwicklung des Kindes. Die unterschiedlichen Blickwinkel beider Professionen seien hier von großem Vorteil:

> „...Und da kann man sich dann ganz gut austauschen, dass sie [die pädagogische Fachkraft] dann nachmittags einen anderen Blick hat und mir dann auch noch mal sagen kann, Sachen, die ich im Unterricht beobachte oder die sie dann auch beobachtet, sind nachmittags genauso oder ganz anders... und das ist eine ganz wichtige Rückmeldung, weil man halt zwei Blickwinkel auf die Kinder hat und noch jemand anderen hat, der die Kinder gut kennt. Das ist mir wichtig“. (Schulvertreter/in, ES-NV-SV_2).

Allerdings gerate des Öfteren der Informationsfluss zwischen den beiden Professionen ins Stocken. So erhielten die pädagogischen Fachkräfte beispielsweise häufiger keine Mitteilungen darüber, dass ein Kind erkrankt ist oder eine Unterrichtsstunde ausfällt. Auch Informationen über bestimmte Kinder in schwierigen Lebensverhältnissen können aus datenschutzrechtlichen Gründen nicht an die pädagogischen Fachkräfte weitergegeben werden.

Schulische *Gremien* oder *Kooperationszeiten* scheinen für die Austauschprozesse der beiden Professionen keine wesentliche Rolle zu spielen. Wöchentlich findet zwar ein Gespräch zwischen Schulleitung und pädagogischen Fachkräften statt. Darüber hinaus werden die Fachkräfte zu den nach Unterrichtsschluss stattfindenden Lehrerkonferenzen eingeladen, an denen sie allerdings nicht teilnehmen können, weil sie ihrer Aufsichtspflicht gegenüber den Ganztagskindern nachkommen müssen. Aus Sicht der pädagogischen Fachkräfte sei es wünschenswert, wenn zumindest ein/e Kollege/in aus dem Team teilnehmen könnte, was sich aber nur durch die Verschiebung der Konferenz auf einen späteren Zeitpunkt realisieren ließe. Eine Lösung sei hier bislang allerdings nicht in Sicht.

Kontakte und Austausch zwischen außerschulischen Partnern bzw. AG-Leiter/inne/n und der Schule (*externe Abstimmung*) finden zu einem großen Teil auf der Ebene der pädagogischen Fachkräfte statt, da diese für die inhaltliche und organisatorische Ausgestaltung des Nachmittagsbereich zuständig sind. Die pädagogischen Fachkräfte nehmen sozusagen eine „Mittlerfunktion" ein, indem sie bei Bedarf Informationen an die Schulleitung weiterleiten und umgekehrt. Aus Sicht der AG-Anbieter ist die Kommunikation mit den pädagogischen Fachkräften auch deshalb von größter Bedeutung, da das Schulsekretariat durch die niedrige Stundenausstattung nur schlecht zu erreichen sei und Lehrkräfte aufgrund gering ausgeprägter Rhythmisierung am Nachmittag häufig nicht mehr in der Schule anzutreffen seien. Einige außerschulische Partner hegen allerdings den Wunsch, zusätzlich auch einen direkteren Kontakt zu den Lehrkräften herzustellen.

3.3 Kooperations- und Koordinationsstrukturen

Die Gemeinschaftsgrundschule Nordviertel verfügt über zahlreiche Partner in unterschiedlichen Handlungsfeldern:

Abbildung 9: Partner der Gemeinschaftsgrundschule Nordviertel (kumulierte Netzwerkkarte)[40] (1-4: Wichtigkeit des Kooperationspartners (4=sehr wichtig))

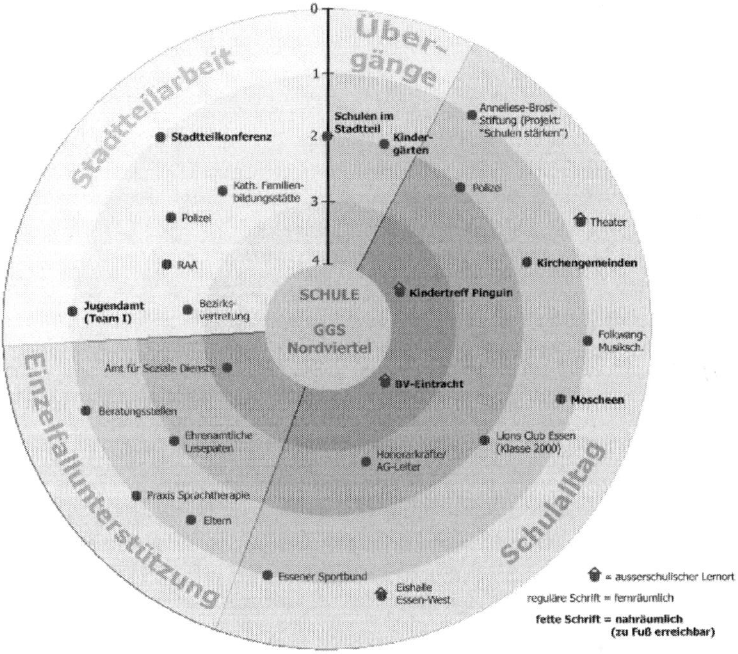

a) Gestaltung des Schulalltags

Im Bereich *„Gestaltung des Schulalltags“* findet sich eine bunte Vielfalt an Kooperationspartnern, die sowohl den Schulalltag im Allgemeinen als auch speziell die AG-Angebote im Ganztag bereichern. Die *Arbeitsgemeinschaften* im Nachmittagsbereich finden im Zeitraum von 14.00 bis 16.00 statt. Durchgeführt werden diese von außerschulischen Partnern oder Lehrkräften der Schule. Bei der Auswahl der Angebote setzt die Schule bewusst auf eine ausgewogene Mischung zwischen Bewegungs-, Kreativ- und Förderangeboten (Sprache und Sozialkompetenzen), sowie auf Entspannungs- und Freizeitangebote. Zudem bietet die Schule eine Hausaufgabenbetreuung an. Die Angebotsstruktur ist als Reakti-

[40] Quelle: Interviews mit Schulvertreter/inne/n; eigene Darstellung

on auf die Bedürfnisse einer sehr heterogenen Schülerschaft mit schwierigen sozialen Hintergründen zu verstehen. Seitens der Schule ist die Teilnahme der Kinder an zwei Arbeitsgemeinschaften vorgesehen, von denen eine dem Sport- und Bewegungsbereich angehören muss. Aufgrund der geringen räumlichen Kapazität ist die Schule darauf angewiesen, die AG-Angebote außerhalb der Schule stattfinden zu lassen. Einerseits werden so regelmäßig *außerschulische Lernorte* aufgesucht, andererseits behindere dieser Mangel aber auch die weitere Ausgestaltung der Arbeitsgemeinschaften, da Kooperationen zunehmend davon abhängig werden, ob interessante Partner auch eine eigene *räumliche Infrastruktur* zur Verfügung stellen können. Allerdings könne dieses Auswahlkriterium nicht grundsätzlich zum Tragen kommen, denn einige Aktivitäten erfordern zwingend die Durchführung in schulischen Räumen:

> „…wenn wir so ein Projekt wie Elterncafé anstarten, dann muss das in der Schule stattfinden. Ich kann da nicht sagen, wir gehen jetzt in einen Kirchenraum. Was wir manchmal schon machen, dass wir in den [Kindertreff] Pinguin gehen. Aber ich kann nicht so weit weg! Die [Eltern] müssen im Grunde in der Pause ihre Kinder sehen“. (Schulvertreter/in, ES-NV-SV_1)

Bewegungsangebote als verbindlicher Bestandteil des AG-Segments werden seit der Entwicklung zur OGS vor allem in Kooperation mit dem Essener Sportbund (ESPO) organisiert. Zum Zeitpunkt der Befragung (Januar 2009) war der Essener Sportbund mit 11,75 Stunden pro Woche an der GGS Nordviertel vertreten. Hauptsächlich wurden diese vom örtlich ansässigen Sportverein BV-Eintracht durchgeführt[41]. Die Angebote umfassen z.B. Fußball (inkl. Mädchenfußball), Turnen oder Selbstverteidigung und werden von Übungsleiter/inne/n oder auch Sportstudent/inn/en des Vereins durchgeführt. Bei der Auswahl geeigneter Personen achtet der BV-Eintracht nicht nur auf sportpädagogische, sondern auch auf soziale Kompetenzen. Grundlage der Zusammenarbeit bildet ein schriftlich fixierter Kooperationsvertrag, der über den Essener Sportbund zwischen den drei

[41] Als Initiative des Landessportbundes wurden in NRW 54 Koordinierungsstellen zur Organisation der Sportangebote im Ganztag eingerichtet, die in den Stadt- oder Kreissportverbänden verankert sind. Die Koordinierungsstelle des Essener Sportbundes vermittelt verlässliche Bewegungsangebote an die offenen Ganztagsschulen der Stadt. Zu diesem Zweck bindet der Sportbund die einzelnen in den verschiedenen Stadtteilen ansässigen Vereine ein, stellt die Kontakte zwischen diesen und den Schulen her, schließt die Verträge ab und verwaltet die Finanzen. Als Serviceleistung bietet der ESPO Fortbildungen für im Ganztag tätige Übungsleiter/innen an. Darüber hinaus verfügt der Essener Sportbund über einen eigenen Personalpool, auf den zurückgegriffen werden kann, wenn Übungsleiter/innen der anderen Vereine ausfallen. Damit kann eine personelle Verlässlichkeit gewährleistet werden.

beteiligten Institutionen abgeschlossen wird. Motive des Sportvereins zur Zusammenarbeit mit der Schule finden sich auf einer adressaten- als auch institutionenorientierten Ebene: Mit Blick auf die Kinder könne der Sportverein zur sozialen Integration beitragen, die bislang immer besser in einem außerschulischen als schulischen Setting funktioniert habe. Gleichzeitig werde die Ganztagsschulentwicklung aber auch als „große Konkurrenz" angesehen. Der längere Verbleib der Kinder in der Schule führe zu einem Teilnehmerschwund in den Vereinen. Erschwerend kämen zusätzlich die eingeschränkten Nutzungsmöglichkeiten der Sporthallen hinzu, welche nunmehr für den Nachmittagsbetrieb der Ganztagsschulen benötigt werden. Die Vereine hätten keine andere Wahl gehabt, als einen Schritt auf die Schulen zuzugehen und Konkurrenz in Kooperation umzuwandeln. Insofern seien Kooperationsbeziehungen zu Schulen auch aus einem gewissen Druck zur Erhaltung der eigenen Einrichtung initiiert worden *(„Man musste das tun!", Vertreter Sportverein).* Vereine, die diese Entwicklung verkannt und sich nicht angepasst haben, seien „stark geschädigt" worden.

Kreativ- oder Förderangebote erstrecken sich auf unterschiedlichste Bereiche: Musische Angebote werden z.B. in Kooperation mit der Folkwang-Musikschule realisiert. Besonders hervorzuheben ist hier das „Netzwerk Chor", dem sich auch die GGS Nordviertel im Zuge der Entwicklung zur OGS angeschlossen hat. Das Angebot des „Netzwerks Chor", das mittlerweile 24 Schulen umfasst, richtet sich explizit an Ganztagsschulen mit der Zielsetzung, das Singen an Grundschulen zu fördern. Dazu werden im Ganztag ein bis zwei Kurse pro Schule von ausgebildeten Musikpädagog/inn/en der Folkwang-Musikschule angeboten. Die Finanzierung erfolgt über OGS-Mittel. Da diese für eine angemessene Entlohnung der Honorarkräfte aber nicht ausreichen, stockt die Folkwang-Musikschule aus eigenen Mitteln auf.[42] Insofern spielen finanzielle Kooperationsmotive für die Musikschule keine Rolle. Vielmehr gehe es darum, den Kindern musische Förderung zuteil werden zu lassen bzw. erste Zugänge zu eröffnen. Negative Auswirkungen der Ganztagsschulentwicklung im Hinblick auf sinkende Teilnehmerzahlen seien z.Z. „latent" vorhanden. Der/die Vertreter/in des „Netzwerks Chor" berichtet beispielsweise davon, dass einige Kinder Probleme damit hätten, den Musikschulunterricht wahrzunehmen, da sie bis in den Nachmittag hinein am Ganztagsangebot teilnehmen. Die Folkwang-Musikschule werde deshalb mittlerweile des Öfteren darum gebeten, eigene Angebote auf einen späteren Zeitpunkt zu verlegen. Als richtungsweisend wird daher das An-

[42] Im Rahmen des „Netzwerk Chor" erhalten die Mitarbeiter/innen als Stundensatz 15€. Die Folkwang- Musikschule stockt diesen Betrag um 4€ auf, um einen vergleichbaren Standard gegenüber dem Landesprogramm „JEKI" aufrecht zu erhalten, das den Honorarkräften 19€ die Stunde zusichert (Jedem Kind ein Instrument; http://www.jedemkind.de/programm/home.php).

gebot einiger Ganztagsschulen in Essen bewertet, welche dazu übergegangen sind, die Kinder einmal pro Woche für ihre Hobbys von der Nachmittagbetreuung freizustellen.

Zur *Förderung sozialer und interkultureller Kompetenzen* wurde in Kooperation mit dem Amt für soziale Dienste ein Trommelprojekt ins Leben gerufen, um einen besseren Zugang zu den recht zurückgezogen lebenden afrikanischen und tamilischen Familien zu gewinnen. Hintergrund dieser Initiative ist die Feststellung des ASD, dass der Erziehungsstil vieler dieser Familien von hoher Gewaltbereitschaft geprägt ist, die ein Eingreifen durch das Jugendamt zwingend erforderlich macht. Dadurch sind bei beiden Bevölkerungsgruppen jedoch Ängste entstanden, die sich vor allem darin äußern, dass vor dem Jugendamt „dicht" gemacht wird. Das Projekt sieht schlussendlich vor, gemeinsam mit dem Amt für soziale Dienste eine Veranstaltung für die Familien zu organisieren, in deren Rahmen die Kinder ihren Eltern die erlernten Trommelkünste präsentieren. Zielsetzung dieses Vorhabens ist es, den Eltern eine Wertschätzung ihrer Kultur zu signalisieren und zugleich in einem weniger bedrohlichen Setting die Dienste des Jugendamts nahe zu bringen bzw. die Furcht hiervor zu nehmen.

Eine enge und funktionierende Zusammenarbeit mit sehr langer Tradition besteht auch mit dem Kindertreff Pinguin, der als Einrichtung der Kinder- und Jugendarbeit[43] Angebote für den schulischen Nachmittagsbereich unterbreitet und eine räumliche Infrastruktur vorhält. Der Kindertreff bietet z.B. eine Computer-AG, einen Mädchentreff, freizeitorientierte Angebote (z.B. Basteln, Filme, Spiele o.ä) oder eine Schwimm-AG in Kooperation mit den pädagogischen Fachkräften der GGS Nordviertel an. Darüber hinaus unterbreitet der Kindertreff Angebote am Wochenende und im Rahmen der Schulferienbetreuung (z.B. die Organisation von Ausflügen). Die Zusammenarbeit zwischen dem Kindertreff und der GGS Nordviertel, die bereits vor etlichen Jahren entstanden ist, habe durch die Entwicklung zur OGS keine weitere qualitative Aufwertung erhalten, sei aber durch die räumlichen Engpässe der Schule nochmals *unterstrichen* worden. Neben den räumlichen Kapazitäten des Kindertreffs, die für die Gestaltung des OGS-Angebots eine unverzichtbare Voraussetzung darstellen, wirkt sich zusätzlich die Standortnähe beider Institutionen positiv aus, da sich der Besuch der Kinder leicht organisieren lässt und der für die Netzwerkarbeit wichtige persönliche Kontakt gefördert werde *(„Man muss sich kennen", Schulvertreter/in, ES-NV-SV_1).*

Neben den Partnern, die regelmäßig Angebote im Nachmittagbereich unterbreiten, spielen aus Sicht der Schule auch Akteure eine Rolle, die eher *punktuell*

[43] Der Kindertreff Pinguin wird von der Jugendhilfe Essen gGmbH betrieben.

zum Einsatz kommen. Dabei handelt es sich beispielsweise um die Polizei (feste/r Ansprechpartner/in für das Nordviertel), die insbesondere zum Schulanfang in die Klassen kommt, um Schüler/innen und Eltern über Sicherheiten und Gefahren des Schulwegs aufzuklären. Auch die Kirchen (ev. und kath.) sowie die Moscheen Katernberg und Altendorf spielen z.B. im Rahmen der Schulgottesdienste oder bei der Organisation unterschiedlicher religiöser Feste immer wieder eine Rolle. Die GGS Nordviertel reagiert damit auf die kulturelle Vielfalt ihrer Schülerschaft und versucht in Kooperation mit den unterschiedlichen religiösen Einrichtungen gegenseitigen Respekt und Toleranz zwischen den Schüler/inne/n zu fördern. Bedeutsam sind auch jene Partner, die vor allem als *außerschulische Lernorte* genutzt werden, wie z.B. das Theater oder die Eishalle Essen-West.

Im Unterschied zu den anderen Untersuchungsschulen benennen die Vertreter/innen der GGS Nordviertel auch Partner, die vor allem in *finanzieller Hinsicht* eine bedeutende Rolle spielen. Viele Aktivitäten und Projekte wurden überhaupt erst durch die finanzielle Unterstützung verschiedener *Stiftungen* ermöglicht, wie z.B. das in Eigeninitiative erarbeitete Projekt „Schule stärken" aus Mitteln der Anneliese-Brost-Stiftung. Das Projekt umfasst insgesamt drei Schulen und wird von einem/r ehemaligen Mitarbeiter/in des Amtes für soziale Dienste koordiniert. Mit Hilfe dieser Stiftungsgelder konnte die GGS Nordviertel eine/n zusätzliche/n Pädagog/in/en auf Honorarbasis einstellen, die/der spezielle Projekte zur Stärkung der Schüler/innen (z.B. Hausaufgabenprogramm, Einzelfallunterstützung, Fahrradtraining etc.) durchführt. Darüber hinaus konnten die Einrichtung eines Elterncafés und die Finanzierung eines Sprachkurses für Eltern mit Migrationshintergrund ermöglicht werden (s.u.). Ein weiterer wichtiger Partner ist auch der „Lions Club" mit dessen finanzieller Unterstützung das Projekt „Klasse 2000" durchgeführt wird. Dabei handelt es sich um ein vierjähriges, präventives Gesundheitsprogramm in dessen Rahmen ausgebildete Fachkräfte thematische Unterrichtseinheiten durchführen und die Lehrkräfte dabei unterstützen, diese gesundheitsspezifischen Inhalte weiter auszubauen.

Die GGS Nordviertel verfügt im Handlungsfeld „Schulalltag" also über eine Vielzahl an Kooperationsbeziehungen zu außerschulischen Partnern, die z.T. lange Tradition haben oder im Zuge der Ganztagsschulentwicklung entstanden sind. Vor allem die neueren AG-Anbieter kritisieren allerdings die fehlenden Überschneidungen zwischen dem Vor- und Nachmittagsbereich: In zeitlich-organisatorischer Hinsicht wünschen sich einige Anbieter eine stärkere Integration der Angebote in den Vormittagsbereich, da die Kinder am Nachmittag häufig zu müde und unmotiviert seien, um sich noch aktiv an den Angeboten zu beteiligen. Das eigene Angebot bekomme zudem den Charakter eines „Anhängseldaseins" bzw. eines „Nachmittagsangebots unter vielen", das ohne weiteres ersetzbar sei: *„Es wäre prinzipiell egal, ob es nun Singen oder Töpfern ist...“ (Vertreter/in Kooperationspartner, ES-NV-KP_7).* In inhaltlicher Hinsicht sei es durchaus wünschenswert, Elemente aus dem schulischen Unterricht und dem AG-Angebot zusammenzuführen und Austausch mit den jeweiligen Fachlehrer/inne/n zu pflegen. Gerade das direkte Zusammenwirken von Lehrkräften und AG-Anbietern wird als großer Erfolgsfaktor erlebt, da auf diesem Weg gegenseitige Unterstützung realisiert werden und einer Überforderung der AG-Leiter/innen im Umgang mit den Kindern vorgebeugt werden kann.[44] Fehlendes Engagement und Desinteresse seitens der Lehrkräfte können zu einem Scheitern der Kooperationsbeziehung führen:

> „...da muss halt ein Lehrer sein, der sich engagiert und der das als sinnvoll erachtet. Dann klappt die Kommunikation hervorragend. Mit einer Hauptschule haben wir die Zusammenarbeit jetzt beendet, weil da klappte es eben überhaupt nicht. Die Mitarbeiterin musste immer rumrennen und nach dem Schlüssel gucken, damit der Raum aufgeschlossen wird. Die hatte nie einen Ansprechpartner...Also das war ganz schwierig. Und wir haben jahrelang mit denen was gemacht und jetzt haben wir gesagt, ´nee ist vorbei`. Wenn von einem Lehrer so wenig Interesse und Kooperation kommt, dann machen wir das nicht, da reiben wir dann nicht unsere Nerven mit auf. Da machen wir lieber an einer anderen Schule was. Wo wir wissen, da sind Lehrer, die dahinter stehen“. (Vertreter/in Kooperationspartner ES-NV-KP_5)

Um derartige Problematiken zu umgehen, hat die Untersuchungsschule unterschiedliche, fachliche Zuständigkeiten für die Kooperationspartner eingerichtet. So wurde beispielsweise die Zuständigkeit für das Trommel- und Rucksackprojekt einem/r Beratungslehrer/in übertragen, während für die Kirchen und Moscheen ein/e Religionslehrer/in und eine arabische Lehrkraft zur Verfügung stehen. Für das breite Thema Schulöffnung und Partner im Allgemeinen ist die Schulleitung zuständig. Insofern hat sich die Schule darum bemüht, verlässliche und fachlich kompetente Ansprechpartner/innen zur Verfügung zu stellen und Austauschprozesse sicher zu stellen. Das Modell scheint zu funktionieren, denn Kommunikation und Zusammenarbeit mit der GGS Nordviertel werden von den befragten Partnern im Allgemeinen positiv bewertet.

---

[44] So hat sich auch im Rahmen der anderen Fallstudien herausgestellt, dass manche AG-Leiter/innen im Umgang mit den Kindern durch Autoritätsprobleme oder mangelnde pädagogische Kompetenzen etc. überfordert sind. Diese Überforderung führt zu einem häufigen Wechsel der AG-Leiter/innen oder zum vollständigen Abbruch des Kooperationsverhältnisses. Einige Kooperationspartner wirken diesen Problemen durch eine gezielte Qualifizierung des eigenen Personals entgegen. So bieten z.B. der Essener Sportbund (ESPO) und die Folkwang-Musikschule für ihre Mitarbeiter/innen gezielte Fortbildungsmaßnahmen für die Tätigkeit an Ganztagsschulen an.

b) Übergänge gestalten

Im Handlungsfeld „Übergänge gestalten" arbeitet die Schule vorwiegend bilateral mit den Kindertagesstätten (Kitas) und anderen Schulen im Stadtteil zusammen. Die Kooperation mit den Kitas sei „sehr gut", habe aber durch die Entwicklung zur Ganztagsschule eine gewisse Einschränkung erfahren. Früher habe es eine institutionalisierte Form der Zusammenarbeit in Gremien gegeben, da die Kitas über Hortgruppen verfügten, die einen konstanten Austausch mit der Schule dringend erforderlich machten. Mit der Einführung der OGS in Essen ging auch die Schließung der Horte einher, womit sich eine gemeinsame Schnittstelle in der Zusammenarbeit auflöste[45]. Nach wie vor besteht aber eine enge Zusammenarbeit zur Gestaltung des Übergangs vom Elementar- in den Primarbereich. Die Zusammenarbeit in diesem Handlungsfeld hat sich aber verstärkt auf eine bilaterale Kooperationsebene zurückgezogen: Die Gestaltung des Übergangs wird mit den Kitas individuell abgestimmt, sofern dies möglich ist. So habe die Schule festgestellt, dass schon längst nicht mehr alle Eltern einen Kindergartenplatz in unmittelbarer Nähe bekommen. Künftige Schüler/innen stammen also aus verschiedenen Kindergärten, deren Anzahl eine intensive Abstimmung mit den einzelnen Einrichtungen unmöglich macht. Immerhin mit drei Kindertagesstätten bestehen so enge Kontakte, dass gemeinsame Elternabende durchgeführt werden. Darüber hinaus findet auch Kontakt im Rahmen der Sprachstandserhebung und durch die Hospitationsbesuche der Vorschulkinder statt.

Mit den anderen Schulen findet eine regelmäßige Kooperation im Rahmen der Ferienbetreuung und bei der Gestaltung der Übergänge zwischen Primar- und Sekundarbereich dar, was vor allem in den Verantwortungsbereich der jeweiligen Klassenlehrer/innen fällt. Neben dem regelmäßigen Übergangsturnus findet aber auch eine Zusammenarbeit im Bedarfsfall statt. Als Reaktion auf ein zunehmendes Problem mit einer bestimmten sozialen Gruppe im Stadtteil haben sich die Schulen beispielsweise kurzer Hand zusammengesetzt, gemeinsame Lösungskonzepte erarbeitet und diese als Einheit gegenüber der Stadt vertreten. Auch bei Schulfesten unterstützen sich die Schulen gegenseitig. Kontakte zwischen den Lehrkräften beider Schulen bestünden jedoch nicht. Trotz der räumlichen Nähe sei die Kommunikation beider Schulen deutlich ausbaufähig.

[45] Zudem wurden im Zuge dieser Entwicklung Kindertagesstätten im Nordviertel geschlossen.

c) Stadtteilarbeit

Viele Akteure im Nordviertel verfolgen mit der Vernetzung das Ziel, Lebensbedingungen und -umfeld im Nordviertel zu verbessern und einen nachhaltigen Beitrag zur Stadtteilentwicklung zu leisten.

Ein wichtiger Partner stellt die *Bezirksvertretung I* dar. Die Schule profitiert in dieser Kooperationsbeziehung vor allem von der finanziellen und von der politischen Unterstützung. Die Bezirksvertretung verfügt über ein eigenes, von der Kommune zugeteiltes Budget und kann dieses für verschiedene Bereiche verwenden. Aus diesem Topf können kleinere, schulbezogene Projekte im Umfang von 1000-1500€ subventioniert werden. In der Regel geht die Initiative hierzu von den verschiedenen Schulleitungen aus, die eine Projektidee verfolgen und die hierfür erforderlichen Mittel bei der Bezirksvertretung beantragen. Gleichwohl sucht die Bezirksvertretung auch den direkten Kontakt zu Einrichtungen, um sich einen eigenen Eindruck vor Ort zu verschaffen.

Einen umfassenden Eindruck von den Belangen des Quartiers verschafft sich die Bezirksvertretung zudem durch die regelmäßige Teilnahme an der *Stadtteilkonferenz*, welche im Turnus von drei Monaten tagt. Das quartiersbezogene Gremium, in dem sämtliche Einrichtungen des Stadtteils vertreten sind, besitzt lange Tradition und wurde von der Untersuchungsschule und einer weiteren Schule ins Leben gerufen. Mittlerweile wurden Organisation und Koordination dem Amt für soziale Dienste übertragen. In seinen Anfängen diente das Gremium vor allem dem gegenseitigen Kennenlernen und dem Initiieren gemeinsamer Projekte in kleineren Arbeitsgruppen. Inzwischen hat sich das Gremium zu einer zentralen Plattform des Informations- und Erfahrungsaustauschs entwickelt.

d) Einzelfallunterstützung

Enge Kontakte pflegt die Schule auch zu Institutionen, deren Kompetenzen zur *„Einzelfallunterstützung“* herangezogen werden können. Prioritär wird von den befragten Akteuren das Amt für soziale Dienste (ASD) benannt, da die multiplen Problemlagen des Schülerklientels eines regelmäßigen Rückgriffs auf die Leistungen des Sozialdienstes bedürfen. Das Amt für soziale Dienste fungiert als direkter Ansprechpartner bei Problemen, unterstützt bzw. initiiert in Kooperation mit anderen Einrichtungen aber auch verschiedene Projekte im Stadtteil, wie z.B. das Trommelprojekt (s. oben). Als koordinierende und vernetzende Leistungen vermittelt das Amt bei Bedarf Eltern oder Schulpersonal an verschiedene Beratungsstellen. Enge Kontakte bestehen vor allem durch den/die zuständige/n Bezirkssozialarbeiter/in.

Auch Partner mit therapeutischem Hintergrund finden sich im Handlungsfeld „Einzelfallunterstützung“. Viele Kinder benötigen z.B. eine Sprachtherapie, die aber nicht mehr ohne weiteres von Kinderärzt/inn/en verschrieben wird. Um diesem Umstand zu begegnen, arbeitet die Schule mit einem/r Sprachtherapeut/en/in zusammen, die in die Schule kommt und die Kinder vor oder nach dem Unterricht gezielt fördert. Mit Hilfe ehrenamtlicher Lesepaten (z.B. vom Rotary Club) wird einzelnen Kindern zusätzliche Leseförderung zuteil, die im familiären Umfeld häufig zu kurz kommt.

3.4 Einbindung der Eltern

Noch stärker als in den beiden anderen benachteiligten Quartieren wird es im Nordviertel von allen befragten Institutionen als Problem empfunden, die Eltern zu erreichen. In der Schule gibt es zwar formelle Mitwirkungsmöglichkeiten in der Schulpflegschaft und -konferenz sowie eine Reihe von Angeboten für Kennenlernen und Austausch (Elterncafé, Feste, gemeinsame Ausflüge mit Eltern und Kindern, Elternabende, -sprechtage usw.). Es sei aber dennoch sehr schwierig und z.T. unmöglich, Kontakt zu den Eltern aufzubauen. Dabei spielen nicht nur kulturelle, sondern vor allem auch sprachliche Barrieren eine wesentliche Rolle: Da im Nordviertel größere Gruppen einiger Nationalitäten wie der Tamilen in enger Nachbarschaft leben, bestünde für die Eltern keine Notwendigkeit, Deutsch zu lernen. Darüber hinaus führten Kulturunterschiede zu Ängsten bei den Eltern, weil sie z.B. das Funktionieren des deutschen Schulsystems – angefangen mit der Schulpflicht – nicht verstünden. Da immer wieder neue Migrantengruppen in das Nordviertel zögen, seien aber auch Schule, Jugendhilfe und Vereine oft nur unzureichend über die jeweiligen Kulturen informiert und wüssten einfach nicht, wie sie an die Eltern herankommen könnten.

Als Erfolg versprechender Weg haben sich in der Schule niedrigschwellige Angebote für Kennen lernen und Austausch erwiesen: Feste, gemeinsame Ausflüge mit Eltern und Kindern, Elternnachmittage in der OGS. Ein wöchentlich angebotenes Elterncafé wird von ca. zehn Müttern unterschiedlicher Nationalitäten regelmäßig besucht. Einmal im Monat werden auf Wunsch dieser Mütter auch explizit schulische Themen wie Hausaufgaben, Gesundheitsförderung, außerschulische Aktivitäten o.ä. besprochen. Die Einrichtung des Elterncafés hat den befragten Schulakteuren zufolge bereits zu einer Verbesserung der Erreichbarkeit von Eltern geführt. Dies spiegelt sich beispielsweise in der hohen Teilnahmequote bei den religiösen Festen wider, für deren Beteiligung im Elterncafé sensibilisiert und geworben wurde.

Das gemeinsam mit der RAA[46] und der katholischen Familienbildungsstätte durchgeführte Projekt „Rucksack" zielt auf die Einbindung von Müttern in die Sprachförderung ihrer Kinder. Von der RAA fortgebildete Stadtteilmütter laden die Mütter der ersten bis dritten Klasse zu regelmäßigen Treffen ein, wo sie auf den Unterricht abgestimmte Anregungen und Materialien zur Förderung ihrer Kinder erhalten. Darüber hinaus vermitteln Elterncafé und Rucksackprojekt die Mütter bei Bedarf zu Alphabetisierungskursen der Volkshochschule; an der Schule selbst wird in Zusammenarbeit mit der AWO[47] ein Deutschkurs für Mütter aus Migrantenfamilien angeboten.

Trotz dieser vielfältigen Formen von Elternarbeit berichten Schulvertreter/innen, dass sie einen Teil der Eltern so gut wie nie sähen und diese auch in Problemfällen nicht telefonisch erreichbar seien. Als zentrale Ansatzpunkte zu einer Verbesserung dieser schwierigen Situation werden von der Schule und ihren Partnern der verstärkte Einsatz von Sprach- und Kulturmittlern und die Einrichtung eines Elternbesuchsdienstes angesehen. Beides kann nur von den Stadtteilinstitutionen gemeinsam und mit Unterstützung durch die Kommune geleistet werden. Gefordert wird die Einrichtung eines Stadtteilbüros oder Familienzentrums als zentraler Anlaufstelle im Quartier.

3.5 Vertikale Kooperationsstrukturen

Die unter II geschilderte sektorale Versäulung in der Bildungs- und Sozialpolitik wird von den Beteiligten im Nordviertel nicht als Problem angesehen: Bei allen Fragen rund um die OGS bzw. bei der Gestaltung des Schulalltags arbeiten sie eng mit der Schulverwaltung zusammen, während Ansprechpartner im Bereich der Einzelfallunterstützung und der Stadtteilarbeit das Jugendamt ist. Befürchtet wird allerdings, dass durch die aktuelle Umstrukturierung des Jugendamtes dessen Bezirksstellen nicht mehr im gleichen Umfang wie bisher Aufgaben der Stadtteilkoordination wahrnehmen können (s.u.).

Die Untersuchung verdeutlicht, dass der kommunalen Schulverwaltung eine zentrale Rolle für die Unterstützung der Arbeit vor Ort zukommen kann, sofern diese für sich den Anspruch erhebt, über die reine Verwaltungstätigkeit hinaus gezielte Serviceleistungen für die Schulen zu erbringen. Insbesondere im Hinblick auf den OGS-Bereich spielt das kommunale Schulverwaltungsamt für die Beteiligten aktuell eine größere Rolle als die staatliche Schulaufsicht. Zwar sei auch die Schulaufsicht ein wichtiger Partner, an den man sich bei Problemen

---

[46] Regionale Arbeitsstelle zur Förderung von Kindern und Jugendlichen aus Zuwandererfamilien
[47] Arbeiterwohlfahrt

wenden kann; die Unterstützungsleistungen des Schulverwaltungsamtes seien für die konkrete Arbeit vor Ort aber unmittelbar erfahrbar:

> „Was ich toll finde, die Schulverwaltung hat... extra Leute eingestellt, die sich nur um den Offenen Ganztag kümmern. Wir haben im Schulverwaltungsamt eine Person, die sich um unsere Schule kümmert. Um alle Probleme!". (Schulvertreter/in, ES-NV-SV_1)

Die Schaffung klarer Zuständigkeiten und verbindlicher Ansprechpartner/innen wird von der Schule als große Entlastung und Hilfestellung empfunden. Vor allem die zusätzlichen Unterstützungsleistungen und unbürokratische Handlungsweisen des Amtes werden sehr geschätzt. So wird beispielsweise berichtet, dass mit Hilfe des Schulverwaltungsamtes eine neue Kooperation zur Gestaltung der Ganztagsangebote initiiert werden konnte. Weitere Serviceleistungen des Schulverwaltungsamtes als Anstellungsträger für die pädagogischen Fachkräfte im Ganztag bestehen aus der Entwicklung von Handreichungen zu Rechten und Pflichten dieser Profession an Ganztagsschulen, womit offenbar ein zentrales Bedürfnis der Schule getroffen wurde:

> „Die erstellen jetzt auch Handreichungen für die Erzieherinnen. Das ist gut. Was sind deren Aufgaben? Was machen sie? Das ist das große Problem! Bis jetzt haben wir uns immer so durchgewurschtelt". (Schulvertreter/in, ES-NV-SV_1)

Darüber hinaus bietet das Schulverwaltungsamt Fortbildungen für die pädagogischen Fachkräfte an. Allerdings trifft das Engagement der Verwaltung an dieser Stelle auf die Arbeitsrealität der schulischen Mitarbeiter/innen: Um an den angebotenen Fortbildungen teilnehmen zu können, müssen diese einen personellen Ersatz für sich finden, da der entstehende Engpass nicht durch schulische Personalressourcen überwunden werden kann. Zur Überbrückung kommen Honorarkräfte der Schule oder der Springerpool des Schulverwaltungsamtes, welcher jedoch nur über geringe Personalkapazitäten verfügt, in Frage. Nicht immer kann daher personeller Ersatz gefunden werden und Fortbildungsambitionen der pädagogischen Fachkräfte scheitern nicht selten am Personalschlüssel, der keine größeren Ausfälle erlaubt. Für solche Fälle würden sich die Schulakteure einen „gefüllten" Springerpool des Schulverwaltungsamtes wünschen, auf den sich im Bedarfsfall verlässlich zurückgreifen lässt.

Die Akquise zusätzlichen Personals (z.B. Student/inn/en für die Hausaufgabenhilfe) wird von der Schule grundsätzlich als zeitraubendes „Problem" angesehen. Die Einstellung zusätzlicher Kräfte sei häufig mit Schwierigkeiten behaftet, da es nicht leicht sei, zeitnah kompetentes Personal zu finden. Diesbezüglich seien eine stärkere Unterstützung sowie eine generelle Aufstockung des Personalschlüssels für das schulische Kernteam erforderlich.

Neben dem Schulverwaltungsamt spielen andere vorgesetzte Behörden und deren Zusammenwirken untereinander eine wichtige Rolle für die Kooperation der Akteure im Stadtteil. Positiv wird z.B. die Zusammenarbeit zwischen dem Schulverwaltungsamt und der *Schulaufsicht* bewertet. Früher habe es „Spannungen" gegeben, die sich negativ auf die Arbeit vor Ort ausgewirkt hätten. Diese seien aber überwunden. Vermutet wird, dass hierzu die Ganztagsschulentwicklung in Essen und der personelle Wechsel in den Ämtern beigetragen haben.

Für die sozialräumlich orientierte Arbeit und die Vernetzung im Stadtteil spielt zudem das *Jugendamt* eine wesentliche Rolle (z.B. bei der Koordination von Stadtteilgremien). Allerdings befand sich das Amt zum Zeitpunkt der Befragung in einem Umstrukturierungsprozess, dessen Auswirkungen auf die örtliche Zusammenarbeit noch abzuwarten bleiben. U.a. wurde das sog. „Ambulante Sachgebiet" (ASG), dessen Mitarbeiter/innen beispielsweise für die Koordination von Stadtteilgremien zuständig waren, im Zuge der Umstrukturierungsmaßnahmen vollständig aufgelöst, wovon auch die Koordination des Stadtteilgremiums im Nordviertel betroffen ist. Zum Zeitpunkt der Befragung war ungeklärt, an welche Personen die Organisation der Stadtteilkonferenzen künftig gebunden sein wird. Es wird befürchtet, dass künftig keine ausreichenden Ressourcen mehr für die Stadtteilkoordination zur Verfügung stehen werden.

3.6 Netzwerkkultur

Das Stadtteilnetzwerk im Essener Nordviertel zeichnet sich durch feste und langjährig gewachsene Strukturen sowohl auf formeller (Gremien) als auch auf informeller Ebene aus. Man „kennt sich" und hat einen „sehr kurzen Draht" zueinander, der im Bedarfsfall aktiviert werden kann und zu konkreten Handlungen führt.

Diese Form der zielstrebigen und problemlösungsorientierten Zusammenarbeit hat sich im Laufe der Jahre kontinuierlich weiter entwickelt. Als „Motor" dieses Entwicklungsprozesses hat sich vor allem die Durchführung gemeinsamer Aktivitäten bewährt. Neben den bestehenden (informativen) Diskussions- und Austauschbeziehungen bietet die praktische Ebene der Zusammenarbeit die Möglichkeit, konkrete Erfolge direkt erfahrbar zu machen:

> „Was wichtig ist, wir haben immer gemeinsame Veranstaltungen gemacht. Stadtteilfeste, Schulfeste usw. Darüber hat man sich kennen gelernt. Über das gemeinsame Tun. Das ist das A und O. Das bringt uns voran". (Schulvertreter/in, ES-NV-SV_1)

Wichtig erscheint den Akteuren zudem die Entwicklung gemeinsamer Grundsätze und übergreifender Zielsetzungen. Die Entwicklung gemeinsamer Zielsetzungen ergibt sich im Nordviertel vor allem durch die multiplen Problemlagen der Bevölkerung (vgl. III 3.1). Alle Netzwerkakteure verfolgen vor diesen Hintergrund die Ziele, zu einer besseren Integration von Familien im Quartier, der umfassenderen Förderung von Kindern sowie zur Verbesserung präventiver Maßnahmen zugunsten des Kindeswohls beizutragen. Die kooperative Arbeit an gemeinsamen Zielsetzungen erfordere aber auch die Orientierung an gemeinsamen Regeln, um eine klare Erziehungslinie einzuhalten. So sei es aus schulischer Perspektive beispielsweise wichtig, dass die Kooperationspartner die Regeln der Schule im Rahmen ihrer eigenen Angebote (z.B. Arbeitsgemeinschaften) weiterführen und hier keinen Bruch entstehen lassen.

3.7 Bewertung der Ergebnisse durch die Akteure

Ergebnisse und Erfolge werden vorrangig mit Blick auf die *Adressaten* – also Schüler/innen, deren Familien und Quartiersbewohner/innen – und weniger hinsichtlich der eigenen Institution reflektiert.

Insbesondere die außerschulischen Partner sehen in der Zusammenarbeit mit der Schule nur wenig direkte Vorteile für ihre eigene Institution. So habe sich die allgemeine Hoffnung, einen leichteren Zugang zu den Schüler/inne/n zu bekommen und neue Teilnehmer/innen für die eigene Einrichtung zu gewinnen, nicht erfüllt. Als wesentlicher Motivationsfaktor zur Aufrechterhaltung der Kooperation scheinen vor allem die Ergebnisse zu wirken, die bei der Zielgruppe erreicht werden können. Beispielsweise sieht der Sportverein BV-Eintracht den Vorteil der Kooperation darin, die Integration von Kindern und Jugendlichen mit Migrationshintergrund im Stadtteil zu befördern. Aus Sicht der Folkwang-Musikschule ist es ein Erfolg, den Kindern Spaß am Singen zu vermitteln. Zudem wird der Einblick in den Schulalltag insofern als befruchtend erlebt, als man voneinander lernen könne und dieser Lernprozess die eigene Arbeit bereichere.

Aus Sicht der Schule werden die Ergebnisse ebenfalls vorrangig mit Blick auf die Zielgruppe bewertet. Die Kooperation mit verschiedenen Partnern bewirkt einen Zuwachs an Kompetenzen, der vor allem den Kindern und ihren Eltern zugute kommt. Der daraus resultierende Erfolg wird beispielsweise darin gesehen, *„...dass unsere Schüler es schaffen, die Grundschulzeit zu durchlaufen, dass wir sie nicht auf eine Förderschule schicken“ (Schulvertreter/in, ES-NV-SV_1)*. Als weiterer Erfolg wird der langsame Aufbau von „Erziehungspartnerschaften“ zwischen der Schule und den Familien empfunden. Insbesondere der Kontaktausbau zu Müttern mit Migrationshintergrund wird als direkter Erfolg der Kooperationsarbeit verbucht:

> „Und ich messe den Erfolg auch daran, dass die Migrantenmütter sich für Schule interessieren. Also besonders, sagen wir die muslimischen. Dass wir das geschafft haben. Wir müssten stolz sein, dass diese Mütter hier in die Schule kommen, dass sie keine Angst haben vor den Lehrern, vor dem System Schule … ich denke, das haben wir durch diese ganze Schulöffnung erreicht … Gucken Sie zu unseren Festen, dass da so viele ausländische Mütter kommen, das ist toll. Dass wir das erreichen mit dem Elterncafe, dass da Mütter kommen. Dass wir es erreichen, dass wir christliche und muslimische Feste zusammen feiern. … Insofern hat sich Schule schon verändert in der Arbeit mit außerschulischen Partnern. Unser Motto ist „miteinander leben". Da sind wir ein Stückchen weitergekommen". (Schulvertreter/in, ES-NV-SV_1)

Insgesamt empfinden sowohl schulische als auch außerschulische Akteure die Synergieeffekte, die sich auf *Netzwerkebene* ergeben, als Bereicherung für die Zielgruppe und die *eigene* Arbeit. Als Vorteile werden beispielsweise die „kurzen Wege", der erleichterte Austausch, die Abstimmung zielgenauer Hilfen oder die Generierung neuer Ideen durch unterschiedliche Perspektiven betrachtet. Dadurch lassen sich akteursübergreifende Zielsetzungen der Netzwerkarbeit wie z.B. verbesserte Förderung, Integration der Familien im Quartier und Prävention zugunsten des Kindeswohls zügiger und effektiver bearbeiten.

4 Fallstudie Essen-Werden

4.1 Merkmale des Quartiers

Der Stadtteil Werden mit 9826 Einwohner/innen (Stadt Essen 2009: 11) liegt im südwestlichen Stadtgebiet Essens und ist dem Stadtbezirk IX zugeordnet.

Aufgrund der grünen Lage am Baldeneysee und vielen alten, sehenswerten Baudenkmälern gilt der Stadtteil als attraktiver Wohn- und Einzelhandelsstandort: Man findet hauptsächlich gepflegte Wohnsiedlungen – überwiegend Wohneigentum – sowie Handel und Gewerbe. Der Anteil Nichtdeutscher im Stadtteil liegt bei 6,3% im Vergleich zu 10,3% in der Stadt Essen (ebda.). Mit 3,8% liegt auch die Arbeitslosenquote im Stadtteil deutlich unter dem Essener Durchschnitt von 9,1% (ebda.: 88).

Werden verfügt über drei Grundschulen und zwei Gymnasien. Gesamt-, Real- oder Hauptschulen gibt es im Stadtteil nicht. Freizeitaktivitäten für Kinder, Jugendliche, Familien und ältere Menschen werden im Jugendzentrum Wesselswerth und den Kirchengemeinden angeboten. Herz des kulturellen Angebots ist die Folkwang-Hochschule für Musik, Tanz und Theater. Hinzu kommt ein vielfältiges Sport- und Vereinsangebot.

Abbildung 10: Schulen und soziale Einrichtungen in Essen-Werden (Auswahl)[48]

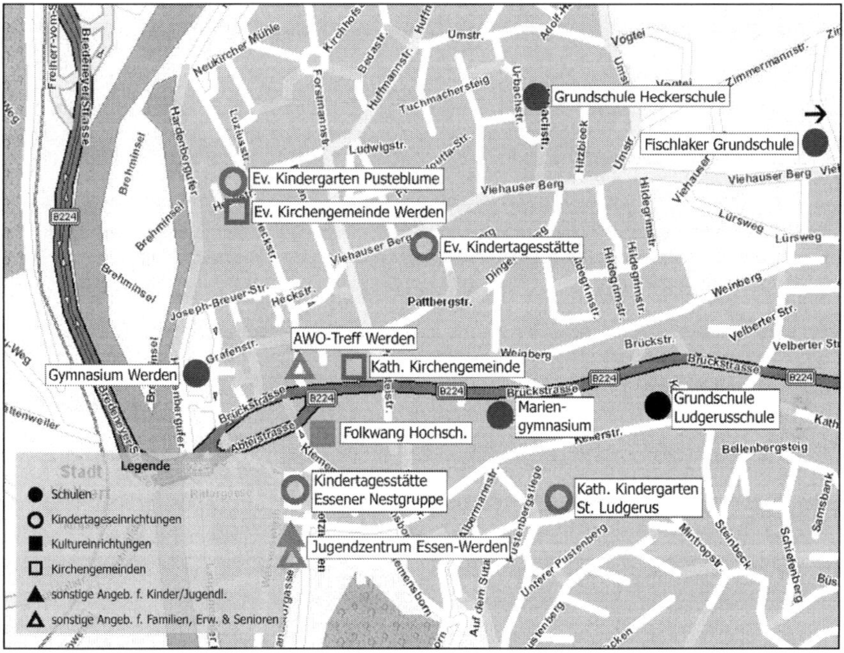

Die privilegierte Sozialstruktur im Stadtteil spiegelt sich in der Schullaufbahn der Kinder wieder. 79,5% der Werdener Kinder wechseln nach Abschluss der Grundschule zum Gymnasium (Schuljahr 2007/08; Stadt Essen 2008: 111). Dennoch gibt es auch in Werden spezifische Problemlagen beim Aufwachsen von Kindern und Jugendlichen. Mitarbeiter/innen von Schulen und Jugendeinrichtungen nehmen eine hohe Stressbelastung der Kinder wahr: Gute schulische Leistungen hätten einen hohen Stellenwert in den Familien und gleichzeitig würde die Freizeit der Kinder durchorganisiert. Das führe auch zu einer Unselbständigkeit der Kinder: Sie würden nicht selten mit dem Auto zur Schule, zum Klavierunterricht etc. gebracht und könnten deshalb nicht lernen, sich im Stadtteil selbständig zu bewegen. Schließlich führe die Überrepräsentation von älteren Menschen im Stadtteil dazu, dass vielen Bewohner/inne/n das Verständnis für die Bedürfnisse insbesondere von Jugendlichen fehle und diese Mühe hätten, Treffpunkte im öffentlichen Raum zu finden.

---

[48] Quelle: www.essen.de; eigene Darstellung

4.2 Entwicklung der Ganztagsschule

Die zweizügige Ludgerusschule, eine von drei Grundschulen in Werden, liegt am Rande des Stadtteilzentrums in einem Wohngebiet. Als eine der Essener Stützpunktschulen für Gemeinsamen Unterricht integriert die Schule mit Unterstützung von Sonderpädagog/inn/en auch Kinder mit sonderpädagogischem Förderbedarf in die regulären Klassen. Darüber hinaus ist die Schule Impulsschule für die Förderung hochbegabter Kinder.

<u>Steckbrief: Ludgerusschule in Werden</u>

Werden

Quartiersmerkmale:	*Einwohnerzahl: 9826* *Anteil Nichtdeutsche:6,3%* *Arbeitslosenquote: 3,8%* *Stadtteilförderung: keine*

Ludgerusschule

GTS seit:	*OGS seit 03/04;* *Besonderheit: Ludgerusschule ist GU-Schule (Gemeinsamer Unterricht)*
Schülerzahlen:	*Im Schuljahr 08/09: 206 Schüler/innen insgesamt – davon 106 im Ganztag*
GTS-Modell/ Zeitkonzept:	*Offene Ganztagsschule (OGS);* *Additives Modell: Unterricht vormittags. Tägliches AG-Angebot von 15.00 – 16.00 Uhr*
Ganztagsträger:	*Schulverwaltungsamt Essen*
Personal Ganztag:	*4 feste über das Schulverwaltungsamt angestellte Mitarbeiterinnen, davon 2 Vollzeitstellen. Ganztagskoordination durch Schulleitung.*

Die Schule startete im Schuljahr 2003/04 als eine der ersten Essener Grundschulen mit der *offenen Ganztagsschule*, in der inzwischen in vier Gruppen rund hundert Kinder betreut werden. Da es zu Beginn noch wenig Vorgaben und Planungshilfen von Land und Kommune gab, wurde das Konzept der OGS weitgehend selbständig vor Ort entwickelt. Bereits vor Beginn der OGS gab es ein

Nachmittagsbetreuungsangebot im Jugendzentrum, deshalb planten die Ludgerusschule und das Jugendzentrum eine enge Kooperation.

Dieses gemeinsame Konzept wurde jedoch von der staatlichen Schulaufsicht und dem kommunalen Schulverwaltungsamt nicht genehmigt, da aus deren Sicht die OGS eindeutig bei der Schule angesiedelt sein sollte.

An der Ludgerusschule wird ein *additives Ganztagsmodell* praktiziert. Die OGS an der Ludgerusschule gehört zum B-Typ Essener Ganztagsschulen, der sich durch eine integrierte schul- und sozialpädagogische Zusammenarbeit auszeichnet und über genug Personalstunden verfügt, um einen Teil der sozialpädagogischen Mitarbeiter/innen auch unterrichtsbegleitend einzusetzen. Eine Rhythmisierung lässt sich aber nach Aussage von Schulvertreter/inne/n nicht mit der Integration der Kinder mit sozialpädagogischem Förderbedarf vereinbaren. Der Vormittag wird mit Unterricht ausgefüllt, nach Unterrichtsschluss werden bis 15 Uhr das gemeinsame Mittagessen und die Hausaufgabenbetreuung, von 15 bis 16 Uhr Arbeitsgruppen angeboten. Es gibt ca. 20 unterschiedliche AGs, darunter musische (z.B. Chor, Schlagzeug) und sportliche Angebote (z.B. Trampolin und Karate), aber auch eine Bastel- und eine Computer-AG. Diese AGs werden von den pädagogischen Fachkräften, außerschulischen Partnern wie Sportvereinen oder im Einzelfall auch von Eltern angeboten. Die Kinder melden sich zu Beginn jedes Halbjahres verbindlich für bis zu drei Arbeitsgruppen an.

Die strikte Trennung zwischen Vor- und Nachmittag lässt sich auch an der räumlichen Situation erkennen: Für den Nachmittagsbereich wurde auf dem Schulgelände ein Neubau mit Gruppenräumen, einem Essensraum und einer Küche erstellt.

An der Schule arbeiten vier pädagogische Mitarbeiter/innen, davon zwei in Vollzeit. Letztere sind auch vormittags in den Unterricht eingebunden. Sie unterstützen die Lehrer/innen z.B. bei förderbedürftigen Kindern oder führen gemeinsam mit ihnen Unterrichtssequenzen und Projekte durch. Umgekehrt beteiligen sich zweimal wöchentlich Lehrer/innen an der Hausaufgabenbetreuung, was die Bildung von Klein- bzw. Fördergruppen ermöglicht.

Die Abstimmung zwischen Lehrkräften und pädagogischen Mitarbeiter/inne/n findet überwiegend informell statt. Absprachen werden insbesondere am Rande des Unterrichts und der Hausaufgabenbetreuung getroffen. Sofern es organisatorisch möglich ist, nimmt eine pädagogische Fachkraft an der Lehrerkonferenz teil. Darüber hinaus gibt es eine wöchentliche Abstimmungsrunde der pädagogischen Mitarbeiter/innen, an der sich in Ausnahmefällen auch der Schulleiter beteiligt.

Der Informationsaustausch zwischen den beiden Professionen wird für „verbesserungsbedürftig" gehalten. Zu einen werde der Austausch meist von den pädagogischen Fachkräften initiiert, während Lehrer/innen seltener die Initiative ergriffen. Zum anderen erhielten die pädagogischen Fachkräfte nicht von allen Lehrerkolleg/inn/en die für die Organisation der täglichen Arbeit notwendigen Informationen, z.B. darüber, dass Kinder früher als geplant Unterrichtsschluss hätten oder einige Tage lang wegen einer Klassenfahrt nicht betreut werden müssten. Darüber hinaus besteht Uneinigkeit darüber, ob es zu den Aufgaben von pädagogischen Fachkräften gehört, bei Unterrichtsausfall als Vertretung einzuspringen

4.3 Kooperations- und Koordinationsstrukturen

Abbildung 11: Partner der Ludgerusschule Werden (kumulierte Netzwerkkarte)[49] (0-4: Wichtigkeitsgrad der Kooperation (4=sehr wichtig))

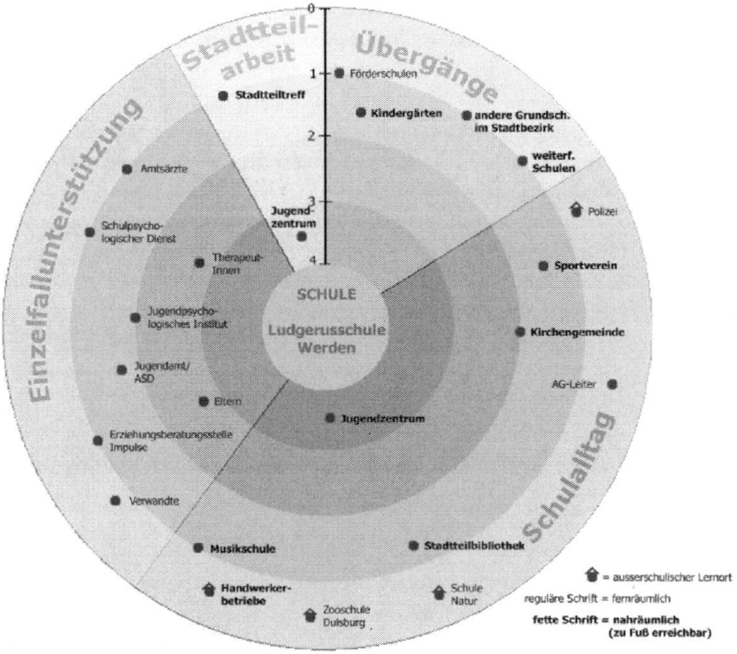

---

[49] Quelle: Interviews mit Schulvertreter/inne/n; eigene Darstellung

Die Ludgerusschule arbeitet mit außerschulischen Partnern schwerpunktmäßig zur Gestaltung des Schulalltags und zur Einzelfallunterstützung zusammen. Der im Vergleich zu den anderen besser gestellten Untersuchungsquartieren hohe Stellenwert der Einzelfallunterstützung erklärt sich daraus, dass die Ludgerusschule zu den Essener Schwerpunktschulen gehört, die auch Kinder mit sonderpädagogischem Förderbedarf aufnehmen.

a) Gestaltung des Schulalltags

Als wichtigsten Partner im Stadtteil sieht die Schule das örtliche *Jugendzentrum* an. Bereits vor der Entwicklung der offenen Ganztagsschule arbeiteten die beiden Einrichtungen z.B. bei Projektwochen oder bei Festen zusammen: Das Jugendzentrum stellte der Schule seine Räumlichkeiten und seine Materialien zur Verfügung und das Personal arbeitete bei Bedarf bei Projekten in der Schule mit. Darüber hinaus wurden bei Bedarf Kinder nach Schulschluss im Jugendzentrum betreut. Obwohl das gemeinsam für die OGS entwickelte Konzept von der Schulverwaltung abgelehnt worden war, organisierten in der Anfangsphase der Ganztagsschule die beiden Einrichtungen gemeinsam ein Arbeitsgruppenprogramm. Die im Schulgebäude untergebrachten OGS-Gruppen und die Nachmittagsgruppe des Jugendzentrums besuchten wechselseitig Arbeitsgruppen in der jeweils anderen Einrichtung. Diese Zusammenarbeit wurde im Laufe der Zeit aber aus verschiedenen Gründen zurückgefahren. Für die Schule bestand nach Fertigstellung des Neubaus für den Nachmittagsbereich nicht mehr der Bedarf, für Arbeitsgruppen auch die Räume des Jugendzentrums zu nutzen. Das Jugendzentrum konnte zum einen aus personellen Gründen nicht mehr so viele Arbeitsgruppen anbieten. Zum anderen sahen die Mitarbeiter/innen das gemeinsam mit der Schule entwickelte Konzept zunehmend kritisch, weil es aus ihrer Sicht den Kindern zu wenig Freiraum für selbstorganisierte Aktivitäten ließ. Auch um sich von dem sich immer mehr ausweitenden Angebot der offenen Ganztagsschulen abzusetzen (neben der Ludgerusschule entwickelten sich auch weitere Grundschulen im Stadtteil zur OGS), kehrte das Jugendzentrum zu einem hortähnlichen Betreuungskonzept zurück und spricht so gezielt Eltern an, die sich eine weniger durchorganisierte Nachmittagsgestaltung für ihre Kinder wünschen. Darüber hinaus bietet das Jugendzentrum mehr zeitliche Flexibilität: Bei Bedarf werden die Kinder auch über 16 Uhr hinaus betreut und im Unterschied zur OGS ist es möglich, sein Kind früher abzuholen oder nur für zwei oder drei Nachmittage in der Woche anzumelden. Aus Sicht des Jugendzentrums hat die Kooperation mit der Schule in den letzten Jahren vor allem aufgrund der zunehmenden Standortkonkurrenz aller sozialen Einrichtungen abgenommen.

Intensiver ist die Zusammenarbeit durch die Schaffung der OGS dagegen mit den örtlichen *Sportvereinen* geworden. Während diese vorher nur die Schulturnhalle und -geräte für ihre eigenen Sportangebote nutzten, bieten sie jetzt im Ganztag Arbeitsgruppen an. Die Vereine haben sich aktiv um diese Zusammenarbeit bemüht, weil sie für ihre eigenen Angebote die Turnhalle jetzt erst nach 17 Uhr nutzen können und es auch schwierig ist, OGS-Kinder nach dem langen Schultag noch für Vereinssport zu motivieren. In der Ludgerusschule ist es durch das Engagement der Vereine in der OGS aber im Gegensatz zu anderen Untersuchungsquartieren tatsächlich gelungen, zusätzliche Vereinsmitglieder zu werben – was vermutlich damit zusammenhängt, dass eine der pädagogischen Mitarbeiterinnen gleichzeitig Übungsleiterin im Sportverein ist. Bei der Organisation der Sport-AGs kann die Schule auf Serviceleistungen des Essener Sportbundes zurückgreifen, der die Angebote in Absprache mit den Vereinen koordiniert, Übungsleiter vermittelt, im Krankheitsfall für Vertretung sorgt und als zentraler Ansprechpartner bei Problemfällen zur Verfügung steht.

Darüber hinaus hat die Schule im Nachmittagsbereich die katholische *Kirchengemeinde* mit einem Chorangebot, die *Musikschule* und Einzelpersonen wie Eltern oder Verwandte als *AG-Leiter* eingebunden. Beispiele für von Eltern oder Großeltern angebotene Aktivitäten sind eine Löt- und eine Schlagzeug-AG sowie Näh- und Bastelangebote. Von Zeit zu Zeit ruft die Schule alle Eltern mit besonderen Talenten dazu auf, Angebote zu machen, die Resonanz ist aber relativ gering. Der Einsatz von Eltern als AG-Leiter wird auch nicht von allen Schulvertreter/inne/n als unproblematisch betrachtet, da nicht alle pädagogisches Geschick mitbrächten und sie u.U. zu viel Einblick in interne Schulangelegenheiten erhielten. Bei den schon über einen längeren Zeitraum aktiven Eltern funktioniere die Zusammenarbeit aber gut. Alle externen AG-Leiter/innen (unabhängig davon, ob es sich um außerschulische Partner oder Eltern handelt) erhalten ein Honorar von 15€ pro Stunde.

Im Vormittagsbereich arbeitet die Schule am intensivsten mit den *Kirchengemeinden* zusammen. Der Pfarrer der evangelischen Gemeinde und die Gemeindereferentin der katholischen Gemeinde geben in den 3. Schuljahren eine Stunde pro Woche zusätzlichen Religionsunterricht (Kontaktstunden). Die Kinder werden darüber hinaus regelmäßig zu Gottesdiensten oder anderen Veranstaltungen eingeladen.

Mit der *Polizei* führt die Schule gemeinsam die Verkehrserziehung durch. Die *Stadtteilbibliothek*, örtliche *Handwerkerbetriebe*, die *Schule Natur* und *die Zooschule Duisburg* werden als außerschulische Lernorte genutzt.

Wie in den anderen Untersuchungsquartieren ist das Handlungsfeld „Schulalltag" durch bilaterale Beziehungen der Schule zu den einzelnen Partnern geprägt. Während die Kontakte zu den Partnern im Vormittagsbereich über die einzelnen Lehrer/innen laufen, sind die pädagogischen Mitarbeiter/innen Ansprechpartner/innen für die Honorarkräfte im Nachmittagsbereich. Diese haben anfangs auch ca. einmal im Halbjahr ein Treffen mit allen AG-Leiter/inne/n organisiert.

Grundsätzlich hat die Schule ein großes Interesse daran, auch in Zukunft mit den bewährten Partnern weiterzuarbeiten. An der Einbindung zusätzlicher Partner besteht wenig Interesse, da dies mit zu viel Aufwand verbunden sei:

> „Die Organisation, wenn wir jetzt noch fremde Leute hier reinkriegen, das erfordert dann viel zu viel auch in der Zusammenarbeit und dann bleiben wir lieber bei unseren bewährten Partnern, die immer schon ihre Kurse machen, die reichen dann nur noch die Folgeanträge ein und dann ist die Sache erledigt… Wer macht denn die ganzen Kontakte, an dieser Schule ist das nur einer, nämlich ich. Und von daher gesehen, ist das eine Überforderung...“. (Schulvertreter/in, ES-WE_SV_1)

b) Übergänge gestalten

Zur Gestaltung des Übergangs vom Kindergarten ins erste Schuljahr arbeitet die Ludgerusschule mit allen neun Kindergärten zusammen, aus denen ihre Schulanfänger kommen. Zu einem Austausch u.a. über wichtige Termine für Vorschulkinder treffen sich alle Werdener Grundschulen und Kindergärten in einem Arbeitskreis. Die künftigen Lehrkräfte der ersten Klassen besuchen die Kindergärten und informieren sich über die Vorschulkinder. Letztere kommen dann auch gemeinsam mit ihren Erzieher/inne/n für einen Vormittag in die Schule und nehmen am Unterricht der ersten Klasse teil. Alle neuen Erstklässler werden außerdem kurz vor Beginn des neuen Schuljahrs zu einem Unterrichtsspiel eingeladen, um den Schulalltag auf spielerische Weise zu erleben. Die Verantwortung für diese Aktivitäten liegt bei den Lehrkräften, die pädagogischen Mitarbeiter/innen sind nicht eingebunden. Nach Ansicht der Schulvertreter/innen funktioniere die Zusammenarbeit mit den Kindergärten gut, aber es wird auch noch Entwicklungspotenzial gesehen.

Letzteres gilt verstärkt für die Zusammenarbeit mit den weiterführenden Schulen. Zwar gibt es auch hier Kontakte, die konzeptionelle Zusammenarbeit sei aber noch nicht weit ausgebaut. So würden die weiterführenden Schulen z.B. beim Englischunterricht ganz von vorn beginnen, obwohl auch die Grundschulen schon Englischunterricht erteilten.

Als wichtig wird der auf Schulleiterebene stattfindende Austausch der Grundschulen im Stadtbezirk angesehen. Die regelmäßigen Treffen werden von der Schulaufsicht organisiert. Da die Ludgerusschule zu den ersten OGS-Schulen in Essen gehörte, waren die anderen Schulen in der Anfangsphase sehr an ihren Erfahrungen interessiert. Der organisierte Erfahrungsaustausch wird ergänzt durch bilaterale Kontakte zur Klärung von Problemfällen, z.B. zur Organisation eines Ausweichplatzes für eine/n neu angemeldete/n Schüler/in, wenn in der ursprünglich angefragten Schule alle Klassen voll besetzt sind.

c) Stadtteilarbeit

Rund um die Kinder- und Jugendarbeit hat sich in Werden ein Stadtteilnetzwerk entwickelt. Alle drei Monate treffen sich Jugendeinrichtungen, Kindergärten und (Grund)Schulen zu einem *Stadtteiltreff* zum Informationsaustausch und Vorbereitung gemeinsamer Aktivitäten. Einmal jährlich werden etwa ein gemeinsames Völkerballturnier und eine Lesewoche durchgeführt. Aktuell wird im Rahmen der Kulturhauptstadtaktivitäten Essens eine Kinderstadtteilführerausbildung vorbereitet. Die Schulen machen im Heimatkundeunterricht eine Bestandsaufnahme, welche Attraktionen Werden aus Schüler/innensicht bietet. Auf dieser Basis wird eine Broschüre erstellt und Kinder werden darin geschult, anderen Kindern den Stadtteil zu zeigen.

In der Stadtteilrunde werden auch grundlegende Probleme beim Aufwachsen von Kindern und Jugendlichen wie die zunehmende Stressbelastung thematisiert, vereinzelt wurden auch gemeinsame Elterninformationsabende organisiert. Beim von allen als wichtig empfundenen Thema der Stressbelastung von Kindern hat sich die Runde bisher aber überwiegend auf einen allgemeinen Austausch konzentriert, ein Vorstoß zur Entwicklung gemeinsamer Lösungsansätze stieß bisher auf wenig Resonanz.

Initiiert wurde die Stadtteilkonferenz vom *Jugendzentrum,* das die Arbeit bis heute koordiniert. Die Kooperation findet schwerpunktmäßig auf Leitungsebene statt. Von der Ludgerusschule nimmt der Schulleiter am Stadtteiltreff teil. An gemeinsamen Aktionen wie der Lesewoche beteiligen sich dann einzelne Lehrer/innen mit ihren Klassen. Nach Aussage der Kooperationspartner wird der Austausch mit der Schule dadurch erschwert, dass diese über kein ständig besetztes Sekretariat verfügt. (Die Schule hat nur einen Anspruch auf 7,5 Sekretariatsstunden wöchentlich.) Wenn man etwas telefonisch klären wolle, brauche man einen langen Atem, deshalb würde man diese Kontakte auf das Notwendigste beschränken.

Wenn im Rahmen des Stadtteilnetzwerks gemeinsame Aktivitäten organisiert werden, ist die Ludgerusschule auf Anfrage in der Regel bereit, sich mit ihren Schüler/inne/n daran zu beteiligen. Das Schulgelände kann nach Schulschluss als Spielgelände genutzt werden und auch Schulräume werden in der Regel für Veranstaltungen anderer Stadtteilinstitutionen zur Verfügung gestellt. Von der Schule selber gehen aber kaum Initiativen aus, so dass von den Partnern die Zusammenarbeit eher als einseitig empfunden wird. Eine Partnerinstitution sieht eine Ursache dafür darin, dass die Schulen generell durch die zugenommene Bedeutung der Lernstandserhebungen so unter Druck stehen, dass sie sich immer stärker nach innen konzentrierten. Darüber hinaus sei die Ludgerusschule auch mit der Organisation der OGS stark beschäftigt:

> „Und dadurch, dass das so eine Riesendimension geworden ist, sind die damit so beschäftigt ihren ganzen Kram da zu organisieren, ich glaube da hat man einfach keine Lust mehr noch was anderes nach außen hin zu organisieren. Wenn wir dahin kommen und sagen wir machen ein Angebot, dann ist alles super…, aber unter Kooperation stelle ich mir halt vor, dass man als Kooperationspartner auch was zurückbekommt und nicht nur, dass man was da rein gibt und das finde ich fehlt." (Vertreter/in Kooperationspartner, ES-WE-KP_7)

> „Wir sind mit 100 Kindern stark ausgelastet, so dass wir da auch wenig Luft haben irgendwo hinzugehen." (Schulvertreter/in, ES-WE-SV_4)

d) Einzelfallunterstützung

Als zentrale Partner bei der Förderung der Kinder werden die *Eltern* (und falls diese nicht erreichbar sind, auch andere *Verwandte*) angesehen. In Absprache mit den Eltern wird in Problemfällen gegebenenfalls der *Schulpsychologische Dienst*, das *Jugendpsychologische Institut* bzw. eine andere *Erziehungsberatungsstelle* oder das *Jugendamt* eingeschaltet. Insbesondere beim Jugendamt bestehen wegen der nicht so häufigen Kontakte zum Teil Probleme den richtigen Ansprechpartner zu finden.

Für die Förderung der Kinder mit sonderpädagogischem Förderbedarf sind *Therapeut/inn/en und Ärzte/innen* wichtige Partner. Während sich sonst in der Regel außerschulische Kooperationspartner darüber beklagen, dass sie von Lehrkräften nicht als gleichwertige Partner angesehen werden, weist hier die Schule auf mangelnde Augenhöhe in der Zusammenarbeit mit den Ärzten hin:

> „... die Kooperation, die funktioniert auch nicht immer so toll, weil wir sind dann aus Sicht der Ärzte oftmals nicht auf Augenhöhe… Die Ärzte, die ich kenne, wo es schon lange Kontakt gibt, da wird es immer besser, aber das muss sich entwickeln und manchmal muss man dann auch klare Worte finden und sagen, ich muss auch Informationen von Ihnen kriegen, die sind einfach sehr wichtig für meine Arbeit." (Schulvertreter/in, ES-WE-SV_5)

Die Kooperationsbeziehungen zur Einzelfallunterstützung finden schwerpunktmäßig auf Arbeitsebene statt, von Seiten der Schule sind sowohl Lehrer/innen als auch pädagogische Fachkräfte beteiligt. Hauptverantwortlich für die Absprache mit Ärzt/inn/en und Therapeut/inn/en für Kinder mit sozialpädagogischem Förderbedarf sind die Sonderpädagogen/innen.

4.4 Einbindung der Eltern

Eltern werden an der Ludgerusschule vielfältige Beteiligungsmöglichkeiten geboten: Neben der formalen Mitwirkung in den *Schulgremien* haben sie die Möglichkeit, aktiv oder passiv im Förderverein mitzuwirken. Gesucht werden Eltern zur Betreuung der Schulbücherei, zur Mitwirkung bei Projektwochen und Festen, als Lesemutter und zur Begleitung bei Ausflügen. Darüber hinaus besteht die Möglichkeit, den eigenen Beruf im Sachunterricht vorzustellen. Schließlich wurden beim Start des offenen Ganztags in der Ludgerusschule die Eltern angeschrieben, ob sie in diesem Rahmen Arbeitsgemeinschaften anbieten wollen. So hat ein Vater ein Lego-Roboter-Projekt angeboten, ein anderer eine Video-AG. Eltern erhalten in solchen Fällen Honorarverträge.

Diese Beteiligungsmöglichkeiten werden auch genutzt, Lehrer/innen und pädagogische Fachkräfte weisen aber darauf hin, dass immer wieder dieselben kommen („Stammpersonal"). Die Eltern bevorzugten ein kurzfristiges, punktuelles Engagement und seien häufig eher bereit, sich finanziell als durch persönlichen Einsatz zu beteiligen. Bei der finanziellen Beteiligung ergeben sich allerdings Probleme, wenn die Schule Mittel des Fördervereins für OGS-Aktivitäten benötigt, da die Mitglieder des Fördervereins darauf bestehen, dass die Mittel allen Kindern der Schule zugutekommen.

Im Bereich der Elternarbeit liegt der Schwerpunkt auf der Sicherstellung eines regelmäßigen Informationsaustausches. Da Eltern, deren Kind an der OGS teilnimmt, aufgrund der Erledigung der Hausaufgaben in der Schule nicht mehr so viel von den Lerninhalten mitbekommen, ist ein ständiger Austausch vor allem aus Sicht der pädagogischen Fachkräfte notwendig und wichtig. Die Fachkräfte nehmen eine Mittlerrolle zwischen OGS-Eltern und Lehrkräften wahr, weil sie zum einen zu den Abholzeiten am Nachmittag besser in der Schule erreichbar sind und zum anderen weniger stark als die Lehrer/innen als Autoritätspersonen angesehen würden:

> „Lehrer sind eine Institution, wir dagegen nicht. Also wir sind dann teilweise auch die Spaßfraktion, mit uns geht man lockerer um." (Schulvertreter/in, ES-WE-SV_3)

Auch in einem „gutbürgerlichen" Stadtteil wie Werden hätten viele Eltern Angst vor der Schule und glaubten nicht, dass sie das Recht hätten, deren Angebote in

Frage zu stellen. Den pädagogischen Fachkräften käme deshalb eine wichtige Mittlerrolle zu.

4.5 Vertikale Kooperationsbeziehungen

Zwischen Schulbehörden und Jugendamt wird sowohl von der Schule als auch ihren Kooperationspartnern eine starke Abgrenzung wahrgenommen. Dieses Abgrenzungsbedürfnis habe auch dazu beigetragen, dass das gemeinsame OGS-Konzept von Ludgerusschule und Jugendzentrum nicht genehmigt worden sei. Die integrierte Planung der OGS-Einführung durch Schulamt, Schulverwaltungsamt und Jugendamt hat also nach Einschätzung der Akteure kaum Auswirkungen auf die Praxis vor Ort gehabt.

Darüber hinaus hat die Schule bei der Einführung der OGS Unterstützung durch die vorgesetzten Behörden vermisst. Da die Ludgerusschule zu den ersten sieben Essener Ganztagsschulen gehörte, habe es kaum konkrete Vorgaben bzw. Hilfestellungen bei der Organisation des Ganztagsschulbetriebs gegeben. Die gesamte Verwaltung z.B. von Essensversorgung, Personalführung etc. sei von den Schulleitern „der ersten Stunde“ aufgebaut worden:

> „…wir haben hier ja mit nichts angefangen, das war so Stunde null, wir waren OGS und keiner wusste wie. Da gab's in der Stadt ein paar Leute, die das vorangetrieben haben, die aber letztlich auch keine Vorstellung hatten, die völlig überfordert waren, die das mitgemacht haben mit anderen Sachen. Und erst nach und nach kam dann Personal dazu, das nur für die OGS zuständig war und sich damit auch auskannte.“ (Schulvertreter/in, ES-WE-SV_1)

Im Gegensatz dazu fühlt sich die Schule heute überreguliert. Am Anfang hat sie z.B. einen festen Etat für Honorarmittel bekommen und musste die Verwendung erst im Nachhinein nachweisen, inzwischen fließt Geld nur, wenn vorher der Honorarvertrag vorgelegt wird. Durch solche Verwaltungsprozeduren sei die Finanzierungsstruktur im Laufe der Zeit immer komplizierter geworden und die Flexibilität der Schule habe abgenommen, was die Arbeit vor Ort behindere.

Ebenso seien die Schulleiter/innen in die weitere Entwicklung der OGS in Essen formal kaum mehr eingebunden. Die eigenen Anliegen könne man lediglich über gute persönliche Beziehungen zu einzelnen Ansprechpartnern in der Kommunalverwaltung einbringen.

Dennoch sind aber sowohl die Schule als auch ihre Partner der Meinung, im Stadtteil über viel Autonomie z.B. für Kooperationen zu verfügen. Qualität und Intensität der Kooperation würden letztlich vom Engagement der Institutionen vor Ort abhängen:

„…wenn ich was machen will, gebe ich die Sachen entweder nicht weiter nach oben, weil ich weiß, da könnte jemand sagen, lass das, oder wenn ich keine Lust dazu habe, dann kann ich sagen, der Chef hat gesagt, das darf ich nicht.“ (Vertreter/in Kooperationspartner, ES-WE-KP_7)

4.6 Netzwerkkultur

Für die Kooperation von Schule und Stadtteil sind informelle Netzwerke von großer Bedeutung. Vertreter/innen der ortsansässigen Institutionen berichten über ein funktionierendes soziales Netz im Stadtteil: Viele Familien lebten seit mehreren Generationen im Stadtteil, man kenne sich und unterstütze sich gegenseitig. Diese funktionierenden sozialen Netzwerke erleichtern auch die Zusammenarbeit der Institutionen:

„Da kann man einfach auch mal die Mutter fragen, die an der Musikschule ist, ob sie noch ne Idee hat, für irgendein Projekt oder wen man ansprechen kann…Oder im Sportbereich, da fehlt ein Übungsleiter und dann wird halt ein Opa gefragt.“ (Schulvertreter/in, ES-WE-SV_4)

Vieles funktioniert über persönliche Beziehungen und Begegnungen. Da man die Schule schlecht telefonisch erreichen kann, gehen die Kooperationspartner bei speziellen Anliegen persönlich vorbei. Wenn andere Institutionen Schulräume für Veranstaltungen nutzen wollen, ist es günstig, wenn der Hausmeister die Vertreter/innen persönlich kennt.

Die Stadtteilinstitutionen mit Angeboten für Kinder und Jugendliche sind im Stadtteiltreff und in einer Arbeitsgruppe für Kinder und Familien verknüpft. Der Stadtteiltreff ist offen für alle Institutionen und Initiativen. Die Koordinator/inn/en versenden immer wieder Einladungen auch an diejenigen, die bisher nicht teilgenommen haben, und geben neuen Institutionen die Möglichkeit, sich in der Runde vorzustellen.

Die langjährige gemeinsame Arbeit hat zu guten persönlichen Kontakten zwischen den Einrichtungen geführt. Als schwierige Phase wird allerdings die Situation bei der Einführung der offenen Ganztagsschule beschrieben, da diese mit der Schließung der auch in der Runde aktiven Horte verbunden war. Generell erschwere die zunehmende Standortkonkurrenz einen Ausbau von Kooperation. Man konzentriere sich auf Themen und Vorhaben, die nicht in das Kerngeschäft der einzelnen Institutionen eingriffen und überlege auch genau, welche Informationen man in die Runde gebe.

4.7 Bewertung der Ergebnisse durch die Akteure

Kooperation zwischen Schule und Stadtteil wird von den Schulvertreter/inne/n, den Eltern und Stadtteilinstitutionen in gewissem Umfang als notwendig angesehen, um Kinder besser zu fördern und ihre Lern- und Erfahrungsmöglichkeiten durch „lebensnahe“ und vielfältige Angebote zu erweitern. Allerdings sei Kooperation auch mit viel Aufwand verbunden und es müsse deshalb abgewogen werden, ob sich die gemeinsame Arbeit auch lohne. Von Seiten der Schule werden die aktuellen Forderungen nach einer Vernetzung von Schule und Stadtteil zum Teil auch als Modethema angesehen, die für den Schulalltag nur begrenzte Relevanz hätten. Befürchtet wird, dass dieser Ansatz eine Art Nothilfeprogramm für Kosteneinsparungen darstelle.
Der Erfolg der Kooperation wird von allen Beteiligten auf der Adressaten- und der Institutionenebene festgemacht, zur Quartiersebene gab es in den Interviews keine Äußerungen. Ein wesentlicher Gradmesser für Erfolg ist die Zufriedenheit der Kinder und auch der Eltern. Nehmen viele Kinder an den gemeinsamen Aktivitäten teil, gehen sie gerne dorthin? Arbeitsgruppen im Ganztag, die den Kindern keinen Spaß machen, werden aus dem Programm genommen:

> „...z.B. solche Sätze, ach, ich muss zur AG, ich habe gar nicht gehört, dass wir dorthin müssen. Oder es gibt Kinder, die schon um 14 Uhr anfangen zu nerven, wann geht es endlich los. Also, wir merken das unmittelbar an den Kindern, was sie wollen und wie sie es wollen.“ (Schulvertreter/in, ES-WE-SV_3)

Darüber hinaus spielt auch die Zufriedenheit der beteiligten Institutionen und ihrer Mitarbeiter/innen eine Rolle. So ist die Schule an Verlässlichkeit und möglichst wenig Organisationsaufwand interessiert. Bei der Organisation der Sport-AGs arbeitet sie gern mit der Koordinationsstelle des Essener Sportbunds zusammen, weil diese z.B. bei Übungsleiterausfall für Vertretung sorgt. Für die Sportvereine ist umgekehrt die Zufriedenheit der Übungsleiter und die Gewinnung zusätzlicher Vereinsmitglieder bzw. zumindest Verringerung des Mitgliederschwundes wichtig. Sie werten es deshalb in Werden als Erfolg, dass viele Kinder im offenen Ganztag sich auch beim örtlichen Sportverein anmelden.

Andere Kooperationspartner machen den Erfolg auch daran fest, ob es zum Beispiel bei gemeinsamen Veranstaltungen im Stadtteil gelingt, die Arbeit auf möglichst viele Schultern zu verteilen. Hier wird, wie oben bereits aufgeführt, teilweise mehr Initiative der Schule vermisst.

Als ausbaufähig wird von der Schule der Bereich Übergänge angesehen, wo es über den bereits jetzt praktizierten Informationsaustausch noch viel Potenzial für gemeinsame konzeptionelle Arbeit gebe.

5 Fallstudie Bremen-Blockdiek

5.1 Merkmale des Quartiers

Das Quartier Blockdiek, Teil des Stadtteils Osterholz, liegt in peripherer, südöstlicher Lage von Bremen und ist ein reines Wohngebiet. Blockdiek entstand zwischen 1965 und 1969 überwiegend aus Geschossbauten im Rahmen des sozialen Wohnungsbaus. Zu Beginn der 90er Jahre wurde das zunehmend als unattraktiv geltende Quartier durch Einfamilien-Reihenhäuser aufgewertet. Weitläufige Grünflächen mit Badeseen in der nahen Umgebung sind schnell und unproblematisch zu erreichen und werden von den Anwohnern geschätzt und genutzt. Auffallend ist jedoch die „Insellage" Blockdieks, da es durch Grünflächen und Autobahn deutlich an zwei Seiten zu anderen Stadtteilen abgegrenzt ist. Das Zentrum von Bremen kann mit öffentlichen Verkehrsmitteln in ca. 30 Min. erreicht werden.

In Blockdiek leben 7022 Einwohner, die Einwohnerdichte liegt mit 60 Einwohnern pro Hektar im oberen Mittel von Bremen[50]. Demgegenüber wird verhältnismäßig viel Fläche (24,6%) als Erholungsfläche ausgewiesen. Nur 0,1% der Fläche wird gewerblich genutzt (ebd.). Die äußere Gestalt und das öffentliche Leben werden durch die Wohnfunktion bestimmt (monofunktionale Struktur). Die aktuelle Arbeitslosenrate mit 17,2 % (30.06.2008) und der Migrantenanteil mit 52,8% sowie der Ausländeranteil mit 18,8% liegen deutlich über dem Bremer Durchschnitt.[51] Das Quartier ist gekennzeichnet durch eine relativ große Homogenität der Bevölkerung mit Migrationshintergrund: Der weitaus größte Teil sind Aussiedler aus Polen und den ehemaligen GUS-Staaten (IfS/ForStaR 2004: 18). Blockdiek entwickelte sich nach und nach zu einem problematischen Stadtteil.

Nach dem Erschließen des Gebietes in den 60er Jahren lebte eine recht homogene Gruppe der Erstbezieher im Stadtteil. Obwohl es an sozialer Infrastruktur fehlte, existierte ein öffentliches Leben im Stadtteil durch selbst organisierte kulturelle und soziale Aktivitäten (Theater etc.). Die Bevölkerung wurde durch Zuzug von Menschen mit Migrationshintergrund stetig heterogener. Gemeinsame Aktivitäten wurden aus der Sicht alteingesessener Bewohner sowohl durch

[50] vgl. Daten des Statistischen Landesamts Bremen vom 31.12.2008; Bremen Kleinräumig Infosystem (http://www.statistik-bremen.de/soev/abfrage.cfm?tabelle= 44901&baumstruktur=ja&netscape=ja&titelname=Bremen%20Kleinr%C3%A4umig%20Infosystem; letzter Zugriff 15.9.10)

[51] vgl. Bremer Ortsteilatlas (http://www.statistik-bremen.de/tabellen /kleinraum/ortsteilatlas/atlas.html; letzter Zugriff 15.9.10)

diese Heterogenität als auch durch den Mangel an öffentlichen und teilöffentlichen Treffpunkten erschwert (Zimmermann 2005:141).

Abbildung 12: Schulen und soziale Einrichtungen in Bremen-Blockdiek (Auswahl)[52]

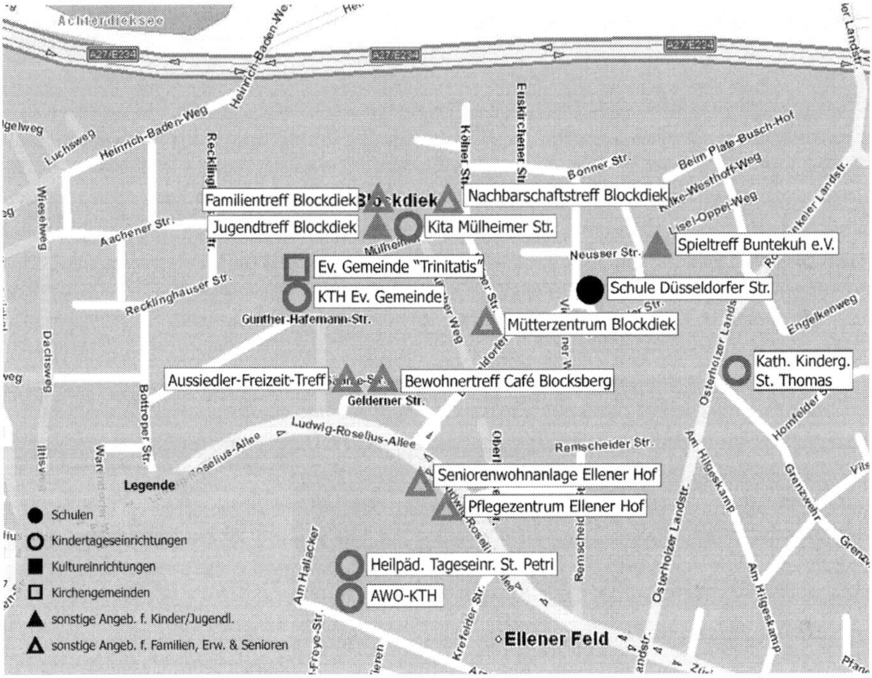

Aufgrund dieser Problemlagen war Blockdiek zwischen 1999 und 2007 Fördergebiet im Bremer Programm „Wohnen in Nachbarschaften" (WiN)[53] und dem Bund-Länder-Programm Soziale Stadt[54]. Als Zielvorgaben wurden unter ande-

[52] Quelle: www.bremen.de (Ortsteilseiten); eigene Darstellung

[53] Das kommunale Handlungsprogramm „Wohnen in Nachbarschaften" (WiN) existiert seit 1998 und verfolgt die Zielsetzung der Quartiersentwicklung, indem es „sowohl investive als auch konsumtive Maßnahmen in Gebieten mit besonderen Entwicklungsbedarfen fördern kann". (http://www.soziales.bremen.de/detail.php?gsid=bremen69.c.2891.de; letzter Zugriff 15.9.10)

[54] „Das Städtebauförderungsprogramm „Stadtteile mit besonderem Entwicklungsbedarf – Soziale Stadt" des Bundesministeriums für Verkehr, Bau und Stadtentwicklung (BMVBS) und der Länder

rem Verbesserungen im Wohnungsbau, Anlage und Neugestaltung von Grün- und Freiflächen, Schaffung von Sport- und Freizeitangeboten, die Weiterentwicklung des Einkaufszentrums und Ansiedlung von Dienstleistungen sowie die Einbeziehung der Bewohner in die Quartiersentwicklung festgelegt (Zimmermann 2005:141f.) Ein mit dem Quartiersmanagement beauftragtes privates Planungsbüro übernahm die Organisation des Bürgerforum Moderation und Geschäftsführung sowie die Verwaltung der Fördermittel. Hauptaufgaben waren die Vernetzungsarbeit im Stadtteil, Vermittlung zwischen Verwaltung und Bürgern sowie Begleitung und Koordination der Einzelprojekte.

Durch die Beteiligung und Einbindung von lokalen Akteuren im Beteiligungsgremium „Forum Blockdiek“ und der Schaffung von Treffpunkten und Angeboten wie eines Stadtteilcafés, eines Mütterzentrums und eines Familientreffs auf dem Gelände der Grundschule konnte die Vernetzung von Bürgern und Institutionen deutlich verbessert werden. Nach Auslaufen der WiN/Soziale Stadt-Förderung wird Blockdiek zum weiteren Ausbau von nachhaltigen Vernetzungsstrukturen noch bis 2011 durch (deutlich reduzierte) Mittel für Projekte und Quartiersberatung unterstützt.

Trotz der Verbesserung der Sozialindikatoren für Blockdiek, der zum Auslaufen der WiN/Soziale Stadt-Förderung geführt hat, stellen die Armutsproblematik, die hohe Arbeitslosigkeit und das Thema des Kindesmissbrauchs nach wie vor zentrale Herausforderungen dar. Nach Auskunft von Stadtteilakteuren führe der hohe Anteil von Migrant/inn/en unter der Blockdieker Bevölkerung zwar nicht zu einer Polarisierung, aber eine echte Integration funktioniere am ehesten in den Kindertagesstätten und der Schule, während die Erwachsenen aneinander vorbei lebten. Als wichtige zukünftige Herausforderung wird deshalb die Ausweitung von Nachbarschaftshilfe und ehrenamtlichem Engagement angesehen.

wurde im Jahr 1999 mit dem Ziel gestartet, die „Abwärtsspirale“ in benachteiligten Stadtteilen aufzuhalten und die Lebensbedingungen vor Ort umfassend zu verbessern (http://www.sozialestadt.de/ /; letzter Zugriff 15.9.10).

Steckbrief: Grundschule Düsseldorfer Straße in Blockdiek

Blockdiek	
Quartiersmerkmale:	*Einwohnerzahl: 7022* *Anteil Nichtdeutsche: 52,8%* *Arbeitslosenquote: 17,2%* *Stadtteilförderung: Bremer Landesprogramm „Wohnen in Nachbarschaften" (WiN); Soziale Stadt*
Grundschule an der Düsseldorfer Straße	
GTS seit:	*Früher Hortbetreuung. Seit 04/05 Ganztagsschule*
Schülerzahlen:	*Im Schuljahr 07/08: 272 Schüler/innen insgesamt – davon 205 im Ganztag*
GTS-Modell/ Zeitkonzept:	*Begonnen mit teilgebundenem Modell. Seit 08/09 vollgebunden; rhythmisierter Schulalltag von 8.00 bis 15.00 Uhr bzw. Montag und Freitag bis 14.00 Uhr. Optional Spätbetreuung bis 16.00 Uhr.*
Ganztagsträger:	*Senatorin für Bildung*
Personal Ganztag:	*9 Mitarbeiterinnen hauptsächlich à 24 Wsdt.; teilweise ausgebildetes Personal (Erzieher/innen, Sozialpädagog/innen/en), teilweise Mütter mit entsprechender Qualifizierung. Ganztagskoordination durch Schulleitung.*

5.2 Entwicklung der Ganztagsschule

Die Grundschule Düsseldorfer Straße, einzige Schule des Ortsteils, liegt zentral in unmittelbarer Nachbarschaft zum Einkaufszentrum, einer Kindertagesstätte und weiteren sozialen Einrichtungen. Vor Einführung der Ganztagsschule erfolgte die Nachmittagsbetreuung eines Teils der Kinder durch einen Hort auf dem Schulgelände. Seit 2004/05 ist die Schule (350 Schüler) *teilgebundene* Ganztagsschule. Aufgrund der stetigen Zunahme der Nachfrage nach Ganztagsplätzen wurden 2008/09 erstmals alle neuen ersten Klassen als Ganztagsklassen eingerichtet. Die Schüler/innen der Ganztagsklassen bleiben von Dienstag bis Donnerstag von 8-15 Uhr, am Montag und Freitag von 8 bis 14 Uhr in der Schule; ergänzend wird eine Spätbetreuung bis 16 Uhr angeboten.

Im Unterschied zur zweiten Bremer Untersuchungsschule wurde an der Düsseldorfer Straße kein Jugendhilfeträger für die Organisation des außerunterrichtlichen Bereichs eingebunden; vielmehr erfolgt die gesamte Organisation durch die Schule selbst und das Senatsressort für Bildung.

Die Schule verfügt über neun pädagogische Mitarbeiter/innen mit unterschiedlichen Stundenzahlen; die Mehrzahl arbeitet 24 Wochenstunden. Ein Teil der pädagogischen Mitarbeiter/innen verfügt über eine Ausbildung als Erzieher/in oder Sozialpädagoge/in, es gibt aber auch eine Reihe von Müttern, die sich für diese Tätigkeit weiterqualifiziert haben. Jeweils ein/e pädagogische/r Mitarbeiter-/in arbeitet mit dem/der Klassenlehrer/in und dem/der für die Klasse zuständigen Fachlehrer/in in einem Klassenteam zusammen. Die Organisation des Ganztags hat sich im Zeitverlauf von einem additiven zu einem *integrierten Modell* verändert: Während bei Beginn analog zur vorherigen Arbeitsteilung mit dem Hort eine Trennung zwischen Unterricht durch die Lehrer/innen am Vormittag und Betreuung durch die pädagogischen Mitarbeiter/innen am Nachmittag praktiziert wurde, hat sich inzwischen ein rhythmisierter Tagesablauf entwickelt:

> „…wir hatten ja mal einen Hort an der Schule und da war das wirklich so, dass wir gesagt haben, wir sitzen jetzt gemeinsam hier und wenn wir zusammenschieben, machen wir den Vormittag, ihr den Nachmittag und darüber hängen wir ′Ganztagsschule`. Und da haben wir gemerkt, das läuft so nicht. Und es ist eben dabei, sich immer weiter zu verzahnen.“ (Schulvertreter/in, HB-BL-SV_2)

Vor allem in der ersten und zweiten Klasse finden einige Stunden in Doppelbesetzung statt. Als besonders notwendig wird diese Doppelbesetzung beim Mittagessen empfunden, in geringerem Umfang findet sie auch in Fachstunden statt.

Der Austausch mit den pädagogischen Fachkräften hat nach Aussagen eines/r Interviewpartners/in den Blick auf die Kinder erweitert:

> „Ich finde es ganz, ganz wichtig, immer wieder die andere Sicht auf das Kind zu sehen. Natürlich haben wir als Grundschulpädagogen gelernt nicht nur die Leistung des Kindes zu sehen, sondern auch die ganze Entwicklung des Kindes. Aber diese Unterstützung durch die Erzieherkollegen ist eine ganz wertvolle gewesen, denn man lernt ganz anders zu schauen. Ich habe davon immer nur ungeheuer profitiert.“ (Schulvertreter/in, HB-BL-SV_2)

Allerdings hätten die Lehrer/innen im Laufe der Ganztagsschulentwicklung erst lernen müssen, die pädagogischen Fachkräfte auch als Partner anzuerkennen:

> „Was wir lernen mussten, ist uns wirklich zurückzunehmen und nicht zu sagen, dass der Klassenlehrer die Taktung vorgibt – wenn man wirklich ein gemeinsames Ziel vor Augen hat, dann muss man auch die gemeinsame Planung übernehmen. Da muss wirklich eine Abstimmung sein und man kann nicht sagen, hier ist mein Teil und da ist dein Teil. Das war am Anfang sicher hier und da mal so – es hat eine Weile gedauert, bis wir da aufeinander zugegangen sind." (Schulvertreter/in, HB-BL-SV_2)

Wesentlich zu diesem Prozess beigetragen hätten regelmäßige Abstimmungsrunden: Für die Koordination ist für den/die Klassenlehrer/in und den/die zugeordnete pädagogische Mitarbeiter/in eine Kooperationsstunde in den Stundenplan eingebaut. Eine übergeordnete Abstimmung findet in der Gesamtkonferenz statt, in der alle Lehrer/innen und pädagogischen Mitarbeiter/innen vertreten sind. Auf Wunsch der pädagogischen Fachkräfte wurde darüber hinaus ein eigenes Abstimmungsgremium für diese Mitarbeitergruppe institutionalisiert.

Unterrichts- und Betreuungszeiten werden nahezu vollständig durch die Klassenteams abgedeckt. Die Schule bemüht sich aber, etwa durch gemeinsame Projekte u.a. mit Kulturinstitutionen und Nutzung außerschulischer Lernorte ihren Schüler/inne/n auch Impulse von außen zugänglich zu machen.

5.3 Kooperations- und Koordinationsstrukturen

Die Schule Düsseldorfer Straße arbeitet mit einem breiten Spektrum von Partnern bilateral und/oder in Stadtteilarbeitskreisen zusammen. Dabei nehmen die Gestaltung des Schulalltages und die Stadtteilarbeit besonders breiten Raum ein. Mit den Partnern die sie als die wichtigsten einstuft, dem Jugendhilfeträger Hans-Wendt-Stiftung und den Kitas, kooperiert die Schule aber auch in den Bereichen Einzelfallunterstützung und Übergänge.

Abbildung 13: Kooperationspartner der Grundschule Düsseldorfer Straße (kumulierte Netzwerkkarte)[55] (0-4: Wichtigkeitsgrad der Kooperation (4=sehr wichtig))

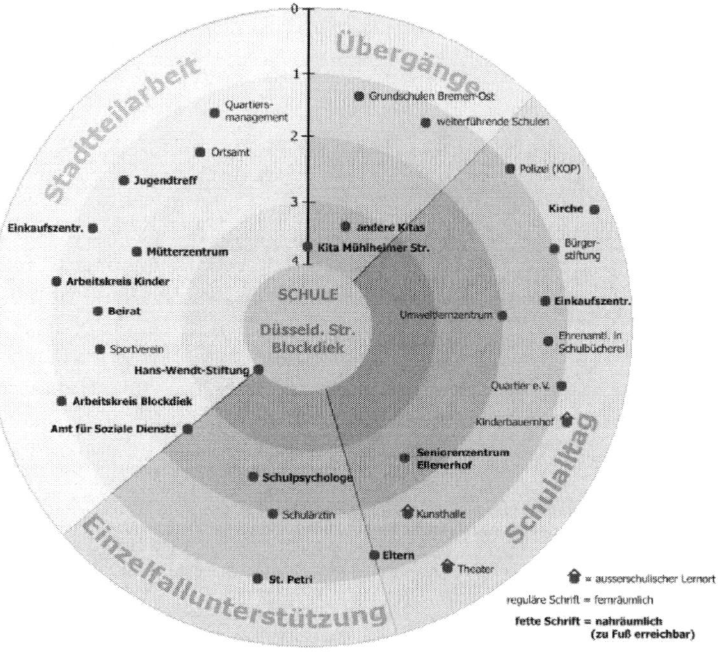

a) Gestaltung des Schulalltags

Zur anregenden Gestaltung des Schulalltags kooperiert die Schule mit zahlreichen Institutionen und einigen Ehrenamtlern. So werden regelmäßig Umweltprojekte mit der *Umweltlernwerkstatt* und Kunstprojekte mit der städtischen *Kunsthalle* (die Schule ist offizielle Partnerschule der Kunsthalle) und dem Kulturverein *Quartier e.V.* durchgeführt. Der örtliche *Kontaktpolizist* besucht regelmäßig die Klassen, die Einführungsgottesdienste finden in den *Kirchen* statt, *Kinderbauernhof* und *Theater* werden als außerschulische Lernorte genutzt. Besuche solcher außerschulischen Lernorte sind häufig nur möglich, wenn sich *Eltern* als Begleitpersonen zur Verfügung stellen. *Ehrenamtliche* unterstützen die Schule

[55] Quelle: Interviews mit Schulvertreter/inne/n; eigene Darstellung

als Trainer/innen einer Fußball-AG, als Mitarbeiter/innen in der Schulbücherei und als Lesepat/inn/en – zu letzteren gehören dabei Bewohner/innen des benachbarten *Seniorenzentrums*.

Die Kooperationsbeziehungen in diesem Bereich sind überwiegend einseitig: Die Schule nutzt zur Bereicherung des Schulalltages Angebote ihrer Partnerinstitutionen bzw. greift auf Unterstützung von Eltern und Ehrenamtlern zurück. Eine Ausnahme stellen die Kooperationen mit dem Seniorenzentrum und dem Einkaufszentrum dar: Im Seniorenzentrum sind die Schüler/innen zum Beispiel mit einem Musikprogramm aufgetreten oder haben in einem Projekt einfache Dienstleistungen für die älteren Menschen angeboten. Für das *Einkaufzentrum* haben die Schüler/innen (in einer einmaligen Aktion) Werbeplakate und Dekorationen angefertigt, umgekehrt haben die Kaufleute die Schule mit Spenden unterstützt.

Von schulischer Seite werden die Kooperationsbeziehungen in diesem Bereich schwerpunktmäßig von den Lehrer/inne/n und pädagogischen Fachkräften gestaltet, die Kunstprojekte z.B. eigenverantwortlich von den Kunstlehrer/inne/n. Eine wichtige Anlaufstelle sowohl für außerschulische Partner als auch für Ehrenamtler stellen aber auch die Schulleitung und die Schulsekretärin dar: Im Unterschied zu anderen Untersuchungsquartieren, in denen Partner über die schlechte Erreichbarkeit der Schule klagen, ist in Blockdiek das Schulsekretariat jeden Tag besetzt und Fragen können in der Regel kurzfristig geklärt werden.

Es fällt auf, dass die Schule in diesem Bereich zwar relativ viele Partner hat, dass aber keiner der Partner von den Interviewpartner/inne/n als sehr wichtig eingestuft wurde. Die hervorgehobene Stellung des Seniorenzentrums erklärt sich daraus, dass dieses als zum Zeitpunkt der Interviews relativ neuer Partner von den schulischen Akteuren besonders intensiv wahrgenommen wurde.

Die Entwicklung zur Ganztagsschule hat nach Aussage aller Schulvertreter/innen mehr zeitlichen Spielraum für die Nutzung außerunterrichtlicher Lernorte und Zusammenarbeit mit sich gebracht. Dadurch war es möglich, die Zusammenarbeit mit einigen Partnern auszuweiten, einige neue sind dazugekommen. Einen weiteren Ausbau der außerschulischen bzw. unterrichtsbezogenen Aktivitäten hält die Schule durchaus für wünschenswert, sieht aber zwei Engpässe: Zum einen verfüge man nicht über genügend Mittel für Honorarkräfte. Die gegenwärtig anfallenden Honorare werden aus Sondermitteln für Brennpunktschulen bestritten, im Rahmen des Ganztagsschulbudgets würden Honorarmittel nur bei einer Umwidmung von Mitteln für pädagogische Fachkräfte zur Verfügung stehen. Zum anderen weist die Schule auf die Schwierigkeit hin, in einem sozial benachteiligten Stadtteil geeignete Ehrenamtler zu finden, die Geschick im Umgang mit Kindern hätten und zuverlässig seien:

> „Bei uns ist das ganz klein im Werden…Unser Umfeld ist leider nicht so, dass Eltern so viel an Qualifikationen haben, dass sie sagen, ich könnte mir vorstellen, dass…“. (Schulvertreter/in, HB-BL-SV_2)

Zur Gewinnung von Ehrenamtlern arbeitet die Schule deshalb mit der Bremer *Bürgerstiftung* zusammen. Aber auch die Schule muss den Ehrenamtlern eine gewisse Betreuung bieten:

> „Es muss eben auch von den Kollegen, die das haben, so ein Ohr extra da sein. Nicht nur, was brauchen meine Kinder, sondern auch, was brauchen die älteren Herrschaften.“ (Schulvertreter/in, HB-BL-SV_2)

Die Netzwerkkarte gibt nur einen Einblick in realisierte Kooperationen, wichtigen Aufschluss über die Erfolgsbedingungen der Kooperation von Schule und Stadtteil können auch *gescheiterte Kooperationen* geben. So hat in Blockdiek der örtliche Sportverein in der Anfangszeit die Trainerin der Fußball-AG finanziert, dieses Engagement aber abgebrochen, als klar wurde, dass er seine damit verfolgten Ziele – Gewinnung zusätzlicher Mitglieder – nicht erreichen konnte. Die Fußball-AG konnte nur weitergeführt werden, weil die Trainerin ehrenamtlich weiter für die Schule tätig ist.

Zum Teil stellen gemeinsame Projekte mit der Schule auch eine zu große zeitliche Belastung für andere Institutionen dar bzw. passen nicht in deren organisatorischen Ablauf: Mit einer Behindertenwerkstätte, deren Gelände unmittelbar an den Schulhof grenzt, hat die Schulleitung zwar Einverständnis erzielt, dass eine Zusammenarbeit wünschenswert wäre, gemeinsame Aktivitäten kamen aber nach Aussage der Schulvertreter/innen nicht zustande, weil diese den Produktionsablauf in der Werkstätte zu sehr stören würden.

b) Übergänge gestalten

Die *Kindertagesstätten* im Quartier gehören zu den wichtigsten Partnern der Schule. Eine herausgehobene Rolle spielt die *Kita Mühlheimer Straße*, deren Gelände direkt an den Schulhof grenzt und deren Kinder fast alle später die Schule Düsseldorfer Straße besuchen. Schule und Kita unterstützen sich gegenseitig unbürokratisch: Man nutzt für Projekte wechselseitig die Räume der anderen Einrichtung und die bereits ab sieben Uhr geöffnete Kita übernimmt im Bedarfsfall die Frühbetreuung für Schulkinder.

Besonders eng ist die Zusammenarbeit zwischen Kindergärten und Schule im zweiten Halbjahr, wenn das zuständige Mitglied der Schulleitung regelmäßig die Kindergärten besucht, um sich über die Vorschulkinder und eventuell laufende oder notwendige Fördermaßnahmen zu informieren. Die benachbarte Kita Mühlheimer Straße hat ein besonders weitgehendes Konzept für den Übergang Kita-Schule entwickelt und mit Schulleitung und Lehrkräften abgestimmt. Im letzten halben Jahr vor der Einschulung erkunden die Kita-Mitarbeiter/innen mit den Vorschulkindern die gesamte Schule und nutzen regelmäßig einen Raum in der Schule, damit diese für die Kinder zu einem vertrauten Ort wird. Zusätzlich hat es sich in den letzten Jahren eingespielt, dass die Schule mit den Kita-Gruppenleiter/inne/n über die Klassenzusammensetzung berät.

Mit den übrigen sechs *Grundschulen* in Bremen-Ost findet ein vom Bildungsressort organisierter Austausch statt. Gemeinsam mit den *weiterführenden Schulen* wird versucht dem Trend entgegenzuwirken, dass die Eltern ihre Kinder ab der fünften Klasse an einer Schule außerhalb des Stadtteils anmelden.

c) Stadtteilarbeit

Besonders breiten Raum nehmen in Blockdiek die Kooperationen zur *Stadtteilarbeit* ein. In Blockdiek haben sich verschiedene – enger oder loser miteinander verknüpfte – Quartiersnetzwerke gebildet, in die zum Teil auch die Schule eingebunden ist. Ziel ist die Belebung des Quartiers und die Verbesserung der Lebensbedingungen für Kinder, Familien und andere Stadtteilbewohner/innen. Neben der Stärkung nach innen durch Schaffung eines Quartiersbewusstseins soll auch die Außenwahrnehmung des Quartiers verbessert werden.

Im Forum und im *Arbeitskreis Blockdiek* arbeiten Bürger und ortsansässige Institutionen zur Aufwertung des Quartiers zusammen. Im *Arbeitskreis Kinder* sind alle Stadtteilinstitutionen, die mit Kindern, Familien arbeiten, vertreten: Kitas, die Grundschule, Jugendhilfeträger, Kinder- und Jugendgesundheitsdienst, Amt für Soziale Dienste etc. Während der Arbeitskreis Blockdiek schwerpunktmäßig dem Informationsaustausch dient, hat sich der Arbeitskreis Kinder in den letzten Jahren stärker zu einem Gremium zur Initiierung von Kooperationsprojekten und gemeinsamen Interessenvertretung entwickelt. So wird gemeinsam ein Ferienprogramm und ein Sommerfest organisiert. Der Arbeitskreis hat die Gründung eines Mütterzentrums angestoßen und die Einrichtung eines Familientreffs mit verschiedenen Elternbildungs- und Beratungsangeboten auf dem Schulgelände sowie seine Weiterentwicklung zu einem Quartiersbildungszentrum begleitet.

Die Arbeitskreise „Blockdiek“ und „Kinder“ wurden bereits Anfang der achtziger Jahre aufgebaut, allerdings zunächst ohne Beteiligung der Schule. Das stärkere Engagement der Schule seit Ende der neunziger Jahre wird von vielen befragten Akteuren auf den Wechsel der Schulleitung 1997 zurückgeführt. Der neue Schulleiter brachte Erfahrungen mit der Kooperation Schule-Stadtteil aus seinem vorherigen Einsatzort mit und orientierte sich an der 1994 ins Bremer Schulgesetz eingefügten Vorgabe zur Öffnung der Schule zum Stadtteil. Er stieß in Blockdiek auf Partner, die bereits gut untereinander vernetzt waren und Interesse an einer intensiveren Kooperation hatten. Gleichzeitig bot die Aufnahme des Quartiers in die Programme WiN und Soziale Stadt zum einen die Möglichkeit Mittel für Kooperationsprojekte zu akquirieren, die auch zur Aufwertung der Schule beitrugen, zum anderen trug die Einsetzung des Quartiersmanagements zur Professionalisierung der Kooperation bei. Der Schulleiter war zusammen mit der Hans-Wendt-Stiftung wesentlicher Promotor der Schaffung des Familientreffs und des Quartiersbildungszentrums. Die Öffnung zum Stadtteil ist im Schulprogramm verankert.

Eine regelmäßige Teilnahme etwa am Arbeitskreis Kinder konnte der Schulleiter aber zunächst wegen seiner Unterrichtsverpflichtungen nicht realisieren, was die Beziehungen zu den anderen Institutionen durchaus belastete:

> „Selbst, wenn es im Arbeitskreis Kinder um Schulkinder gehen sollte, war es nicht möglich, jemanden von der Schule hinzuzubekommen. Schule war ein rotes Tuch schon für manche im AK. Da herrschten Aversionen auch: "Nie kommt die Schule". Und umgekehrt gab es Aussagen, die haben Zeit, sich freitags morgens hinzusetzen – ich muss dann Unterricht machen. Ich bin Schulleiter und ich habe 14 Stunden Zeit pro Woche, die Schule zu organisieren und hab ansonsten Unterricht. Das sind alle Leiterinnen, die freigestellt sind im AK Kinder, die ihre Zeiten legen können. Es sind immer Vorurteile gewesen. Es ist immer nur die halbe Wahrheit, denn es gibt im AK Kinder Leiterinnen, die haben Freitag frei und kommen in ihrer Freizeit. Aber die haben die Zeit und der Schulleiter hat die Zeit nicht." (Vertreter/in Kooperationspartner, HB-BL-KP_8)

Zur Entspannung der Situation war es notwendig, dass alle Arbeitskreismitglieder auch die zeitlichen Zwänge der anderen anerkennen. Schließlich wurde der Ort für das regelmäßige Treffen in den für den Schulleiter schnell erreichbaren Familientreff verlegt, umgekehrt bemühte sich der Schulleiter, seine Freistunden auf den Freitag zu konzentrieren, an dem sich der Arbeitskreis trifft.

Die aktivste Rolle spielt die Schule im Netzwerk rund um den auf dem Schulgelände entstandenen Familientreff. Gemeinsam mit einem Jugendhilfeträger, der *Hans-Wendt-Stiftung*, und dem örtlichen Sozialzentrum des *Amts für Soziale Dienste* wurden – mit Fördermitteln aus den Programmen WiN und Soziale Stadt – in einem Anbau multifunktional genutzte Räume für niedrigschwellige Beratungs- und Bildungsangebote sowie Elterntreffs errichtet. Das Programm umfasst regelmäßige pädagogische Angebote für Eltern (z.B. HIPPY[56], Elterntraining), Beratungsangebote (Schulpsychologischer Dienst, Amt für Soziale Dienste), darüber hinaus stellt der Familientreff seine Räumlichkeiten für selbstorganisierte Elterntreffs zur Verfügung. Die im Familientreff mit einem Büro vertretene Familienhilfe der Hans-Wendt-Stiftung organisiert gemeinsam mit dem Schulsekretariat die Raumnutzung. Alle beteiligten Institutionen bilden gemeinsam mit der *Kita Mühlheimer Straße* eine Projektgruppe, die die Angebote koordiniert. Im Laufe der Zusammenarbeit hat sich die Kooperation von der Abstimmung über organisatorische Fragen zum inhaltlichen Austausch über Bedarfe im Quartier und die besten Zugänge zu schwer erreichbaren Familien entwickelt. 2009 wurde unter Einbeziehung weiterer Partner (z.B. Kinder- und Jugendgesundheitsdienst) mit der Weiterentwicklung zu einem Quartiersbildungszentrum mit Angeboten für alle Generationen und Aktivitäten zur Stärkung der Nachbarschaftshilfe begonnen. Durch die Schaffung von Quartiersbildungszentren soll in verschiedenen strukturschwachen Quartieren in Bremen die Zusammenarbeit von Schulen mit Kindertageseinrichtungen, Sozialdiensten, Gesundheitsfürsorge und Trägern der freien Jugendhilfe verbessert werden. Ziel ist die Verbesserung der Situation von Kindern und Jugendlichen und die Reduzierung der Kopplung von sozialer Herkunft und Bildungserfolg (Bremer Schulentwicklungsplan 2008: 98/99). Für den Familientreff bedeutet diese Weiterentwicklung eine Erweiterung seiner Räumlichkeiten und eine Professionalisierung seiner Arbeit durch die Einstellung eines hauptamtlichen Koordinators.

Als wichtige Partner betrachtet die Schule neben den genannten Institutionen und Gremien auch Stadtteilverwaltung und -parlament (*Ortsamt und Beirat*) und das *Quartiersmanagement*. Vor allem die Unterstützung durch das zunächst im Quartiersmanagement und dann noch bis Anfang 2009 in der Quartiersberatung tätige Planungsbüro wird hervorgehoben, das die Arbeit der verschiedenen Gremien koordinierte, die Stadtteilinstitutionen bei der Mittelakquise unterstützte und den Informationsaustausch zwischen Quartier und den zuständigen Ressorts sicherstellte.

Im Rahmen ihrer Stadtteilarbeit stellt die Schule auch ihre Räumlichkeiten für Angebote anderer Institutionen zur Verfügung: So hat das *Mütterzentrum* auf dem Schulgelände einen Fahrradkurs für Mütter angeboten und der örtliche *Sportverein* nutzt die Schulturnhalle. Die Zusammenarbeit mit dem *Jugendtreff*

[56] HIPPY steht für „Home Instruction for Parents of Preschool Youngsters" und beinhaltet ein Familienbildungsprogramm, das bildungsbenachteiligte Eltern mit Kindern im Alter von 3 bis 6 Jahren darin unterstützt, die Entwicklung ihrer Kinder im häuslichen Umfeld zu fördern. (http://www.hippy-deutschland.de/organisation.php; letzter Zugriff 15.9.10).

beschränkt sich auf den Austausch im Arbeitskreis Kinder und gegenseitige Einladungen zu Festen.

Neben dem dreiköpfigen Schulleitungsteam, das arbeitsteilig in den Stadtteilgremien vertreten ist, erfolgt die Verknüpfung zum Stadtteil auch durch eine in der Nachbarschaft wohnende pädagogische Mitarbeiterin, die sich bereits vor ihrer Tätigkeit an der Schule intensiv im Quartier engagiert hat und unter anderem bis Ende 2008 Vorsitzende des Quartiersrats war. Eine weitere wichtige Rolle spielt wiederum die Schulsekretärin, die oft erste Ansprechpartnerin für Eltern und Anlaufstelle für Anfragen zur Nutzung des Familienzentrums ist.

Konflikte zwischen der Schule und ihren Partnerinstitutionen im Quartier hat es immer wieder um die Nutzung des Schulgeländes gegeben. Zwar wurde das weitläufige Schulgelände im Rahmen des WiN/Soziale Stadt-Programms zunehmend für die Nutzung durch Stadtteilbewohner/innen geöffnet und die Schulleitung begrüßt es, dass sich Nachbarn dort abends oder am Wochenende zum Grillen treffen. Aus Furcht vor Vandalismus begrenzt sie den Zugang aber auf wenige Stellen. So wurde, um Jugendlichen einen direkten Zugang in den hinteren Teil des Geländes zu verwehren, vor einigen Jahren ein 2,20 Meter hoher Zaun zwischen Kita- und Schulgelände gezogen und diese Maßnahme auch trotz vehementen Protests der für Offenheit plädierenden Kita und anderer Stadtteilinstitutionen nicht rückgängig gemacht.

Die Nutzung von Gebäuden auf dem Schulgelände wird durch die begrenzten Hausmeisterressourcen erschwert. Die neue Mensa wurde zwar bewusst – und mit ergänzenden Mitteln aus den Programmen WiN/Soziale Stadt – als multifunktionales Gebäude errichtet, das auch als Versammlungsraum für das Quartier dienen sollte. Regelmäßige Treffen von Quartiersarbeitskreisen konnten dort aber nicht stattfinden, weil der Hausmeister nur bis 16 Uhr arbeitet. Beim Gebäude des Familientreffs konnte eine Nutzung auch abends und in den Schulferien durch den Einsatz der Mitarbeiter der Hans-Wendt-Stiftung und die Vergabe von Schlüsseln an Nutzergruppen gelöst werden.

Die Schule selbst berichtet auch, dass sie in diesem Bereich eigene Hemmschwellen überwinden musste:

> „Die ersten zwei, drei Jahre habe ich gedacht, das sind doch unsere Schulräume und jetzt kommen immer mehr, die die Räume nutzen wollen. Ich habe gedacht, der Spielraum der Schulen wird immer kleiner, wir haben kaum noch die Möglichkeit für uns einen schönen Raum zu nutzen. Hat sich dann letztlich aber in Luft aufgelöst, aber schon so, dass ich merke, dass ich am Anfang doch die Schulsicht viel stärker hatte. Weil ich gedacht habe, wir sind hier die "Hausherren" und die anderen sind "Gäste". In meinem Bewusstsein hat sich das inzwischen deutlich verändert, dass ich die Leute inzwischen auch als gleichberechtigte Partner ansehe und der Familientreff ist jetzt nicht mehr Schulraum, sondern ein Raum des Familientreffs und

> da sind Leute, die gemeinsam entscheiden, was machen wir damit und wie gehen wir damit um.“ (Schulvertreter/in, HB-BL-SV_1)

Die Stadtteilnetzwerke basieren zu einem hohen Grad auf Selbstorganisation. Der Arbeitskreis und das Forum „Blockdiek“ werden – seit Wegfall des Quartiersmanagements – von einem ehrenamtlichen Quartiersrat koordiniert. Im Arbeitskreis Kinder wird gemeinsam eine Jahresplanung erarbeitet und Einladungen und Protokolle zu den Sitzungen dann abwechselnd von den Teilnehmern verschickt. Auch beim Familientreff gab es keinen freigestellten Koordinator, vielmehr wurde die Nutzung vor Schaffung des Quartiersbildungszentrums von den Mitarbeitern der Hans-Wendt-Stiftung und dem Schulsekretariat organisiert.

Zentrale Grundlagen für die heutige Arbeit wurden allerdings während der Jahre als WiN/Soziale-Stadt Fördergebiet durch das Quartiersmanagement gelegt. Das Quartiersmanagement habe zu einer Professionalisierung und stärkeren Zielorientierung der Arbeit beigetragen:

> „Wir sind sicherlich professioneller geworden. Hängt sicherlich an einzelnen Personen, aber auch daran, dass wenn man zwei Stadtteilkoordinatoren hier hat als Fachfrauen, dass sich das darüber auch ergibt, dass man darüber auch ein Coaching erfährt miteinander, um Themen zu platzieren, miteinander zu erarbeiten und letztendlich auch was zu bewegen.“ (Vertreter/in Kooperationspartner, HB-BL-KP_9)

Der Wegfall des Quartiersmanagements nach Ende der Förderperiode wurde denn auch als Beeinträchtigung der gemeinsamen Arbeit wahrgenommen. Die einzelnen Gremien arbeiteten zwar weiter, aber es fehle ein Bindeglied zwischen ihnen und der Informationsaustausch von Ressorts und Stadtteil sei deutlich stockender geworden. Bewohner/innen, die ehrenamtlich Koordinationsaufgaben übernommen haben, stießen zum einen schnell an zeitliche Grenzen, zum anderen funktionierte die Zusammenarbeit mit den Ressorts stockender.

Generell erfordern der Aufbau und die Verstetigung von Netzwerkstrukturen ein hohes persönliches Engagement aller Beteiligten. Da Quartiersarbeit jedoch in den wenigsten Fällen zu den regulären Arbeitsaufgaben gehört und selbst wenn das der Fall ist, aufgrund der Arbeitsverdichtung im sozialen Bereich oft mit anderen Verpflichtungen kollidiert, bedeutet persönliches Engagement häufig auch den Einsatz außerhalb der eigenen Arbeitszeit. Der Schulleiter schätzt den zusätzlichen Arbeitsaufwand auf fünf bis zehn Stunden wöchentlich.

> „Wir sitzen da alle, obwohl wir keine Freistellung dafür bekommen. Weder die Schule noch ich noch andere…Es wird zwar theoretisch erwartet, dass man stadtteilorientiert arbeitet, aber das heißt im Klartext wir machen das in unserer Freizeit.

> Weil mein Arbeitsbereich gibt dafür die Stunden nicht her." (Vertreter/in Kooperationspartner, HB-BL-KP_9)

Im Rahmen der Entwicklung zum Quartiersbildungszentrum konnte 2009 eine halbe Stelle für einen „Zentrumsmanager" geschaffen werden, der neben dem Aufbau des Zentrums auch weitere Koordinationsaufgaben im Quartier übernimmt.

Auf die Frage nach Auswirkungen der Ganztagsschulentwicklungen auf die Vernetzung nehmen die Beteiligten zunächst einmal keinen Zusammenhang wahr. Die Schule habe bereits vor der Entwicklung zur Ganztagsschule begonnen, sich zum Quartier zu öffnen. Es fällt aber auf, dass sich parallel zur Ganztagsschulentwicklung das Engagement der Schule weiter verstärkt hat, z.B. durch regelmäßige Mitarbeit im Arbeitskreis Kinder und ein stärkeres Eingehen auf die Anliegen der anderen Institutionen im Quartier.

Als die Netzwerkarbeit begünstigende Auswirkung der Ganztagsschule wird auch in diesem Bereich die längere Öffnungszeit angesehen. Da die Schule Lehrerarbeitsräume einrichten konnte, sind zum Teil auch Lehrer/innen am Nachmittag anwesend, die keinen Unterricht haben, und damit für Eltern und Kooperationspartner leichter ansprechbar.

Zum anderen haben Schulleitung und Lehrer/innen – so wird übereinstimmend sowohl von Vertreter/inne/n der Schule als auch von Partnern berichtet – durch die Erfahrungen als Ganztagsschule einen ganzheitlicheren Blick auf die Kinder und damit auch auf deren Familie und Lebensumfeld entwickelt. Damit sei auch das Interesse am Austausch mit Partnern gewachsen, die besondere Kompetenzen auf diesen Gebieten mitbrächten.

d) Einzelfallunterstützung

Da viele der Schüler/innen aufgrund von Sprachproblemen oder häuslicher Problematiken einen erhöhten Förderbedarf haben, arbeitet die Schule zur einzelfallbezogenen Förderung darüber hinaus seit langem eng mit Jugendhilfeträgern, dem *Amt für Soziale Dienste* und der *Schulärztin* zusammen und zwar sowohl auf der Leitungs- als auch auf der Arbeitsebene. Nach Einschätzung der beteiligten Akteure ist diese Zusammenarbeit durch die Schaffung des Familientreffs und der dadurch gegebenen Vor-Ort-Präsenz der *Hans-Wendt-Stiftung*, des *Schulpsychologen* und des Amts für Soziale Dienste deutlich erleichtert worden, weil Lehrer/innen Eltern dorthin verweisen oder vorbei bringen können und auch sich selbst kurzfristig Rat holen können:

> „…da kommen Lehrer manchmal mit Mutter, Vater oder Kind rüber und sagen, wir haben ein Problem. Und da wird ein Termin gemacht oder direkt gesprochen. Es ist

> leichter, sich miteinander auszutauschen…Man kann den viel eher mal ansprechen." (Vertreter/in Kooperationspartner, HB-BL-KP_8)

Durch die Ganztagsschulentwicklung ist die Notwendigkeit entstanden, sich gemeinsam über Integrationskonzepte für lernschwache Kinder auseinanderzusetzen. Während diese zu Zeiten der Halbtagsschule zum Teil nachmittags in einer von einem Jugendhilfeträger angebotenen heilpädagogischen Tagesgruppe betreut wurden, müsste jetzt der besondere Förderbedarf in der Schule abgedeckt werden. Die unterschiedlichen Regelsysteme von Jugendhilfe und Schule erschweren hier aber die Verfolgung einer durchgehenden Förderlinie: So wird im Rahmen der Jugendhilfe einzelfallbezogen gefördert. Eltern haben einen Rechtsanspruch und auch Mitwirkungspflichten – nach dem Übergang in die GTS wird dann aber standortbezogen weiter gefördert, d.h. nach einem gewissen Schlüssel werden der Schule Mittel zugewiesen. Das macht es schwierig für Jugendhilfeträger, die für Kinder solche Angebote im Kindergarten unterbreitet haben, diese in der Schule konsequent fortzusetzen.

5.4 Einbindung der Eltern

Eltern werden von der Schule und ihren Partnern schwerpunktmäßig als Zielgruppe angesehen, die man bei einer besseren Förderung ihrer Kinder unterstützen möchte und mit denen man sich mehr Austausch zu Erziehungsfragen wünscht. Hemmschwellen gegenüber der Schule werden vor allem, aber nicht nur bei Menschen mit Sprachbarrieren und anderem kulturellen Hintergrund wahrgenommen. Elternabende, Elternsprechtage und Schulveranstaltungen sind zwar gut besucht, aber es ist schwierig, geeignete Eltern für die freiwillige Mitarbeit im Schulalltag zu gewinnen. So werden Eltern zwar regelmäßig als Begleitpersonen bei Ausflügen eingebunden, aber Lehrer/innen und pädagogische Fachkräfte können nicht immer auf die Verlässlichkeit der Freiwilligen zählen.

Ein besseres Erreichen und Aktivieren von Eltern durch niedrigschwellige Angebote ist ein wesentliches Ziel aller am Arbeitskreis Familie und am Familientreff beteiligten Institutionen. Man tauscht sich regelmäßig darüber aus, mit welchen Angebotsformen und an welchen Orten man die Eltern im Quartier am besten erreicht. Durch die gemeinsame Arbeit soll auch Selbstorganisation gefördert werden; man will nicht nur für die Eltern, sondern mit den Eltern Angebote entwickeln. Dieser aktivierende Ansatz wird aber bei der eigenen Arbeit der einzelnen Institutionen unterschiedlich intensiv verfolgt. So fragt die Kita Mühlheimer Straße regelmäßig Bedarfe von Eltern ab und bemüht sich, Eltern bereits im Vorfeld von Planungen einzubinden. Dagegen wird in der Schule in der Regel so vorgegangen, dass ein Vorhaben entwickelt wird und erst dann die Eltern um Mithilfe gebeten werden. Bei der formellen Beteiligung hat sich die Schule dagegen schon erfolgreich um den Abbau von Hemmschwellen bemüht: So wird auf eine formale Wahl von Elternsprechern verzichtet, weil diese für Eltern immer auch mit der Angst vor Ablehnung verbunden ist; stattdessen werden alle zu Elternsprechern ernannt, die daran Interesse äußern. Ein systematischer Austausch über die verschiedenen Elternbeteiligungsansätze der beteiligten Institutionen findet bis jetzt noch nicht statt, wird aber durchaus als wünschenswert betrachtet.

5.5 Vertikale Kooperationen

Bis zu einem gewissen Grad herrscht die Meinung vor, dass den Aktiven vor Ort von vorgesetzten Behörden genug Freiraum für die Vernetzung im Quartier eingeräumt wird. Eine Vernetzung werde teilweise von den vorgesetzten Behörden ausdrücklich gewünscht und gehöre zu den Arbeitsaufgaben, z.B. beim Kinder- und Jugendgesundheitsdienst. Das bedeutet allerdings nicht, dass zusätzliche Arbeitskapazitäten für diese Tätigkeit bereitgestellt werden, Vernetzungsarbeit wird zum Teil außerhalb der eigenen Arbeitszeit wahrgenommen. Das wird besonders von der Schule betont, die darauf hinweist, dass die Schulbehörde ihr Engagement im Stadtteil lange wenig wahrgenommen habe:

> „Es hat niemanden interessiert, es hat aber auch niemanden gestört.“ (Schulvertreter/in, HB-BL-SV_1)

Neben Wahrnehmung und Wertschätzung ist für die Realisierung größerer Kooperationsprojekte auch konkrete Unterstützung, insbesondere finanzielle Unterstützung, durch die senatorischen Behörden notwendig. In der Vergangenheit wurde dabei die Erfahrung gemacht, dass die Realisierung von gemeinsam entwickelten Konzepten durch die starke Trennung der Ressorts für Bildung und Soziales zumindest verlangsamt wird.

> „Auf der praktischen Ebene vor Ort läuft es wunderbar. Das sagen die Leute, die dort vernetzt tätig sind auch immer wieder: „Auf unserer Arbeitsebene kriegen wir das hin. Aber wenn wir das, was wir an Vernetzung leben…auf der Ebene der Behörde uns wünschen würden, da funktioniert das nicht mehr.“ (Stadtteilvertreter/in, HB-BL-STV_12)

Die zunehmende Thematisierung der Zusammenarbeit von Schule und Jugendhilfe habe allerdings zu ersten positiven Veränderungen geführt. Das von beiden

Ressorts gemeinsam vorangetriebene Pilotprojekt Quartiersbildungszentrum zeigt, wie ein integriertes Vorgehen die Vernetzung von Schule und Stadtteil vorantreiben kann. Die Perspektive Quartiersbildungszentrum und die damit verbundene bessere räumliche und personelle Ausstattung, die nur durch eine Bündelung von Ressourcen beider Ressorts möglich wurde, wird von den Akteuren vor Ort zum einen als Wertschätzung und Würdigung der bisherigen Arbeit verstanden und hat zum anderen einen Prozess der Ausweitung und Intensivierung der bisherigen Netzwerkarbeit durch Einbindung neuer Partner und die Entwicklung gemeinsamer Ansätze zur Stärkung von Selbsthilfe angestoßen.

5.6 Netzwerkkultur

Die Netzwerke in Blockdiek zeichnen sich durch große Offenheit aus: Jeder, der im Quartier lebt oder arbeitet, kann am Forum oder am Arbeitskreis Blockdiek teilnehmen; alle Institutionen, die mit Kindern und Familien arbeiten, sind im Arbeitskreis Familie willkommen.

> „Jeder der in Blockdiek arbeitet oder wohnt, kann da im Prinzip mitmachen. Und da freuen sich alle. Die Netzwerker argwöhnen eher, wenn Leute nicht kommen oder lange nicht da waren, und überlegen dann eher, ob sie den Sitzungstermin verändern sollten, damit die dann auch wieder kommen." (Stadtteilvertreter/in, HB-BL-STV_12)

Quartiersakteure berichten, dass durch die lange Zusammenarbeit das gegenseitige Vertrauen gewachsen sei und große Hilfsbereitschaft untereinander bestehe. Wenn man Informationen von anderen brauche, bekomme man sie, und die Institutionen unterstützten sich auch gegenseitig mit Materialien, z.B. Biertischgarnituren für Feste. Die vertrauensvolle Zusammenarbeit beruhe auf der Einhaltung einiger ungeschriebener Regeln:

- Es wird erwartet, dass man die anderen rechtzeitig über für das gesamte Quartier wichtige Planungen und Termine informiert und diese mit ihnen abstimmt. Bei größeren Vorhaben wie dem Quartiersbildungszentrum hat zwar ein engerer Kreis von Akteuren die Federführung übernommen, aber die Arbeitskreise werden regelmäßig über den aktuellen Stand informiert und zu wichtigen Meilensteinen hinzugezogen. So wurden die Weichenstellungen für das Quartiersbildungszentrum Blockdiek in einem Workshop mit 38 Teilnehmer/inne/n abgestimmt.
- Es wird erwartet, dass man die anderen Partner als gleichwertig betrachtet und ihre Interessen und Bedürfnisse wahrnimmt und berücksichtigt. Dabei

wird gerade das Verhalten der Schule genau beobachtet, weil der Verdacht besteht, dass sie ihren Aufgabenbereich als wichtiger als den von Jugendhilfe oder anderen Partner ansieht (vgl. den unter IV, S. 3 geschilderten Konflikt um eine regelmäßige Teilnahme der Schule am Arbeitskreis Kinder). Es wird aber auch anerkannt, dass eine solche Haltung einen längeren Entwicklungsprozess erfordert:

> „Der Beginn der gemeinsamen Zusammenarbeit mit Schule sah schon für den Arbeitskreis Kinder so aus, dass die Schule ihre Themen platzierte und auch erwartete, dass sie dort von anderen, von uns, Unterstützung bekam, aber das Umgekehrte lief sehr viel schwerfälliger…Das ist, denk′ ich, eine Haltung, die man einfach über die Zeit für sich selber persönlich entwickeln muss, aber auch für seine Institution, für die man da ja letztlich antritt. Sich auch dann mal engagieren, wenn es nicht nur um mein Thema geht…Und das ist auch ein Prozess gewesen…Es hat sich positiv verändert, dass muss man einfach so sehen.“ (Vertreter/in Kooperationspartner, HB-BL-KP_9)

- Konkurrenzen z.B. um die WiN/Soziale-Stadt-Fördermittel werden offen ausgetragen und es wird nach einer einvernehmlichen Lösung gesucht. Diese Vorgehensweise ergibt sich im Rahmen von WiN/Soziale Stadt auch zwingend durch die Regelung, dass die Fördermittelvergabe einen einstimmigen Beschluss des Forums voraussetzt.

Die Solidarität der Institutionen im Quartier untereinander bringt aber auch die Gefahr einer Ausgrenzung von Institutionen in benachbarten Ortsteilen mit sich, die, wie im Fall von weiterführenden Schulen, auch Kinder aus Blockdiek betreuen. Bei der Verteilung der WiN-Mittel hatten weiterführende Schulen einen schweren Stand, wenn sie Gelder für Projekte beantragt haben, und waren auf die Intervention der im Forum vertretenen Bewohner/inn/en angewiesen.

5.7 Bewertung der Ergebnisse durch die Akteure

Die wesentlichen Ergebnisse liegen auf der *Netzwerk- und auf der Institutionenebene:*

Als wesentlichen Erfolg werten nahezu alle Beteiligten, dass sich die eigene professionelle Arbeit durch das genaue Kennenlernen der anderen Institutionen und ihrer Angebote sowie den regelmäßigen Informationsaustausch verbessert habe. Kitas und Schulen könnten einen guten Überblick über Bedarfe im Quartier geben, umgekehrt würden sie über Beratungs- und Förderangebote informiert.

> „Das finde ich sehr interessant, dass man von vielen Institutionen oder Angeboten was mitbekommt, was ich sonst einfach nicht wüsste. Es wäre auch sehr mühselig, sich das alles zusammen zu suchen. Das wird dort thematisiert und da kann man ganz viel weiterverwerten für seine Arbeit". (Vertreter/in Kooperationspartner, HB-BL-KP_10)

Darüber hinaus wird die Entwicklung von gegenseitigem Vertrauen und Unterstützung hervorgehoben:

> „Im Prinzip ist klar, wenn jemand hier in Blockdiek eine Frage hat, die mit Arbeit mit Kindern oder Eltern zu tun hat, da wendet man sich an jemanden der kompetent ist und da findet man auch jemanden. Überhaupt keine Frage... Das, finde ich, ist die Hälfte der Miete. Und das ist nicht so leicht gewesen, das herzustellen. Weil es verschiedene Träger gibt, weil es Konkurrenzen gibt, weil es Animositäten zwischen den verschiedenen Behörden gibt, weil es Traditionen gibt, die dagegen sprechen, dass man zusammenarbeitet. Das ist hier weitgehend überwunden. Das ist ein Riesenerfolg, finde ich. Hat man nicht überall. (Vertreter/in Kooperationspartner, HB-BL-KP_8)

Lehrer/innen würden dadurch entlastet, dass sie bei Problemfällen schnell und unproblematisch selbst im Familientreff Beratung finden bzw. Eltern dorthin verweisen könnten.

Durch die Kooperation sei es gelungen, eine Reihe von gemeinsamen Vorhaben auf den Weg zu bringen, vom jährlichen Sommerfest bis zur Schaffung des Familientreffs und des Quartiersbildungszentrums. Die Möglichkeit, Räume der Partner mitzunutzen, erweitert das eigene Aktivitätsspektrum. Gemeinsam habe man Mittel etwa von einer Bank für ein Matheprojekt in Schule und Kita einwerben können. Bei vielen derartigen Ausschreibungen ist es inzwischen Bedingung bzw. verbessert die Förderchancen, wenn eine Schule solche Projekte nicht allein durchführt, sondern gemeinsam mit Partnern im Quartier.

Trotz dieser Erfolge wird von Kooperationspartnern darauf hingewiesen, dass die Zusammenarbeit in den Arbeitskreisen immer wieder an Grenzen stoße: Man habe viel Erfahrung im Informationsaustausch, aber es gelinge häufig nicht, daraus gemeinsames Handeln zu entwickeln. Viele Ideen könnten wegen Raum- und Ressourcenmangel nicht umgesetzt werden.

Noch ausbaufähig erscheint darüber hinaus das Lernen voneinander, insbesondere im Bereich der Elternarbeit. So hat die Schulleitung zwar Interesse an stärkenorientierten Elternarbeitskonzepten, wie sie von den Jugendhilfeträgern und z.T. auch Kitas praktiziert werden. Ein systematischer Austausch darüber findet aber noch nicht statt.

Die Auswirkungen von Vernetzung und Kooperation auf der *Adressatenebene* sind für die Beteiligten nur schwer abzuschätzen. Beobachtet wurde vor allem der Abbau von Hemmschwellen:

> „Und es ist auch in der Bevölkerung relativ verbreitet, dass es hier einen Familientreff gibt und man hierhin gehen kann. Es gibt Leute, die kommen einfach hierher und fragen, wo sitzt denn der vom Jugendamt. Das spricht sich einfach rum … Man kann auch in die Schule gehen und kriegt dort Antwort über das, was hier läuft. Die werden nicht weggeschickt, nach dem Motto „keine Ahnung, bin ich nicht für zuständig" – das gibt es hier einfach nicht mehr." (Vertreter/in Kooperationspartner, HB-BL-KP_8)

Die Schule werde nicht mehr als „Nur-für-Kinder-Einrichtung" wahrgenommen, sondern als Treff- und Anlaufpunkt im Quartier. So hebt ein/e Elternvertreter/in die Möglichkeit hervor, im Familientreff Räume für selbstorganisierte Eltern-Kind-Gruppen nutzen zu können.

Darüber hinaus wird auf der *Quartiersebene* neben der oben schon erwähnten Ausweitung von Angeboten der Beitrag der Netzwerke zu Identitätsbildung und Außenwirkung hervorgehoben. Es sei stärker ins Bewusstsein gerückt worden, dass Blockdiek ein „liebenswertes" Quartier sei, das viel zu bieten hätte.

6 Fallstudie Bremen-Steintorviertel

6.1 Merkmale des Quartiers

Das Bremer Quartier Steintorviertel (7512 Einwohner/innen[57]) gehört zum Stadtteil Östliche Vorstadt und ist vor allem von der Durchmischung unterschiedlicher Nutzungen geprägt. Eine bunte Vielfalt von Wohnen, kulturellen Angeboten, Arbeitsplätzen, Einzelhandel, Gastronomie und Freizeitangeboten stellt ein typisches Merkmal des Quartiers dar.

Mit 153 Einwohner/inne/n je Hektar (ebd.) stellt das Quartier einen der dichtbesiedelsten Ortsteile Bremens dar. Das Quartier ist durch eine dichte Bebauung (vorrangig Ein- bis Zweifamilienhäuser) geprägt. Das Geschäftsleben und der Verkehr beschränken sich hauptsächlich auf zwei bis drei Hauptstraßen. Die Nebenstraßen sind sehr klein und ruhig gelegen und werden daher nur ge-

[57] vgl. Bremen Kleinräumig Infosystem (http://www.statistik-bremen.de/soev/abfrage.cfm?tabelle=44901&baumstruktur=ja&netscape=ja&titelname=Bremen%20Kleinr%C3%A4umig%20Infosystem; letzter Zugriff 15.9.10)

ringfügig vom Durchgangsverkehr belastet. Dennoch ist das Verkehrsaufkommen auf den Hauptstraßen relativ hoch, was bedingt wird durch den Durchgangsverkehr, die City-nahe Lage und ein hohes Besucheraufkommen nicht zuletzt aufgrund von Fußballspielen im nahe gelegenen Weserstadion. Immerhin 94,5% des Ortsteils machen Siedlungs- und Verkehrsfläche aus.[58] Aus Sicht der Befragten gehen diese Strukturen mit fehlenden Spiel- und Entwicklungsmöglichkeiten für Kinder und Jugendliche einher, was die Bedingungen des Aufwachsens im Ortsteil verschlechtern würde. Benötigt würden deshalb mehr Spielplätze und Sporthallen sowie Verkehrskonzepte, in denen verstärkt die Bedürfnisse von Kindern Berücksichtigung finden.

Abbildung 14: Schulen und soziale Einrichtungen in Bremen-Steintorviertel (Auswahl)[59]

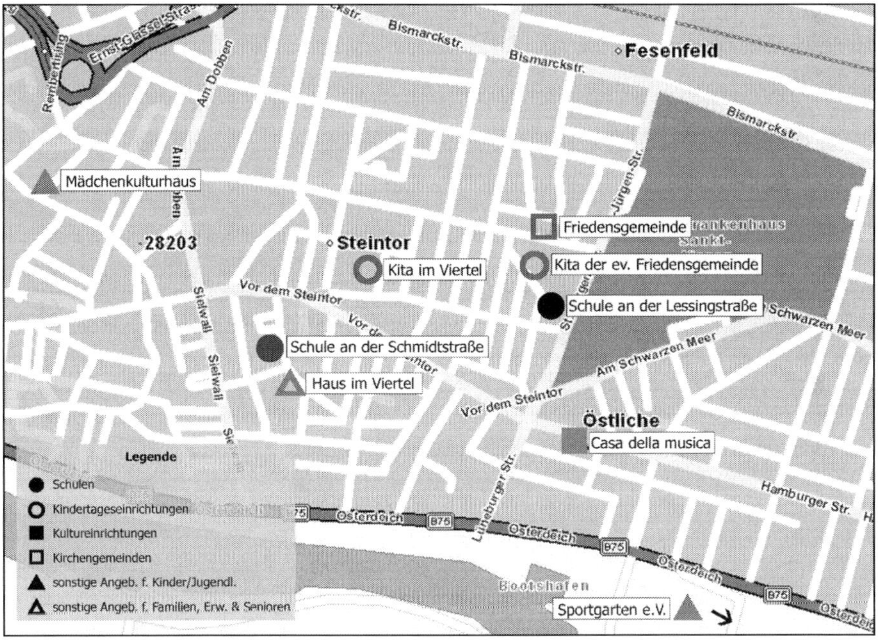

---

58 vgl. Bremer Ortsteilatlas (http://www.statistik-bremen.de/tabellen/kleinraum/ortsteilatlas/atlas.html letzter Zugriff 15.9.10)

59 Quelle: www.bremen.de (Ortsteilseiten); eigene Darstellung

Die Sozialstruktur des Stadtteils zeichnet sich insgesamt durch eine relativ junge Bewohnerschaft aus. Das Durchschnittsalter beträgt 40,2 Jahre und liegt damit unter dem Bremer Durchschnitt von 43,7 Jahren. Während die Arbeitslosenquote von 15,2% den Bremer Durchschnitt von 13,7 % überschreitet, liegt der Anteil der Hilfebedürftigen nach SGB II mit 12,3% deutlich unter dem Bremer Durchschnitt von 16,5%. Auch der prozentuale Anteil von Ausländer/innen (12,2%) fällt im gesamtstädtischen Vergleich (13,0%) unterdurchschnittlich aus. Bei einer durchschnittlichen Einkommenslage im Quartier sprechen die Zahlen insgesamt für eine weitestgehend unproblematische Sozialstruktur. Allerdings wird darauf hingewiesen, dass die Einkommensschere im Ortsteil deutlich auseinanderklafft und viele Menschen in einer finanziell prekären Lage leben.

Probleme gibt es zudem mit erhöhtem Aufkommen von fast öffentlichem Drogenhandel und -konsum sowie Prostitution im Rotlichtviertel des Steintors (Bremer Stadtportal, siehe Fußnote). Gerade für Eltern sind diese Problemlagen besorgniserregend:

> „Also ein Problem in diesem Stadtteil ist, dass die Eltern sich hier Sorgen um die Sicherheit der Kinder machen müssen. Z.B. dass die Kinder auf dem Schulhof belästigt werden, weil der Stadtteil an und für sich anders strukturiert ist. Die Kinder können hier nicht einfach auf der Straße spielen, hier laufen teilweise Leute mit Drogen rum und Eltern haben hier viel mehr Angst als in anderen Stadtteilen und da könnte man mehr dran arbeiten…“ (Schulvertreter/in, HB-ST-SV_4).

Die perspektivische Weiterentwicklung des Quartiers müsste aus Sicht der Akteure neben der bereits benannten Schaffung von Frei- und Spielflächen vor allem auch an diesen Problemen ansetzen.

6.2 Entwicklung der Ganztagsschule

Bei der Grundschule an der Lessingstraße handelt es sich um die jüngste der betrachteten Ganztagsschulen. Die Umstellung auf den Ganztagsbetrieb erfolgte zum Schuljahr 2007/2008, ist somit relativ neu und befindet sich dementsprechend noch in der Aufbauphase. Gemäß den Bremer Richtlinien wurde das *gebundene Modell* eingeführt, welches nun sukzessive „von unten“ auf gebaut wird, d.h. im untersuchten Schuljahr befinden sich noch die Klassen 3 und 4 im offenen und somit additiven, die Klassen 1 und 2 hingegen bereits im gebundenen Ganztag. Die offene Form wird konsequenterweise binnen zwei Schuljahren endgültig auslaufen. Die verpflichtende Anwesenheit der Schüler/innen an drei Tagen (z.Z. Mo, Mi, Do) bis 16.00 kennzeichnet die neue Organisationsform in den unteren Klassen.

An zwei Tagen besteht zusätzlich die Möglichkeit, in der Zeit von 14:00 bis 16:00 Uhr Arbeitsgemeinschaften zu belegen. Zu diesem Zweck wurden insbesondere *außerschulische Partner* „ins Boot" geholt, die verschiedene Angebote, schwerpunktmäßig im Bewegungs-, aber auch im musischen Bereich, für die Schüler/innen unterbreiten (vgl. ausführlicher IV, S. 3).

Zum aktuellen Zeitpunkt ist für die außerschulischen Anbieter ein auf zwei Wochentage beschränktes, festes AG-Raster vorgesehen, in das sie sich einfügen müssen. Neben den außerschulischen AG-Anbietern hat der Arbeiter-Samariter-Bund (ASB) als karitativer Wohlfahrtsverband die *Trägerschaft für den Ganztag* übernommen. In erster Linie fungiert er als Anstellungsträger für die pädagogischen Fachkräfte. Die hierfür anfallenden Personalkosten werden von der Bildungsbehörde erstattet.

Steckbrief: Grundschule an der Lessingstraße im Steintorviertel

Steintorviertel

Quartiersmerkmale:	*Einwohnerzahl: 7512* *Anteil Nichtdeutsche: 12,2%* *Arbeitslosenquote: 15,2%* *Stadtteilförderung: keine*

Grundschule an der Lessingstraße

GTS seit:	*07/08*
Schülerzahlen:	*Im Schuljahr 08/09: 243 Schüler/innen insgesamt – davon 200 im Ganztag*
GTS-Modell/ Zeitkonzept:	*Z.Z. noch teilgebundenes Modell. Entwicklung zum vollgebundenen Modell binnen zwei Jahren. Unterricht vormittags. AG-Angebot z.Z. an zwei Tagen der Woche von 14.00-16.00 Uhr*
Ganztagsträger:	*Arbeiter-Samariter-Bund (ASB)*
Personal Ganztag:	*12 feste Mitarbeiterinnen mit halber Stelle. Anstellung über den Träger. Ganztagskoordination durch Schulleitung.*

Darüber hinaus übernimmt der ASB in Zusammenarbeit mit einem weiteren außerschulischen Partner (Sportakademie) die Organisation der *Ferienbetreuung*. Als freier Träger der Jugendhilfe formuliert der ASB auch den Anspruch entsprechende Ansätze des SGB VIII verstärkt in die Schulen einzubringen und ein konzeptionelles Mitspracherecht zu erwirken.

Einfluss wird z.B. durch die Teilnahme von Leitungspersonal des ASB an innerschulischen Steuergruppen oder die Erstellung von Qualitätsprofilen für die pädagogischen Mitarbeiter/innen genommen. Der Schulalltag wird durch ein festes Kernteam, bestehend aus Lehrer/inne/n und pädagogischen Mitarbeiter/inne/n, organisiert. Insgesamt stehen 12 pädagogische Fachkräfte mit halber Stelle zur Verfügung. Jeder Klasse wird ein *festes Klassenteam* aus Lehrkräften und pädagogischen Fachkräften zugeordnet. Der fachliche Austausch zwischen beiden Professionen findet in erster Linie bilateral auf klassenbezogener Ebene statt. Für gemeinsame Absprachen stehen dem Klassenteam einmal im Monat zwei Stunden zum systematischen Austausch zur Verfügung. Daneben dominiert vor allem aber auch der alltägliche, informelle Austausch, welcher z.B. durch die Möglichkeiten der *Doppelbesetzung* befördert wird, die von den Klassenteams mit einem gewissen Spielraum selbstständig eingeteilt werden kann. Gemeinsame Zeiten werden z.B. im Rahmen des Mittagessens, der nachmittäglichen Unterrichtsstunde im Zeitraum von 13.30-14.30 oder in individuell gestalteten Projekten realisiert. Gerade die nachmittägliche Unterrichtsstunde, die von den jeweiligen Klassenlehrer/inne/n durchgeführt wird, bietet durch den flexiblen Gestaltungsspielraum (Matheunterricht ist hier genauso möglich wie Sachunterricht oder Wochenplanarbeit) die Möglichkeit, entsprechend den Neigungen oder Talenten des Klassenteams gemeinsame Unterrichtszeit zu organisieren.

Weitere Ebenen des Austauschs werden über die verschiedenen *schulischen Gremien* realisiert. So findet zusätzlich zur Klassenteambesprechung eine vierwöchentliche Sitzung zwischen allen Lehrer/inne/n und pädagogischen Fachkräften der ersten Klassen statt. Weitere, übergreifende Gremien stellen die Schul- und Gesamtkonferenz sowie eine Steuergruppe aus Schulleitung und Vertreter/inne/n der Lehr- und pädagogischen Fachkräfte und der Eltern dar. Diese gemeinsame Planungszeit kann aktuell lediglich aufgrund der Entlastung durch die außerschulischen Angebote im AG-Band realisiert werden, welche den schulischen Fachkräften wenigstens am Dienstag längerfristig Zeit für Abstimmung verschafft. Es bedeutet allerdings auch, dass die Strukturen des AG-Rasters mit Beschränkung auf den Dienstagnachmittag z.Z. nur schwerlich aufgebrochen werden können – ein Umstand der einer umfassenderen *Rhythmisierung* momentan im Wege steht.

6.3 Kooperations- und Koordinationsstrukturen

Abbildung 15: Kooperationspartner der Grundschule an der Lessingstraße (kumulierte Netzwerkkarte)[60] (0-4: Wichtigkeitsgrad der Kooperation (4=sehr wichtig))

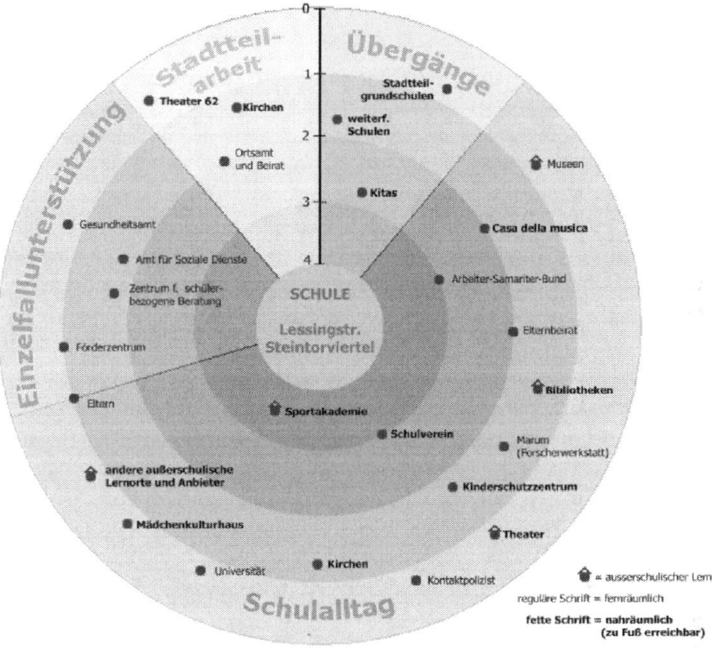

a) Gestaltung des Schulalltags

Die Grundschule an der Lessingstraße als eine sich im Aufbau befindliche Ganztagsschule verfügt über eine Reihe von neu initiierten Kooperationsbeziehungen sowohl zur Gestaltung von Ganztagsangeboten als auch über weitere Kontakte, die bereits vor der Entwicklung zur Ganztagsschule eine Rolle spielten. So bestehen z.B. Kontakte zu den *Kirchen* im Rahmen des Einschulungsgottesdienstes, der *Polizei (Kontaktpolizist)* oder einer Ehrenamtlichen für den Bibliotheks-

[60] Quelle: Interviews mit Schulvertreter/inne/n; eigene Darstellung

betrieb. In Kooperation mit der Universität Bremen wird derzeit eine Forscherwerkstatt aufgebaut, die auch für die umliegenden Kitas nutzbar sein wird.

Auch *Eltern* im Allgemeinen und die entsprechenden Gremien werden als Kooperationspartner benannt. Der Elternverein habe beispielsweise einige Angebote finanziell unterstützt und angeschoben. Zudem lassen sich Eltern auch in unterschiedlichem Ausmaß in schulische Aktivitäten (z.B. Schulfeste, Leseeltern, Handarbeitseltern o.ä.) einbinden. Die Entwicklung zur Ganztagsschule habe sich hier allerdings nicht merklich ausgewirkt. Zwar biete die Ganztagsschule prinzipiell zusätzliche Möglichkeiten Eltern in verschiedene Schulaktivitäten einzubinden – realiter ist hier aber keine deutliche Veränderung zu spüren. So sei es bisher beispielsweise nicht zustande gekommen, dass Eltern eine fortlaufende Arbeitsgemeinschaft im Ganztag durchführen, obwohl sie durch entsprechende berufliche Hintergründe spannende Themen einbringen könnten. Dies sei zum einen auf die mangelnde zeitliche Flexibilität des aktuellen AG-Rasters als auch auf die Berufstätigkeit beider Elternteile selbst zurückzuführen, die solche Verbindlichkeiten erschweren. Dafür biete sich über die berufstätigen Eltern häufig die Möglichkeit, Kontakte zu neuen potenziellen Partnern herzustellen – die Eltern fungieren hier als Vermittler/in.

Wichtig sind auch *außerschulische Lernorte* oder punktuelle Kooperationspartner, wie z.B. die Kinderbibliothek im Viertel (KiBi), Museum, Kunsthalle o.ä. Gerade im Hinblick auf außerschulische Lernorte habe sich die Entwicklung zur Ganztagsschule durch die zusätzliche Zeit begünstigend ausgewirkt und die Nutzung entsprechender Möglichkeiten an Bedeutung gewonnen:

> „Für mich ist es im Augenblick so, wenn mir danach ist, mit den Kindern ins Museum zu gehen, dann sage ich einfach zu A. [pädagogische/r Mitarbeiter/in]: „Haste mal Lust, wir gehen im November noch mal einen Tag mit den Kindern ins Überseemuseum…Und dann haben wir die Möglichkeiten das zwischen 8.00 und 16.00 Uhr zu legen. Wir können sagen, wollen wir das vormittags machen und zum Mittagessen wieder hier sein? Oder wollen wir uns das Mittagessen als Lunchpaket mitnehmen und länger gehen oder was im Nachmittag machen?...Und das ist alles ein Luxus den man [in der Halbtagsschule] nicht hat, und der ganz schön ist.“ (Schulvertreter/in, HB-ST-SV_3)

Als besonders prägnante Veränderung wird der Zuwachs an außerschulischen Partnern erlebt, die im Zuge der Ganztagsschulentwicklung für fortlaufende Arbeitsgemeinschaften eingebunden wurden. Mit Einführung des Ganztagsangebots hat die Schule auf breiter Basis Einrichtungen und Vereine angeschrieben, woraus sich letztendlich einige Kooperationsbeziehungen herauskristallisiert haben, die Erfolg versprechend, d.h. dauerhaft, verlässlich und stabil erschienen. So genannte „Ein-Mann/Frau-Projekte“ (z.B. von Künstler/inne/n oder Musiker/inne/n) eignen sich aus schulischer Sicht eher als zusätzliche Einzelaktionen und weniger als verbindliches Angebot, da sich z.B. im Krankheitsfall kein Ersatz organisieren lässt, Einzelakteure aufgrund anderer Aufträge häufig abspringen usw. Bei der Auswahl der Kooperationspartner hat die Schule bevorzugt auf altbewährte Partner zurückgegriffen, mit denen bereits vor der Entwicklung zur Ganztagsschule Zusammenarbeit in Form von Arbeitsgemeinschaften etc. bestand. Weitere Auswahlkriterien bildeten die aus schulischer Sicht bestehenden Förderbedarfe der Kinder. Die Schwerpunktlegung auf Bewegungsförderung ist z.B. als Reaktion auf die fehlenden Freiflächen und Spielmöglichkeiten im Steintorviertel (s. Kap. 6.1) entstanden. Typische Förderangebote, wie sie häufiger in Schulen in benachteiligten Quartieren zu finden sind (Sprach- oder Entwicklungsförderung o.ä) spielen an dieser Schule eine untergeordnete Rolle – bei Bedarf stehe hierfür eine Sonderpädagogin mit 27 Stunden zur Verfügung. Nicht zuletzt erfolgt die Auswahl der Partner auch unter Berücksichtigung der Ansprüche einer kritischen und bildungsbewussten Elternschaft, die Wert auf ein adäquates Angebot legt und die Entscheidung für oder gegen eine Ganztagsschule auch unter diesem Gesichtspunkt fällt.

Als wichtiger Partner wird z.B. die *Sportakademie* wahrgenommen, die als Dachverband für die Vereine in Peterswerder verschiedene Bewegungsangebote und Outdoortraining im Sportgarten anbietet. Weitere Kooperationsbeziehungen wurden jüngst mit dem *Mädchenkulturhaus* und der *Musikschule „Casa della musica“* eingegangen. In den Räumen des Mädchenkulturhauses findet einmal wöchentlich durch eine auf Honorarbasis tätige Trainerin eine Capoeira-Gruppe explizit für Mädchen statt; Instrumentalunterricht wird von ausgebildeten Musikpädagog/inn/en der Casa della Musica angeboten.

Grundlage für die Zusammenarbeit bildet im Regelfall ein schriftlich fixierter Kooperationsvertrag. Diese Festlegung müsse frühzeitig erfolgen, um insbesondere in der von Unsicherheiten geprägten Anfangsphase einer Kooperation die jeweiligen Aufgaben- und Zuständigkeitsbereiche zu klären, da Unklarheiten in der Aufgabenwahrnehmung die Kooperationsbeziehung belasten kann. Kommunikation und Austausch finde derzeit vorrangig auf Leitungs- und weniger auf Mitarbeiter/innenebene statt. Vordergründig handelt es sich dabei um organisatorische Absprachen, die telefonisch oder via Email getroffen werden. Regelmäßige „Face-to-face“-Gespräche sowie inhaltlicher Austausch über die Entwicklung der Kinder spielen derzeit nur bei entsprechenden Problemanlässen und weniger im Allgemeinen eine Rolle. So berichtet beispielsweise ein außerschulischer Partner, dass die Kinder wöchentlich im Anschluss des Angebots in Eigenregie zur Schule zurückgebracht werden, ein persönlicher Austausch aber dennoch nicht zustande kommt:

> „Wenn ich die Schüler/innen zurückbringe, sehe ich eigentlich niemanden…Es gibt keinen regelmäßigen Austausch…Also man kommuniziert ja meist, wenn es ein Problem gibt, aber so gibt es keine Regelmäßigkeit." (Vertreter/in Kooperationspartner, HB-ST-KP_10)

Die Kooperationspartner beklagen hier das Fehlen geeigneter Kommunikationsstrukturen (z.B. regelmäßige Treffen, Antreffen von Ansprechpartner/inne/n), die sich aufgrund mangelnder Zeitkapazitäten und hoher Arbeitsbelastung aller Institutionen aber auch nicht ohne weiteres einrichten lassen. Gerade an dieser Stelle wird von den Beteiligten ein relevanter Knackpunkt gelingender Kooperationen gesehen: Zur Sicherstellung der Kommunikationsprozesse bedürfe es mindestens eines/r verlässlichen schulischen Ansprechpartner/in und damit auch einer entsprechenden zeitlich-personellen Ressource. Das Fehlen dieser Ressource behindere die weitere Entwicklung der allseits geforderten Bildungslandschaft, deren Konstrukt die aktive Beteiligung von Schulen vorsieht.

Als unbefriedigend wird im Allgemeinen auch die Beschränkung der AG-Zeiten auf zwei wöchentliche Kerntage empfunden. Diese Entwicklung zeichne sich auch an anderen Schulen als Trend ab und stehe einer adäquaten Verteilung der außerunterrichtlichen Angebote auf verschiedene Schulen im Wege:

> „Im Moment ist es so, am liebsten Dienstag und Mittwoch und dann alle [Schulen] und alle nachmittags." (Vertreter/in Kooperationspartner, HB-ST-KP_7)

Integrations- und Passprobleme von außerschulischen Partnern in den Ganztagsschulplan als Folge eng gestrickter Zeitraster können sich erschwerend auf die Initiierung neuer Kooperationsbeziehungen auswirken. Dieser Umstand kann sich zusätzlich verschärfen, wenn sich außerschulische Partner ausdrücklich vom reinen Dienstleistungsaspekt distanzieren und eine pädagogisch sinnvolle Integration in den Schulalltag verlangen. Je nach Anspruchshaltung des außerschulischen Partners kann eine fehlende sinnvolle Integration in den Schultag zu Unzufriedenheiten oder Abbruch des Kooperationsverhältnisses führen, wie auch Beispiele aus den anderen Fallstudien zeigen. Aus Sicht der außerschulischen Partner aber auch aus Sicht der schulischen Akteure *kann* eine zeitlich flexiblere Rhythmisierung des Schulalltags zu einer intensiveren Kooperation beitragen:

> „Wenn wir jetzt alle von morgens bis nachmittags Ganztagskinder haben, also gebunden, dann haben wir auch wieder mehr Möglichkeiten, dann könnten die [außerschulischen Partner] vielleicht auch morgens kommen. Dann ist man da anders aufgestellt, aber im Moment geht das alles noch nicht." (Schulvertreter/in, HB-ST-SV_2)

Hier gilt es zu bedenken, dass sich die Entwicklung der Ganztagsschule an der Lessingstraße in der Anfangsphase befindet, nur eine geringe Vorlaufzeit hatte und sich im laufenden Betrieb vollziehen muss. Die Umstellung des Schulalltages bis hin zur vollständigen Rhythmisierung vollzieht sich über einen Entwicklungsprozess, der immer wieder revidiert werden muss. Da es den Akteuren zufolge an externer Unterstützung mangelt, sind vor allem die eigenen Erfahrungen handlungsleitend:

> „Man hängt hinterher. Man plant und denkt in eine Richtung und dann merkt man, das geht so gar nicht und dann muss man das verwerfen. Das ist einfach so. Das ist ein zu komplexes System und so hat man immer das Gefühl, man hinkt hinterher. Nachbessern, nachbessern, nachbessern…" (Schulvertreter/in, HB-ST-SV_2)

Eine vorläufige Konzentration auf innerschulische Kernprozesse unter zeitweiliger Ausblendung des Außenbereichs ist daher notwendig, um die Zeitstrukturen schrittweise zu entwickeln. Bedürfnisse außerschulischer Partner können in diesem Entwicklungsprozess nur nach und nach integriert und berücksichtigt werden. Zwischen den Beteiligten herrscht Konsens darüber, dass es zunächst der Entwicklung grundlegender innerschulischer Strukturen bedarf, ehe weitere Kooperationsbeziehungen aufgenommen bzw. ausgebaut werden können. Die weitere Entwicklung der notwendigen Basisstrukturen sei allerdings eine organisatorische Herausforderung, insbesondere im Hinblick auf die zur Verfügung stehenden Ressourcen. Für die pädagogischen Fachkräfte könnten maximal Teilzeitstellen (z.T. sogar nur Verträge über 10 bis 15 Stunden) finanziert werden, so dass sie nur am Nachmittag eingesetzt würden und keine ausreichende Rhythmisierung möglich sei.

Die geringe Ausstattung stellt die Schule zusätzlich vor „logistische" Probleme: Arbeitsgemeinschaften die außerhalb der Schule stattfinden, erfordern eine Begleitung der Kinder durch Erwachsene. Die Ressourcen der pädagogischen Fachkräfte seien hierfür aber nicht ausreichend. Daher sei man stark vom „Goodwill" und der Anpassungsleistung der Mitarbeiter/innen der beteiligten Institutionen abhängig:

> „Im Grunde ist es ja so, dann bringt man die (Kinder) halt zurück. Wenn das Angebot daran scheitern sollte, dass die Mädchen nicht zurückkommen, dann mache ich das…Letztlich ist es aber so, dass das bindend ist, also diese halbe, dreiviertel Stunde mit zurückbringen…Ich kann jetzt nicht genau sagen, ob das zu meinem Aufgabengebiet gehört, aber letztlich war es für mich wichtig, dass wir dieses Angebot machen. Das wollte ich unbedingt und darum habe ich gesagt, dann mache ich das…Ich merk halt nur es ist schon sehr bindend im Arbeitsalltag." (Vertreter/in Kooperationspartner, HB-ST-KP_10).

Perspektivisch besteht seitens der Schule der Wunsch, weitere Kooperationsbeziehungen aufzubauen. Entsprechende Unterstützung bei der Initiierung und Weiterentwicklung nachhaltiger Kooperationen wäre aus Sicht der Schule wünschenswert. Das Beispiel dieser Fallstudie zeigt, dass Intensität und Qualität von Kooperation und Vernetzung durchaus in einem engen Zusammenhang mit dem schulischen Organisationsmodell stehen. Als Fazit der Beteiligten kann festgehalten werden, dass ein Entwicklungsprozess „von innen nach außen" stattfinden müsse: Erst wenn die entsprechende innerschulische Basis geschaffen wurde, bestehe eine realistische Chance, Kooperationsbeziehungen zur Zufriedenheit aller auszubauen.

b) Übergänge gestalten

Im Handlungsfeld *„Übergänge gestalten"* spielen vor allem Kooperationsbeziehungen zwischen der Grundschule an der Lessingstraße, weiteren *Stadtteilgrundschulen, Kitas* und *weiterführenden Schulen* eine Rolle: In der Zusammenarbeit mit den Kitas benennen die Schulakteure als engere Partner insbesondere die Kita im Viertel und das KTH Friedensgemeinde – die Kooperation mit den freien und privaten Kindergruppen sei aufgrund der Vielzahl eher schwieriger. Gemeinsam bilden diese drei Einrichtungen den „TransKIGS-Verbund östliche Vorstadt". Das Verbundprojekt TransKiGs konzentriert sich darauf, die Bildungs- und Erziehungsqualität in Kindertageseinrichtungen und Grundschulen zu stärken um zur Anschlussfähigkeit der beiden Bildungsbereiche beizutragen und den Prozess des Übergangs für Kinder und ihre Familien zu verbessern. Grundsätzlich konnte das Projekt den Akteuren zufolge dazu beitragen, die inhaltliche Zusammenarbeit der Einrichtungen, welche es bereits vor TransKIGS gab, zu intensivieren. So wurden im Rahmen von TransKIGS z.B. gemeinsame Fortbildungen durchgeführt oder Konferenzen besucht, die von einer koordinierenden Stelle organisiert wurden. Durch die Zusammenarbeit konnten auch gegenseitige Lernprozesse initiiert werden. Als Beispiel sei hier das Selbsteinschätzungsinstrument für Kinder benannt, welches die Schule von der Kita übernommen hat und als Instrument der Lerndokumentation weiterführt. Allerdings wird in diesem Zusammenhang kritisiert, dass aufgrund datenschutzrechtlicher Gründe lediglich das Instrument als solches übernommen werden könne, ein Transfer der inhaltlichen Dokumentation des bisherigen Lernverlaufs jedoch nicht ohne weiteres möglich sei. Auch andere wichtige Informationen, die den Bildungs- und Entwicklungsstand des Kindes betreffen, gehen in der Übergangsituation vom Primar- in den Elementarbereich verloren und lassen die Schule quasi bei Null beginnen. Ein direktes Anknüpfen an die individuelle Bildungs- und Lernbiographie des Kindes ist aus Sicht der Schule nur unter erschwerten

Bedingungen möglich, obwohl die bessere Ausgestaltung der Übergänge zwischen beiden Systemen politisch gewollt ist und gefordert wird.

> „Also wenn die Eltern ihre Kinder hier anmelden, dann unterschreiben die uns immer, dass wir mit dem Kindergarten Kontakt aufnehmen dürfen und übers Kind zu sprechen…Aber neben den Gesprächen mit dem Kindergarten gibt es ja noch tausend andere Sachen…also ob das [Kind] jetzt beim Logopäden war oder oder oder…Das erfährt man unter Umständen nur mühsam. …Also der Bruch ist immer noch extrem zwischen Kitas und Schule. Einmal die beiden Systeme, die sich zwar irgendwie bemühen zusammen zu kommen, aber weil es zwei unterschiedliche Systeme sind, geht das auch schlecht." (Schulvertreter/in, HB-ST-SV_2)

Im Rahmen von TransKIGS finden darüber hinaus monatliche Treffen zwischen Kita- und Schulvertreter/inne/n auf Leitungsebene statt. Stützend für die Kooperation vor Ort wird dabei die Zusammenarbeit der zuständigen Ressorts für Bildung und Soziales sowie die Existenz einer Koordinationsstelle empfunden. Ohne diese institutionelle Zusammenarbeit und die Organisationsleistung der Koordinatorin (sie lädt z.B. zu den Treffen vor Ort ein) sei ein regelmäßiges Treffen der drei Partner vermutlich nicht so häufig zu realisieren. Unklar sei derzeit jedoch, wie sich die Zusammenarbeit nach dem Auslaufen des Programms weiter entwickeln wird. Sowohl Kita als auch Schule beklagen bereits jetzt Zeit- und Personalengpässe, die sich negativ auf die Intensität der Zusammenarbeit auswirken. Hospitationen seien aufgrund der geringen Personalstärke in der Kita schwer zu organisieren. Hier habe sich auch der Umstand erschwerend ausgewirkt, dass die einst auf dem Schulgelände ansässige Kita Humboldtstraße aufgrund der für den Ganztag benötigten Räumlichkeiten einen anderen, weiter weg gelegenen Standort beziehen musste. Früher habe es wöchentlich gegenseitige Hospitationen gegeben – jetzt werden die gegenseitigen Besuche mit Kindergruppen aufgrund des notwendigen Betreuungspersonals beim Fußweg als aufwendig empfunden.

Die Kooperation mit anderen Stadtteilgrundschulen erfolgt insbesondere über Gremienarbeit. Neben einem offiziellen Termin, dem auch Behördenvertreter/innen beiwohnen, finden auch informelle Treffen zwischen den Grundschulen statt. Der Austausch erstreckt sich über thematische Bereiche, die für alle Schulen gleichermaßen relevant sind (z.B. Lehrerarbeiten, Einschulungsverfahren, Abstimmung von Infoveranstaltungen oder anderen Aktivitäten etc.). Die Kooperation mit weiterführenden Schulen wird als schwieriger eingestuft. Zwar gibt es im Zusammenhang mit der Initiative des Bildungsressorts zum Aufbau regionaler Bildungslandschaften einen offiziellen Rahmen für Kooperation (z.B. zur gemeinsamen Absprache des Englischunterrichts), welcher bisher aber noch nicht dazu beitragen konnte, die Kooperationsbeziehungen zu intensivieren. Hier sehen die Schulakteure eine „Baustelle“, an der weitergearbeitet werden muss.

c) Stadtteilarbeit

Am geringsten ausgeprägt sind die Kooperationsbeziehungen im Handlungsfeld *„Stadtteilarbeit“,* welches für die Schule aber durchaus Relevanz besitzt. So beteiligt sich die Grundschule an der Lessingstraße beispielsweise an einer Initiative der Friedensgemeinde, die zur Bekämpfung der Armut im Stadtteil aufgerufen hatte. In Kooperation mit den an dieser Initiative beteiligten Einrichtungen ist z.B. die Idee für ein Bildungsstipendium entstanden, mit dessen Hilfe Familien im Hartz-IV-Bezug, Schulmaterial wie Zirkel, Radiergummi, Taschenrechner kaufen können.

Anders als z.B. in den WiN-Gebieten, in denen ein Quartiersmanagement zur Verfügung steht, ist es im Steintorviertel verstärkt erforderlich, auf die Koordinationsleistungen verschiedener Einrichtungen im Stadtteil zurückzugreifen. Zentrale Akteure stellen die lokale Politik und Verwaltung dar: Insbesondere in der konfliktreichen Einführungsphase (Standortkonkurrenz zwischen Kita und Schule) der Ganztagsschule haben *Ortsamt* und *Beirat* als neutrale Koordinationsinstanz fungiert, indem sie moderierend eingegriffen und zwischen Grundschule, Kita und beteiligten Eltern vermittelt haben. Grundsätzlich sind die Beteiligten der Ansicht, dass Ortsamt und Beirat maßgeblich dazu beigetragen haben, die Thematik Ganztagsschule im Stadtteil positiv voranzubringen. Neben bedarfsorientierten Vermittlungs- und Moderationsleistungen ist hier auch die Koordination entsprechender Gremien zu benennen: Als festen Arbeitskreis koordiniert das Ortsamt die Kooperationsrunde Jugendarbeit, an der Jugendhilfeträger und vorwiegend weiterführende Schulen teilnehmen. Zudem wurde sich der Thematik durch einen eigens eingerichteten Projektausschuss Kooperation Schule-Jugendhilfe angenähert, dessen zeitlich begrenzte Aufgabe darin bestand, eine Bestandsaufnahme bestehender Kooperationsaktivitäten von Schule und stadtteilorientierter Jugendhilfe vorzunehmen. Ziel dieses Ausschusses sei es letztendlich gewesen, Verbindungen zwischen Einrichtungen der Jugendhilfe und Schulen herzustellen:

> „Wir haben damit angefangen, dass wir die Freizeiteinrichtungen eingeladen haben ins OA und mal gefragt haben, wie stellt ihr euch das vor? Habt ihr schon Kooperationen zu Schulen? Was sind eure Bedingungen bzw. wie wünscht ihr euch das? Oder was könnt ihr anbieten? Und dann sind wir in die Schulen rausgegangen…“ (Stadtteilvertreter/in, HB-ST-STV_11)

Nicht nur Ortsamt und Beirat, sondern auch andere Einrichtungen des Stadtteils erbringen wichtige Koordinationsleistungen im Rahmen der Stadtteilarbeit: Die Sportakademie als Dachverband für die Sportvereine in Peterswerder organisiert beispielsweise eine zweimal jährlich tagende Stadtteilrunde, an der auch die Grundschule an der Lessingstraße teilnimmt. Die Koordination der Sportangebote im Stadtteil durch einen übergreifenden Dachverband (Sportakademie) wird in der Zusammenarbeit mit Schulen als hilfreiche Maßnahme empfunden. Bei dem Zusammenschluss von außerschulischen Partnern handelt es um ein Modell, welches sich auch in Essen auf kommunaler Ebene bewährt hat und perspektivisch eine Antwort für andere Einrichtungen (z.B. Freizeiteinrichtungen) sein könnte, sofern sich dafür Ressourcen mobilisieren lassen.

d) Einzelfallunterstützung

Kooperationsbeziehungen mit Partnern zur *„Einzelfallunterstützung"* bestanden bereits vor der Entwicklung zur Ganztagsschule. Dabei handelt es sich um Partner, die sowohl bei auftretenden Problemen als auch präventiv kontaktiert werden. Dazu gehören sowohl übergeordnete behördliche Einrichtungen, wie das *Amt für soziale Dienste* (fester Ansprechpartner für den Bezirk), das *Gesundheitsamt* (Einschulungsdiagnostik) oder die schülerbezogene Beratung als auch weitere Partner wie z.B. das *Kinderschutzzentrum*, welches in den dritten Klassen Gewaltpräventionsprogramme anbietet. Die Relevanz dieser Partner ergibt sich nicht aus der Regelmäßigkeit des Kontaktes, sondern aus der Möglichkeit einer Aktivierung im Bedarfsfall. Insofern nehmen die benannten Partner gegenüber den „ständigen" Partnern in der Netzwerkkarte eine eher periphere Position ein.

6.4 Einbindung der Eltern

Die Elternschaft im Steintorviertel zeichnet sich nach übereinstimmender Aussage aller Befragten dadurch aus, dass sie hohe Ansprüche an das Bildungsangebot der Schule stellt und die Qualität sowohl des Unterrichts als auch der außerschulischen Angebote kritisch hinterfragt. Das vielfältige außerschulische Angebot stellt auch ein Kriterium bei der Wahl der Schule dar.

Die Eltern zeigen ein hohes Engagement bei der Mitgestaltung in Schulgremien – z.B. in der Steuergruppe zur Einrichtung der Ganztagsschule – und bei Protesten im Fall von Problemen. Die häufigen Elternproteste haben in der Vergangenheit die Beziehungen zur Schulleitung belastet. Andererseits haben die Eltern bei Konflikten der Schule mit der Bildungsbehörde die schulischen Interessen auch durch Strategien befördert, die der Schulleitung aufgrund dienstrechtlicher Vorschriften nicht zur Verfügung stehen: So haben sie bei langen Ausfallzeiten von Lehrkräften die Öffentlichkeit und das Stadtteilparlament aktiviert, was zum raschen Einsatz von Vertretungslehrer/inn/en führte. Vertreter/innen des Stadtteilparlaments begrüßen dieses Elternengagement ausdrücklich und beziehen bei Einladungen an die Schulen regelmäßig Elternvertreter/innen ein.

Nur begrenztes Engagement zeigen die Eltern dagegen bei der Gestaltung des Schulalltags. Zwar werden in einigen Klassen Lesemütter eingesetzt, eine organisatorische Unterstützung der Schule, z.B. durch die vertretungsweise Übernahme von Hol- und Bringdiensten zu außerschulischen Lernorten, scheitert dagegen in der Regel daran, dass die Mehrzahl der Eltern berufstätig ist. Die Entwicklung zur Ganztagsschule hat in diesem Bereich deshalb tendenziell zu einer Abnahme des Engagements geführt. Viele der Eltern haben sich bewusst für die Ganztagsschule entschieden, weil damit eine Entlastung ihres Alltags verbunden ist und sie vertreten die Meinung, dass es Aufgabe der Schule sei, auch mit Engpässen zurechtzukommen. Auf der anderen Seite wird die nach wie vor hohe Bereitschaft zur finanziellen Unterstützung von Schulaktivitäten etwa durch die Mitgliedschaft im Förderverein und das Einbringen von eigenem Know-how etwa bei der Erstellung einer Homepage von der Schule nach Auffassung eines Elternvertreters bisher nur begrenzt genutzt.

6.5 Vertikale Kooperationsbeziehungen

Die Umstellung auf den Ganztagsbetrieb stellte für alle Beteiligten eine hohe Belastungsprobe dar, die sich nicht zuletzt aus der knappen Vorlaufzeit von einem Jahr und fehlenden Unterstützungsstrukturen ergeben hat. Erschwerend wirkt sich aus, dass der Schulleitung für den Aufbau der Ganztagsschule zu wenig Aufbau- und Entlastungsstunden zur Verfügung stünden. Zudem sei der anfallende Qualifizierungsbedarf für originäre Managementaufgaben auf Schulleitungsebene vernachlässigt worden.

In den Behörden fehle eine Ebene der Beratung sowohl für Schulleitung als auch für pädagogische Fachkräfte. Die Beratungseinrichtung der *Service-Agenturen* wird zwar als positiv, aber durch die zeitliche Befristung auch nicht als wirklich tragfähig bezeichnet. Benötigt werde eine in Regelstrukturen eingebettete dauerhafte *Fachberatung* vor Ort.

Die sektorale *Versäulung von Bildung und Jugendhilfe* trägt aus Sicht der Akteure zu mangelnder Wertschätzung und Unverständnis für Kooperationsaktivitäten vor Ort bei. Interviewpartner/innen berichten, dass die entwickelte Eigeninitiative zur sozialräumlichen Vernetzung bei den vorgesetzten Behörden nicht unbedingt nur auf Gegenliebe gestoßen ist und auch teilweise das Verständnis fehlt, Jugendhilfe im Kontext von Ganztagsschule nicht nur als Dienstleistung anzusehen:

> „Also wenn die oberste Ebene entscheidet, das zu tun und dafür keine Ressourcen zur Verfügung stellt oder bestimmte Träger im Kopf hat oder bestimmte Schwerpunkte, dann haben die Stadtteile das umzusetzen. Hier haben wir aus dem Stadtteil raus etwas entwickelt, das...oben nicht ganz so doll angekommen ist bei manchen. Zum Teil Begeisterung und zum Teil, was maßen die sich eigentlich an..." (Vertreter/in Kooperationspartner, HB-ST-KP_7)

Allerdings komme diesbezüglich langsam auch auf Behördenebene ein Lernprozess in Gang.

Im Hinblick auf die gesetzten finanziellen Rahmenbedingungen werden durchweg *finanzielle Ausstattung und Finanzierungsmodalitäten* kritisiert: Allseitig besteht der Wunsch, qualifizierte und professionelle Angebote in den Ganztagsschulalltag einzubinden, ohne dass hierfür auch die entsprechenden Ressourcen zur Verfügung gestellt würden. So berichtet beispielsweise eine Musikschule, die über einen Personalpool an hochqualifizierten Musikpädagog/inn/en verfügt, dass Anfragen von Ganztagsschulen regelmäßig abgelehnt werden müssen, weil sich zu den Honorarbedingungen keine Pädagog/inn/en finden ließen. Kritisiert wird des weiteren, dass bei der Honorarberechnung seitens der Behörde nicht mitgerechnet wurde, dass viele außerschulische Partner eine entsprechende Infrastruktur (Hallen, Räume, Materialien o.ä.) vorhalten, deren Aufrechterhaltung und Pflege durch den vermehrten Gebrauch durch die Ganztagsschüler/innen mitunter kostenintensiver geworden ist. Neben der finanziellen Bemessungsgrundlage erschwerten auch die reinen Finanzierungsmodalitäten Kooperationsaktivitäten vor Ort. Kooperationen bedürfen längerfristiger Planung und eines entsprechenden Vorlaufs. Dies sei aufgrund der unterschiedlichen Systeme aber schwer zu realisieren, da die Bildungsbehörde schuljahresbezogen, das Sozialressort hingegen von Haushaltsjahr zu Haushaltsjahr plane. Dadurch und durch die Ungewissheit, in welchem Umfang der Schule finanzielle Ressourcen für das neue Schuljahr zugeteilt werden, entstünden unsichere Planungszeiträume, die auch eine abschreckende Wirkung auf außerschulische Partner entfalten können:

> „Diese Haushalte laufen unterschiedlich. Einige laufen schuljahresbezogen, andere laufen jahresbezogen, d.h. man ist sowieso immer ein bisschen am Schwimmen und hofft, dass es gut geht. Weil, man hat ja die Anschlussfinanzierung noch nicht, aber eigentlich plant man ja schon dafür. Ich weiß der Sportgarten hat z.B. jahresweise seinen Haushalt, der weiß ja nicht, ab dem neuen Schuljahr, wie viele Kinder sind

eigentlich da, wie viele Angebote sind jetzt wirklich da…Das ist unangenehm …Wenn ich hier z.B. mit Impuls, dem Tanzverein, oder mit dem Moks-Theater…eine längerfristiger Kooperation eingehe oder was entwickeln will, kann ich das eigentlich gar nicht, weil ich nicht weiß, wie sieht es im nächsten Jahr aus. Das ist immer so kurzfristig…“ (Schulvertreter/in, HB-ST-SV_1)

Zusätzlich habe man es bei Finanzierungsfragen mit einem „starren System“ zu tun: So seien beispielsweise Mischfinanzierungen nicht möglich und auch das Aufstocken von Stunden oder das Ändern von Arbeitsverträgen sei schwierig. Lediglich am Anfang eines Schuljahres können Stunden der pädagogischen Fachkräfte in einem „umständlichen Verfahren“ für andere außerschulische Aktivitäten umgewandelt werden – ein Budget für diesen Bereich steht ansonsten nicht zur Verfügung. Dies bedeutet auch, dass die Schule im Verlaufe des Schuljahres kaum noch die Möglichkeit hat, außerschulische Partner einzubinden und auf besondere „Highlights“ (z.B. im Rahmen der Projektwoche) zu reagieren. Dies sei nur über zeitaufwendige Mittelakquise, Sponsoring o.ä möglich. Aus Sicht der Schule sei daher ein festes Budget, welches selbst verwaltet und im Jahresverlauf flexibel eingesetzt werden kann, wünschenswert. Erhöhte Schul- und Budgetautonomie, um flexibles Handeln zu ermöglichen, sei also grundsätzlich mehr als wünschenswert. Allerdings dürfe zunehmende Autonomie nicht mit einer weiteren zusätzlichen Belastung verwechselt werden, die „nebenher“ vom Schulpersonal zu bewältigen ist: Eine erhöhte Autonomie bedarf einer entsprechenden Aufstockung zeitlich-personeller Ressourcen.

6.6 Netzwerkkultur

Die Beschreibung der Netzwerkkultur birgt an dieser Stelle die Schwierigkeit, dass sich anders als beispielsweise in den untersuchten Brennpunktquartieren keine gefestigten, alle Akteure einbeziehende Netzwerkstrukturen gebildet haben. Vielmehr finden sich spezialisierte, kleinere Netzwerke, die sich zumeist durch thematisch zugespitzte Gremien auszeichnen (z.B. Mädchenarbeit, Grundschultreffen, Stadtteilkonferenz). Ein übergreifendes Gremium, existiert nicht. Die Verteilung der Einrichtungen auf Gremien erfolgt daher gemäß des eigenen institutionellen Schwerpunktes und den Interessen. Nicht alle Einrichtungen des Stadtteils aus dem Bildungs- und Sozialwesen kommen also unweigerlich miteinander in Kontakt. Und dennoch: Auch bei der Vielzahl verschiedener Strömungen nehmen die befragten Akteure eine für den Stadtteil bedeutsame Netzwerkkultur wahr, die sich vor allem durch ihren informellen Charakter auszeichnet. Es sei gar nicht nötig, regelmäßig tagende, institutionalisierte Runde Tische im größeren Stil einzurichten; im Bedarfsfall ließen sich ohne weiteres punktuell

Kooperationsgremien einrichten, die lösungsorientiert arbeiten und sich anschließend auch wieder auflösen, denn *„...die Gefahr von Runden Tischen ist ja die, dass man Sitzung an Sitzung macht und es kommt hinten nichts bei raus" (Stadtteilvertreter/in, HB-ST-STV_14).* Der Gefahr von routinierter Gremienarbeit, die nicht selten auch in Stagnation enden kann, soll auf diese Weise vorgebeugt werden. Die Strukturen des Stadtteils begünstigen vor allem Bekanntschaften und informelle Kontakte, die bei Bedarf aktiviert werden können und eine rasche Handlungsfähigkeit ermöglichen:

> „Ich glaube, das ist auch das Gute am Viertel, dass sich untereinander fast jeder kennt. Man weiß, wen man ansprechen muss. Und dann fragt man jemanden und sagt, hast du mal einen Tipp oder so. Das geht oft in diesen "informellen Bereich". Und das, finde ich, ist das Besondere hier in unserem Stadtteil....wenn's brennt oder wenn was Bestimmtes angesprochen werden muss, dann weiß man, an wen man sich wenden muss. Und das funktioniert dann auch." (Stadtteilvertreter/in, HB-ST-STV_11)

Von dieser informellen, den Stadtteil umfassenden Struktur profitiert auch die Ganztagsgrundschule an der Lessingstraße. Die Schule ist in eine begrenzte Anzahl von Netzwerkströmungen (z.B. Teilnahme an Gremien im Rahmen von regionaler Bildungslandschaft, TransKIGS, Stadtteilkonferenz der Sportakademie) und vor allem auch in bilaterale Kooperationsbeziehungen eingebunden. Da sich die Ganztagsgrundschule an der Lessingstraße noch im Aufbau befindet, stehen Entwicklungsprozesse zwischen Schule und außerschulischen Partnern zur Gestaltung der Ganztagsangebote im Vordergrund. Mit konkretem Blick auf die Schule stellt sich daher eher die Frage nach Kooperations- denn Netzwerkkultur. Hier reflektieren die befragten Akteure vor allem ihre Erwartungen hinsichtlich einer funktionierenden Partnerschaft, die bisher noch nicht in jedem Fall eingelöst wurden und zu entwickeln sind. Auf der Ebene der konkreten „Praxis vor Ort" sei Verlässlichkeit in der Absprache und damit einhergehend die Bereitschaft aller Partner, Verantwortung zu übernehmen für eine vernünftige Ausgestaltung von Kooperationsbeziehungen unerlässlich. Dafür sei es mitunter wichtig, „sich zu kennen", ein Vertrauensverhältnis und ein wertschätzendes Kooperationsverhältnis auf gleicher Augenhöhe aufzubauen. Dazu bedürfe es unterschiedlicher Voraussetzungen auf Seiten aller Kooperationspartner: Lösungsbereitschaft und Konfliktfähigkeit seien Fähigkeiten, über die grundsätzlich alle Partner verfügen müssten. Im Rahmen eines funktionierenden Kooperationsverhältnisses müsse man auch mal in der Lage sein „individuelle Lösungen zu schnitzen". Flexibilität wird von den Teilnehmer/inn/en dementsprechend als eine weitere wichtige Eigenschaft erachtet.

Auch eine entsprechende Grundhaltung sei unabdingbar. So müsse die Professionalität des jeweiligen Kooperationspartners unbedingt anerkannt und gewürdigt sowie eine gemeinsam geleitete Zielvorstellung entwickelt werden. Diese könne sich nur aus dem gemeinsamen Wunsch, einen Beitrag zur besseren Bildung zu leisten, ableiten. Außerschulische Partner hegen den Wunsch, nicht nur als Dienstleister, sondern als aktiver Bildungsakteur in schulische Prozesse einbezogen zu werden. Das eigenständige Profil und die damit verbundene Qualität eines Partners müsste im Kooperationsprozess auch als solches erhalten bleiben – originär schulische Aufgaben dürften auch bei organisatorischen Schwierigkeiten nicht den Partnern zugewiesen werden.

Aus rein „technischer" Sicht, seien ein geregelter Informationsfluss sowie schriftliche Vereinbarungen wichtig. Schriftliche Kooperationsvereinbarungen regeln entsprechende Zuständigkeiten und Pflichten und geben den Beteiligten eine gewisse Sicherheit im Kooperationsprozess.

6.7 Bewertung der Ergebnisse durch die Akteure

Die Frage nach der Erfolgsbeurteilung wird von den befragten Akteuren ebenfalls vorrangig unter dem Aspekt bilateraler Kooperationsbeziehungen zwischen Schule und außerschulischen Partnern und weniger hinsichtlich eines umfassenden Stadtteilnetzwerks bewertet. Sodann beziehen sich die Aussagen entweder auf die gemeinsame Zielgruppe (Schüler/innen) oder auf Vor- und Nachteile für die eigene Institution.

Im Hinblick auf die *Zielgruppe* werden die aus der Kooperation resultierenden Ergebnisse von allen befragten Akteuren nahezu deckungsgleich bewertet. Der Gewinn der Kooperation wird vor allem unter dem Aspekt einer breiten Förderung unter Zuhilfenahme eines erweiterten Kompetenzspektrums gesehen. Schule wie auch außerschulische Partner sind sich einig, dass die Kooperationen bei den Schüler/inne/n zusätzliche Bildungs- und Lernprozesse anregen, indem unterschiedliche Lernorte genutzt und qualitative Angebote integriert werden, die die Schule aus eigener Kraft nicht bieten könnte. Gerade das Aufsuchen außerschulischer Lernorte und das Nutzen verschiedener Institutionen im Stadtteil könne dazu beitragen, dass sich Kinder in ihrem sozialen Umfeld besser zurechtfinden und den Mut fassen, weitere Lebensräume zu erschließen.

Darüber hinaus werde die pädagogische Praxis der Schule aufgelockert, wodurch Spaß und Motivation am Lernen gefördert werden können. Hier wird vor allem die zusätzliche Förderung personaler und sozialer Kompetenzen als große Chance und Ergebnis der Kooperation betrachtet. Zudem können außerschulische Partner durch ein anderes Setting und einen anderen pädagogischen

Zugang zusätzliche Erfolgserlebnisse vermitteln, die einen direkten Beitrag zur kindlichen Persönlichkeitsentwicklung leisten.

Des Weiteren könne die Kooperation zwischen Schulen und außerschulischen Einrichtungen zu verbesserter Integrationsarbeit und sozialer Durchmischung beitragen:

> „...also das Thema Schulkooperation ist von daher schon ein sehr altes bei uns. Vor allem, wenn man das nur aus einer Jugendeinrichtung heraus macht und sei sie noch so offen, ist sie dennoch immer irgendwie geprägt. Sei es durch Migrationshintergrund, durch Alter, Religion, durch soziale Herkunft...und wenn man die Schule dabei hat, dann hat man eben die Gebildeten, die Ungebildeten, die Sportlichen, die Unsportlichen, die Interessierten, die Uninteressierten, Jungen und Mädchen, verschiedene Nationalitätszugehörigkeiten." (Vertreter/in Kooperationspartner, HB-ST-KP_7)

Im Hinblick auf die Zielgruppe kann festgehalten werden, dass zwischen der Schule und ihren Partnern großer Konsens bezüglich Sinn und Zweck der Kooperation herrscht und bei der Frage nach der Erfolgsbemessung nahezu dieselben Aspekte (zusätzliche Förderung, Verbesserung der pädagogischen Qualität, Stadtteilerfahrungen etc.) benannt werden. Außerschulische Partner und die Schule richten bei der Beurteilung ihre Maßstäbe an einem umfassenden Bildungsbegriff aus, der weit über das Lernen fachlicher Inhalte im Unterricht hinausgeht. Außerschulische Partner nehmen diesen Prozess des schulischen Umdenkens als positiven Entwicklungstrend zur Kenntnis, der langfristig auch die Qualität der Kooperationsbeziehungen beeinflussen kann.

Die Frage nach der Ergebnisbewertung wird aber nicht nur hinsichtlich der Zielgruppe, sondern auch mit Blick auf die Konsequenzen für die eigene *Institution* bzw. für die anderen Einrichtungen bewertet. So gewinnt die Schule durch die Kooperationspartner beispielsweise einen Zeitrahmen für interne Abstimmungsprozesse, da die Betreuung der Kinder im AG-Band durch die außerschulischen Partner sichergestellt ist. Viele Einrichtungen im Stadtteil verfügen neben ihrer Angebotspalette zudem über eine räumliche Infrastruktur, die der Schule zusätzliche Handlungsspielräume einräumt. Zudem trägt die Anwesenheit von Kooperationspartnern zur Attraktivitätssteigerung und Außendarstellung der Schule bei.

Kooperationspartner, die in der Zusammenarbeit vor allem die Chance sehen, den Schulalltag der Kinder zu beeinflussen und um eigene Vorstellungen von Bildung und pädagogische Ansätze anzureichern, empfinden die Zusammenarbeit mit der Schule in der Regel als Gewinn. Nur die Nähe zur Schule biete die Möglichkeit, diesen Anspruch zu realisieren. Insbesondere Einrichtungen aus dem Bereich der Jugendhilfe bewerten diese Möglichkeit der direkten Einflussnahme als Chance und zentrales Ergebnis der Kooperation:

> „Mein Ziel ist Jugendhilfe und Schule stärker miteinander zu verknüpfen. D.h. auch Ansätze der Jugendhilfe, die im SGB-VIII verankert sind, in Schule rein zu bringen… Also die Zielsetzung zu sagen, ein Jugendhilfeträger kommt jetzt mit in die Schule, sitzt mit in der Steuergruppe drin, entscheidet mit, wie die Konzeptionsgestaltung läuft und sagt dann auch mal…, ′das verschult ihr hier gerade. Ihr plant den Tag für die Kinder, den ich mir nicht vorstelle…Lernen findet nicht nur im Unterricht statt`. Also diese Auseinandersetzung da auch zu führen, Mitarbeiter da auch zu unterstützen – das ist auch schon so ein Ziel, das ich als Vertreter eines Jungendhilfeträgers habe, da sind wir ganz aktiv dran beteiligt.“ (Vertreter/in Kooperationspartner, HB-ST-KP_6)

Ausschlaggebend für die Bewertung der Ergebnisse sind somit vor allem ideelle Motive: Es wird der Anspruch erhoben, den Bildungsalltag von Kindern und Jugendlichen zu verändern und die Zusammenarbeit mit der Schule bietet hier die Möglichkeit, direkten Einfluss auf formal organisierte Bildungsprozesse zu nehmen.

Häufig ist mit der Ganztagsschulentwicklung die Vorstellung verbunden, dass sich ein besonderer Synergieeffekt der Kooperation zwischen Schule und Partnern daraus ergebe, dass letztere durch den schulischen Kontext neue Mitglieder für ihre eigene Institution werben könnten und ihren Bekanntheitsgrad steigern. Tatsächlich bestätigen zwar einige Partner, dass sich diesbezüglich neue Optionen und Zugänge ergeben hätten, die Akquise neuer Mitglieder über diesen Weg bisher jedoch wenig erfolgreich gewesen sei. Bei gewerblichen Anbietern, die im Gegensatz zu vielen freien Anbietern keine Grundfinanzierung erhalten und aus wirtschaftlicher Perspektive gewinnorientiert handeln *müssen,* kann sich dieser Umstand belastend auf das Kooperationsverhältnis auswirken, zumal die Ganztagsschulentwicklung per se eine große „Konkurrenz“ darstellt: Zum einen bleiben die Kinder nun länger in der Schule und gehen nicht wie bisher ihren gewohnten Nachmittagsaktivitäten nach. Zum anderen werden viele Angebote – wenn auch aufgrund der fehlenden Spezialisierung möglicherweise mit Qualitätsabstrichen – von der Schule selbst unterbreitet, wie der/die Vertreter/in einer Musikschule berichtet:

> „Es gibt Musikangebote, die zum Teil von nicht qualifizierten Betreuungskräften durchgeführt werden und die Eltern gucken eben nicht genau hin, wer da was macht, sondern die denken, mein Kind hat da Musik an der Schule und das reicht…Und durch diese Musikklassen, haben die Kinder natürlich keinen vergleichbaren Musikunterricht wie an einer Musikschule, aber das sehen die Eltern nicht. Die denken,

> mein Kind spielt jetzt Saxophon, ist doch alles gut." (Vertreter/in Kooperationspartner, HB-ST-KP_9)

Als Konsequenz sei ein Verlust an Teilnehmer/inne/n zu verzeichnen, welcher zu neuen Schritten zwingt. Einer davon stellt die Kooperation mit der Ganztagsschule dar, welche aus einem existenziellen Druck heraus eingegangen wird. Da das dort zur Verfügung stehende Budget allerdings nicht ausreiche, um gut ausgebildeten Musikpädagog/inn/en ein angemessenes Honorar zu zahlen, sei die Akquise von neuen Mitgliedern in der Schule durchaus eine zweite relevante Zielgröße gewesen. Diese Hoffnung habe sich aber zerschlagen,

> „denn die Eltern sind beglückt darüber, wenn ihre Kinder alles in der Schule abdecken können, was sie in ihrem Bildungskanon für ihre Kinder vorgesehen haben. Und je mehr die Schule abdeckt, desto zufriedener sind die Eltern, weil sie ihre Kinder nicht von A nach B kutschieren müssen." (Vertreter/in Kooperationspartner, HB-ST-KP_9)

Auch Kinder mit einer besonderen Begabung seien nicht zu erreichen, da diese in der Regel diesbezüglich bereits von ihren Eltern gefördert werden. Zudem sei es schwierig, sein eigenes Label in der Schule zu platzieren. Den Schüler/inne/n und Eltern sei häufig nicht bewusst, um wen es sich bei den außerschulischen Partnern handelt, womit der eigentliche Werbeeffekt ausbleibe. Da die Bewertungskriterien der gewerblichen Anbieter insbesondere im Hinblick auf existenzielle Aspekte gewählt wurden, ist es wenig verwunderlich, dass die Ergebnisse der Kooperation für die eigene Einrichtung eher als dürftig eingestuft werden. Hoffnungen, die mit der Aufnahme der Kooperationsbeziehung verbunden waren, konnten bislang nicht eingelöst werden.

V Stadtteilvernetzung von Ganztagsschulen – Potenziale und Probleme

Ausgangspunkt der Studie war die Annahme, dass Voraussetzung für eine verbesserte Erfüllung des Bildungsauftrags und einen verstärkten Beitrag von Schulen zur sozialen Integration eine enge inhaltliche und soziale Verknüpfung mit ihrem räumlichen Umfeld ist und dass Ganztagsschulen hierfür besonders gute Bedingungen böten. Diese Annahme wird durch die Fallstudien zunächst einmal bestätigt: Alle Untersuchungsschulen arbeiten zur Verbesserung der Lern- und z.T. Lebensbedingungen ihrer Schüler/innen und zur Verbesserung der eigenen Arbeit in verschiedenen Handlungsfeldern mit anderen Stadtteilinstitutionen zusammen und orientieren sich dabei an Bedürfnissen und Ressourcen im Sozialraum. Die Ganztagsschulentwicklung hat sich förderlich auf diese Kooperations- und Vernetzungsprozesse ausgewirkt. Allerdings zeigen die Fallstudien auch, dass die vorhandenen Potenziale aufgrund von Übergangs- und Strukturproblemen nur unzureichend ausgeschöpft werden.

1 Vorhandene Potenziale

1.1 Ziele und Motive der Kooperation

Warum arbeiten Ganztagsschulen und ihre Partner im Stadtteil zusammen? Schulen in Bremen und NRW sind zur Kooperation mit außerschulischen Partnern gesetzlich verpflichtet. Für die öffentliche Jugendhilfe ist die Verpflichtung zur Zusammenarbeit mit Schulen in § 81 des Kinder- und Jugendhilfegesetzes festgeschrieben. Darüber hinaus gibt es aber ein breites Spektrum von Motiven, die vor Ort für die Kooperation ausschlaggebend sein können. Bei den beteiligten Akteuren konnten in Fokusgruppen und Interviews drei zentrale Motivbündel identifiziert werden, die alle eng miteinander verbunden sind und sich gegenseitig durchdringen. An den Ergebnissen in diesen drei Bereichen messen Schulen und ihre Partner in der Regel auch den Erfolg ihrer Kooperation.

Verbesserung von Lern- und Lebensbedingungen
In allen Untersuchungsquartieren sind die adressatenorientierten Gründe deutlich hervorgetreten. Zum einen sollen Kooperation und Vernetzung zur qualitativen Verbesserung der pädagogischen Praxis in der Ganztagsschule beitragen. Die Schulen möchten für ihre Schüler/innen vielfältigere und interessantere Angebote realisieren, die sie alleine nicht bieten könnten. Durch die Nutzung außerschulischer Lernorte sollen den Kindern Stadtteilerfahrungen ermöglicht werden: Sie sollen ihren Stadtteil kennen lernen und wissen, was der Stadtteil zu bieten hat. Darüber hinaus wird aber auch die Notwendigkeit der Nutzung außerschulischer Lernorte außerhalb des Stadtteils betont. Gerade in benachteiligten Quartieren wollen Schule und ihre Partner auch dazu beitragen, dass Kinder die Welt außerhalb ihres Quartiers entdecken, weil viele Eltern mit ihren Kindern so gut wie keine Ausflüge in die Innenstadt oder andere Teile der Stadt unternehmen.

Die Partner wollen Kompetenzen der Kinder fördern, die in der Schule zu kurz kommen, und damit zur Erweiterung von Lern- und Erfahrungszusammenhängen beitragen. Insbesondere Jugendhilfeträger verbinden mit ihrem Engagement auch den Anspruch, Einfluss auf die Institution Schule nehmen zu können.

In benachteiligten Quartieren wird das Motiv der Verbesserung von Lernbedingungen sowohl bei der Schule als auch ihren Partnern ergänzt durch die Verbesserung der Lebensbedingungen. Hier wird daher die Zielgruppe deutlich erweitert auf Eltern, Familien und ggf. auch andere Stadtteilbewohner/inne/n. Durch die Erweiterung von Bildungs- und Freizeitangeboten sollen Lern- und Lebenschancen von Kindern und Erwachsenen im Quartier verbessert werden. Ein weiteres inhaltliches Motiv, welches in den gutsituierten Stadtteilen nicht so deutlich hervortritt, sind präventive Maßnahmen im Hinblick auf Kindeswohlgefährdung. Durch Vernetzung soll diesbezüglich frühzeitiges Erkennen, schnelles Handeln und passgenaue Hilfeplanung ermöglicht werden.

Eltern, die selber Angebote an den Schulen machen oder sich an Netzwerktreffen beteiligen, wollen, dass sich ihre Kinder in der Schule und im Quartier zuhause fühlen. Dazu wird besonders in den gutsituierten Quartieren auch gezählt, dass verschiedene Lebensbereiche wie Schule, Sport und u.U. Kirchengemeinden miteinander verbunden sind. Darüber hinaus sollen die Kinder Zugang zu interessanten und fördernden Freizeitangeboten haben. Durch eine aktive Mitwirkung in der Schule versprechen sich die befragten Eltern schließlich auch eine Verbesserung der sozialen Kontakte mit anderen Eltern.

Attraktivere Gestaltung des Stadtteils
In engem Zusammenhang mit den oben beschriebenen nutzerorientierten Motiven stehen stadtteil- bzw. gemeinwesenorientierte Motive. Durch eine attraktivere Gestaltung des Stadtteils sollen die Umfeldbedingungen des Aufwachsens für

die Kinder und der soziale Zusammenhalt aller Bewohner/innen verbessert werden. Dieses Motiv wird in benachteiligten Quartieren deutlich stärker betont. Vor allem Partner aus dem Quartiersmanagement oder aus Stadtteilpolitik und -verwaltung nehmen die Schule auch stark als Ort bzw. ausbaufähigen Treffpunkt im Stadtteil wahr. Kooperation bzw. Vernetzung bietet die Chance, viele Bewohner/innen zu erreichen und zu aktivieren und damit das bürgerschaftliche Engagement zu erhöhen. Darüber hinaus wird die Vernetzung von Schule und anderen Institutionen im Quartier auch als Chance zur Entwicklung eines Quartiersbewusstseins (Identität), zur Verbesserung der Außenwirkung (Image) sowie zur Vertretung der Quartiersinteressen nach außen und damit auch als Beitrag zur Verringerung von Schulsegregation verstanden. In gutsituierten Quartieren steht dagegen – sofern Stadtteilgestaltung überhaupt thematisiert wird – als Kooperationsmotiv die Verbesserung von Kontakten im Stadtteil im Vordergrund. Vor allem engagierte Eltern wollen dazu beitragen, dass man sich im Stadtteil kennt und wohl fühlt.

Entlastung und Verbesserung der eigenen Arbeit
Selbstverständlich verfolgen alle Partner auch institutionenorientierte Interessen. Ein wesentliches Kooperationsmotiv für die Schulen ist die Nutzung von außerschulischen Kompetenzen zur Entlastung und Unterstützung der eigenen Institution. In den gutsituierten Quartieren greift die Schule auf die Kompetenzen außerschulischer Partner zurück, um ein Angebotsspektrum zu realisieren, das sie selbst nicht abdecken kann. In benachteiligten Quartieren nutzt die Schule zur eigenen Entlastung vor allem jene außerschulischen Kompetenzen, die den Umgang mit den vielfältigen Problemlagen erleichtern. Die Erweiterung des Angebotsspektrums kann in beiden Quartiersarten auch dazu beitragen, das Image der Schule zu verbessern und damit attraktiver für Eltern zu werden.

Partnern wie Sportvereinen oder Kultureinrichtungen geht es nicht zuletzt darum, das eigene Angebot, die eigene Einrichtung bei einer potenziellen Zielgruppe bekannt zu machen. Die Gestaltung von Angeboten im Ganztag ermöglicht einen besseren Kontakt zu Stadtteilkindern. Hierbei spielen auch finanzielle Erwägungen eine Rolle – sei es direkt durch die Vergütung etwa für die Leitung von Arbeitsgruppen, sei es durch den Gewinn neuer Mitglieder etwa für Sportvereine. Darüber hinaus wird gelegentlich auch darauf verwiesen, dass die Kooperation mit der Schule das Ansehen und den Bekanntheitsgrad der eigenen Institution in der Öffentlichkeit steigern kann.

Vorteile sowohl für die Schule als auch ihre Partner ergeben sich aus den Beziehungspotenzialen des Netzwerks wie Synergieeffekten, Ressourcenbündelung, gegenseitiger Beratung und Unterstützung, Zugang zu Informationen oder Einsparung von Kapazitäten.

1.2 Kooperationspartner und -strukturen

Zum Erreichen der genannten Ziele arbeiten die Schulen mit einer Vielzahl von Kooperationspartnern – sowohl Institutionen als auch Einzelpersonen – zusammen. Dabei variieren sowohl die Art der Partner als auch die Kooperationsstrukturen mit dem Handlungsfeld.

Gestaltung des Schulalltags
Eine herausragende Rolle bei der Organisation von außerunterrichtlichen Angeboten kommt freien Trägern der Jugendhilfe und Wohlfahrtspflege zu, wenn sie als Träger des Ganztags als Arbeitgeber für das pädagogische Personal fungieren oder sogar für die gesamte Organisation des außerunterrichtlichen Bereichs zuständig sind. Freie Träger bieten darüber hinaus ebenso wie Sportvereine häufig Arbeitsgruppen im Ganztag an. Kirchengemeinden erteilen in NRW ergänzenden Religionsunterricht und arbeiten mit den Schulen bei der Gestaltung von Schulgottesdiensten zusammen.

Zum Teil arbeiten die Schulen aber auch mit privaten Musik- oder Kunstschulen als AG-Anbietern zusammen oder gehen Kooperationen mit ehrenamtlichen Anbietern ein. Eltern, Verwandte oder andere Stadtteilbewohner/innen, aber auch über Stiftungen oder Freiwilligenagenturen vermittelte Freiwillige aus anderen Stadtteilen unterstützen Schulen zeitweilig, z.B. als Lesepaten. Überdies dienen öffentliche Einrichtungen wie Jugendzentren, Bibliotheken, Museen oder Theater als außerschulische Lernorte und gestalten zum Teil mit den Schulen gemeinsame Projekte. Die Polizei, insbesondere die örtlichen Kontaktpolizisten bieten häufig Verkehrserziehungsprojekte an.

In diesem Kooperationsfeld dominieren bilaterale Kooperationen. Während mit vielen Partnern eine kontinuierliche Zusammenarbeit zur Gestaltung des Schulalltags stattfindet, stellen die Polizei, Museen, Bibliotheken und Theater (und je nach Schule auch die Kirchen) eher „Hintergrundpartner" dar, auf die punktuell zurückgegriffen wird.

Einzelfallunterstützung
Zur Unterstützung einzelner Schüler/innen mit besonderem Förderbedarf oder familiären Problemen arbeiten die Schulen mit Eltern und ggf. anderen Verwandten, öffentlichen Einrichtungen wie Jugendamt und sozialen Diensten, Kinder- und Jugendgesundheitsdienst, Schulpsychologischem Dienst, aber auch mit freien Anbietern wie der Familienhilfe oder Erziehungsberatung und anderen freien Trägern der Jugendhilfe zusammen. Nicht zuletzt kommen hier auch zeitweilig gewerbliche Anbieter, z.B. Ärzte und Therapeuten, zum Einsatz.

Bei der Einzelfallunterstützung ist zum einen ein kontinuierlicher Informationsaustausch der verschiedenen mit dem Kind befassten Einrichtungen und Einzelpersonen von Bedeutung, zum anderen die Abstimmung von Förder- und Unterstützungsmaßnahmen. Neben bilateralen Kontakten der Schule kommt es zunehmend zur Schaffung von vernetzten Strukturen etwa im Rahmen von Fall- oder Hilfekonferenzen.

Gestaltung von Übergängen
Partner bei der kooperativen Gestaltung von Übergängen sind Kindertagesstätten, andere Grundschulen und weiterführende Schulen. Da sich die vorliegende Untersuchung auf Grundschulen beschränkte, wurden die für weiterführende Schulen wichtigen Kooperationen mit der Wirtschaft zur Unterstützung des Übergangs Schule-Beruf hier nicht erfasst. In diesem Kooperationsfeld ist – im Übergangsbereich Kita-Schule etwa gefördert durch bundesweite Modellvorhaben[61] – ebenfalls ein Trend von bilateralen hin zu netzwerkartigen Beziehungen zu beobachten.

Stadtteilarbeit
Bei der gemeinsamen Organisation von Beratungs-, Bildungs-, Förder- und Freizeitangeboten als Beitrag zur Aufwertung des Quartiers und Einbindung von Eltern und anderen Stadtteilbewohner/inne/n in Bildungsprozesse arbeiten die Schulen mit vielen Partnern zusammen, mit denen sie bereits in anderen Handlungsfeldern kooperieren; es kommen aber auch noch neue Partner wie Stadtteilpolitik und -verwaltung, Quartiersmanagement oder Mütter- und Familienzentren hinzu. Typisch für dieses Handlungsfeld ist die netzwerkförmige Zusammenarbeit in Stadtteilarbeitskreisen und ähnlichen Gremien.

[61] So waren sowohl Bremen als auch NRW gemeinsam mit weiteren Bundesländern von 2005 bis 2009 an Transkigs, einem Verbundvorhaben der Bund-Länder-Kommission für Bildungsplanung, beteiligt.

1.3 Orientierung an den Problemlagen im Sozialraum

Abbildung 16: Vergleich der Kooperationsfelder von Schulen und ihren Partnern in benachteiligten und gutsituierten Quartieren (Beispiel Bremen; Punkt= Partner[62]) (0-4: Wichtigkeitsgrad der Kooperation (4=sehr wichtig))

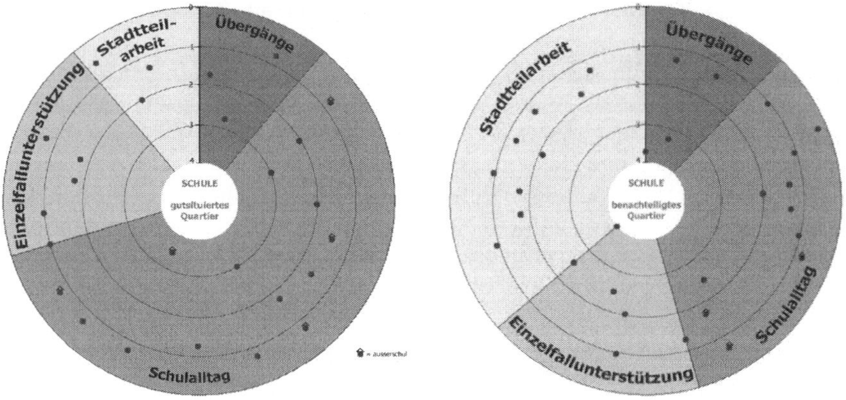

In Abhängigkeit vom schulischen Profil und dem Quartier unterscheiden sich Kooperationsintensität und -inhalte deutlich voneinander. Das jeweilige Portfolio von Leistungen und Angeboten der Schulen und ihrer Partner orientiert sich stark an den von ihnen und den Eltern wahrgenommenen Bedürfnissen im Sozialraum: So spielen in den benachteiligten Quartieren die Kooperationsfelder Stadtteilarbeit und Einzelfallunterstützung eine deutlich größere Rolle als in den gutsituierten Quartieren.

Die Untersuchungsschule in einem benachteiligten Bremer Quartier hat beispielsweise deutlich mehr Partner im Bereich Stadtteilarbeit als die Untersuchungsschule im gutsituierten Quartier (vgl. Abb. V.22). Im Kooperationsfeld Einzelfallunterstützung unterscheidet sich zwar die Zahl der Partner kaum, aber die Schulvertreter/innen im benachteiligten Quartier bewerten die Wichtigkeit ihrer Partner in diesem Bereich erkennbar höher als ihre Kolleg/inn/en im gutsituierten Quartier. Mit ihrem wichtigsten Partner kooperiert die Schule im benachteiligten Quartier sowohl im Kooperationsfeld Einzelfallunterstützung als auch im Kooperationsfeld Stadtteilarbeit, während der wichtigste Partner der

[62] Quelle: Interviews mit Schulvertreter/inne/n

Schule im gutsituierten Quartier dem Kooperationsfeld „Gestaltung des Schulalltags“ zugeordnet ist. In den anderen Untersuchungsstädten zeigen sich vergleichbare Unterschiede.

In den benachteiligten Quartieren machen sich die vielseitigen Probleme der Schüler/innen und ihrer Familien (z.B. Gewalt, Vernachlässigung, Sprachprobleme, Alkohol) deutlich im Schulalltag bemerkbar, beeinflussen das Lernverhalten der Kinder und behindern die Schule bei der Erfüllung ihres Bildungs- und Erziehungsauftrags. Das Schulpersonal kann im Alleingang nicht auf sämtliche Probleme ihrer Schülerschaft und deren Familien reagieren. Zur eigenen Entlastung benötigt die Schule eine langfristige Zusammenarbeit mit Partnern, die Hilfe und Unterstützung leisten können. Die Vernetzung mit dem Gesundheitsamt, dem Jugendamt und Beratungsstellen ist dabei nahe liegend.

Da die beschriebenen Problemlagen nicht nur die Schule, sondern auch die anderen Institutionen im Quartier betreffen, sind sie wesentlicher Ausgangspunkt von Vernetzungsbemühungen und zentrale Schnittstelle zwischen den Institutionen. Probleme im Stadtteil verbinden die Akteure, indem diese aus der Notlage heraus versuchen, in Kooperation Lösungen zu erarbeiten:

> „… die Themen boten sich an, sich darüber immer mehr auszutauschen und auch gemeinsam nach Lösungen zu suchen.“ (Vertreter/in Kooperationspartner, HB-BL-KP_9)

In den gutsituierten Quartieren fordern dagegen die Eltern engagiert eine hohe Qualität der schulischen Arbeit ein, was auch die Kooperationsangebote beinhaltet. Eltern orientieren ihre Schulwahl unter anderem auch an der Attraktivität der außerschulischen Angebote. Berufstätige Eltern werden entlastet, wenn sie ihr Kind nicht zum Sporttraining oder zum Instrumentalunterricht fahren müssen, sondern es bereits in der Schule Zugang zu einem hochwertigen Angebot hat.

Der unterschiedliche Stellenwert der Kooperationsfelder lässt sich mit einem „push und pull-Modell“ beschreiben: In den benachteiligten Quartieren werden die Schulen durch den im Schulalltag wahrgenommenen Problemdruck zur Kooperation mit anderen Partnern gezwungen bzw. gezogen (pull), während sie in den gutsituierten Quartieren durch die Anforderungen der Eltern an eine attraktive Gestaltung des Schulalltags geschoben werden (push).

1.4 Förderung von Kooperation und Vernetzung durch die Ganztagsschulentwicklung

Mehr Zeit und vielfältigere Kompetenzen

Welchen Einfluss hatte die Ganztagsschulentwicklung auf die beschriebenen Kooperationsstrukturen? Hat die Einrichtung der Ganztagsschule tatsächlich zu einem Ausbau bzw. einer Intensivierung von Kooperations- und Vernetzungsprozessen im Stadtteil beigetragen?

Die Fallstudien zeigen, dass die Entwicklung zur Ganztagsschule keineswegs eine Initialzündung für die Kooperation von Schulen und Stadtteilinstitutionen darstellte. Bereits vor der Entwicklung zur Ganztagsschule haben die Schulen mit einer Reihe von Partnern zusammengearbeitet und sich dabei vorrangig an den Verhältnissen im Quartier orientiert. Gleichwohl hat sich die Ausgangsannahme bestätigt, dass sich durch die Ganztagsschule die zunehmende Verfügbarkeit der Ressourcen *Zeit* und *Kompetenzen* förderlich auf Kooperation und Vernetzung ausgewirkt hat.

Die verlängerten Öffnungszeiten bieten nicht nur die Möglichkeit oder Notwendigkeit zusätzliche Partner für die Gestaltung des Ganztagsbetriebs einzubinden, sondern können in praktisch-organisatorischer Hinsicht die *bessere Erreichbarkeit der Schule* auch am Nachmittag gewährleisten, was sich nicht nur auf das Handlungsfeld Schulalltag, sondern auch auf die Ausgestaltung der Beziehungen in den anderen Handlungsfeldern begünstigend auswirkt. Durchweg wird darauf verwiesen, dass die Anwesenheit des schulischen Personals am Nachmittag den Kontakt zur Schule erleichtert habe. Besonders positiv wird von den Bremer Akteuren die längere Anwesenheit der Lehrkräfte im gebundenen Ganztagtag bewertet. Gerade hierdurch seien Kommunikations- und Austauschprozesse befördert worden, die weitere Annäherungsprozesse – auch in den Handlungsfeldern außerhalb des Schulalltags – auslösen können.

> „Da sind wir [Kindertagesstätte und Schule] gerade dabei, uns da ein bisschen ranzutasten. Weil – die Blickwinkel sind eben schon sehr unterschiedlich… Und sich darüber auszutauschen, war eben vor der Ganztagsschule sehr viel schwieriger, weil – die Lehrer kamen um 8.00 und gingen um 12.00 und hatten den Bildungsauftrag und das funktionierte mal recht, mal schlecht, je nachdem." (Vertreter/in Kooperationspartner, HB-BL-KP_9)

Nicht zu unterschätzen ist unter diesem Aspekt offenbar die Funktion eines verlässlichen Schulsekretariats: Da Schulleitung und Lehrkräfte auch bei ganztägiger Anwesenheit wegen ihrer Unterrichtsverpflichtungen nur selten telefonisch zu erreichen sind, kommt dem Sekretariat eine wichtige Rolle als erster Ansprechpartner für Kooperationspartner und Eltern zu. Diese Funktion kann aber nur erfüllt werden, wenn die Stundenzuweisungen durch die Kommune es ermöglichen, dass das Sekretariat täglich oder zumindest mehrmals wöchentlich besetzt ist.

Die *pädagogischen Fachkräfte* sind häufig nicht nur erste Ansprechpartner für AG-Anbieter, sondern bauen auch in eigener Initiative Kontakte zu Einrichtungen im Stadtteil auf. Dabei handelt es sich häufig um „bedarfsorientierte“ Kontakte, die sich an den Belangen der Kinder und ihrer Familien orientieren. Gerade in den sozialen Brennpunkten zeigt sich, dass vor allem die pädagogischen Fachkräfte gute Kontakte zu den Jugendämtern, Erziehungsberatungsstellen o.ä. pflegen. Begründet wird dies damit, dass diese Berufsgruppen durch das zwanglosere Setting im Ganztag ein vertrauensvolleres Verhältnis zu den Kindern aufbauen und schneller die besonderen Problemlagen der Familien ergründen. Ähnliches gilt für den Umgang mit Eltern. Die pädagogischen Fachkräfte haben im Rahmen der Abholzeiten regelmäßig informellen Kontakt zu den Eltern. Aus den Interviews geht hervor, dass Eltern es in manchen Punkten vorziehen, die pädagogischen Fachkräfte anstatt der Lehrkräfte anzusprechen, da die Hemmschwelle hier nicht so ausgeprägt ist. Es gibt also einige inhaltliche Gründe, die für das starke Vernetzungspotenzial der pädagogischen Fachkräfte sprechen. Entscheidend für die optimale Entfaltung dieses Potenzials sind aber Rollen- und Aufgabenzuschnitt dieser Berufsgruppe im schulischen Kontext: Manche Schulen sind sich dieses Potenzials bewusst und fördern entsprechende Aktivitäten, indem sie die entsprechenden Rahmenbedingungen dafür herstellen (z.B. Teilnahme an Gremien im Rahmen der Arbeitszeit). In anderen Fällen werden die pädagogischen Fachkräfte diesbezüglich in ihren Kompetenzen regelrecht beschnitten – beispielsweise, indem den Fachkräften im innerschulischen Kontext relevante Informationen über die Kinder unter dem Vorbehalt der Schweigepflicht vorenthalten werden oder die Aufnahme eigenständiger Außenkontakte der Genehmigung bedarf. Diese Rollendefinition wirkt sich eher hinderlich auf die Vernetzungspotenziale aus. Zum anderen spielt auch die Ausstattung mit zeitlichen Ressourcen eine entscheidende Rolle: Sowohl in Bremen als auch in NRW beträgt der Stellenumfang in den meisten Fällen zwischen 10 und 25 Stunden. Vollzeitbeschäftigungen stellen eher die Ausnahme dar. Insgesamt sind nur wenig Zeiten für Vor- und Nachbereitung oder Doppelbesetzungen vorgesehen. Faktisch bleiben daher wenig Ressourcen für inner- und außerschulische Kooperationsaktivitäten übrig, was das Vernetzungspotenzial der pädagogischen Fachkräfte begrenzt.

Mit der Entwicklung zur Ganztagsschule sind nicht nur neue Professionen, sondern auch *neue Themen, Perspektiven und Probleme* in die Schule gekommen, die allesamt Vernetzung im Sozialraum begünstigen können. Die Umwandlung zur Ganztagsschule bedeutet auch, den Blickwinkel von der reinen „Beschulung“ auf ganzheitliche(re) „Kind-Familien-Umfeld-Zusammenhänge“ auszuweiten. Die Ausweitung der Zielgruppe schafft gleichzeitig neue, thematische Anknüpfungspunkte zu anderen Institutionen, die über entsprechende Kompetenzen und Erfahrungen in diesen Bereichen verfügen:

> „Ich denke durch die Veränderung in Ganztagsschule hat die Schule dann noch mal ein ganz anderes Standbein bekommen, sich mit ganz anderen Themen zusätzlich auseinanderzusetzen,... sich anderen pädagogischen und Familienfragen zu öffnen... Und schon hat man ein gemeinsames Thema, weil die Kinder dann auf einmal rund sind mit Familie und nicht nur immer dieses Bildungskind und das nähert einen dann auch in der Diskussion an.“ (Vertreter/in Kooperationspartner, HB-BL-KP_9)

Aber nicht nur die Ausweitung der Zielgruppe und die Überwindung des reinen Bildungsbezugs bringen die Institutionen näher zueinander. Die Ganztagsschulen haben zugleich auch mit neuen Problemen und Herausforderungen zu kämpfen, die vorher in andere Zuständigkeitsbereiche gefallen sind, wie z.B. der sonderpädagogische Förderbedarf, der sich plötzlich als großes Thema in der Schule platziert. Hier findet tendenziell eine Überforderung statt, die die Schule dazu „zwingt“, auf die Erfahrungen und Kompetenzen anderer Einrichtungen zurückzugreifen. Gleichwohl nehmen die Akteure durch diese Entwicklung eine stärkere Sensibilisierung der Schule für ganzheitliche Zusammenhänge wahr, die wiederum von der Schule zurück ins Netzwerk getragen werden:

> „In dem Zusammenhang [Ganztagsschulentwicklung] habe ich das Gefühl, dass die [Schule] die Besonderheiten und Problematiken des Stadtteils vielmehr einbringen in den Arbeitskreis. Wenn es darum geht, was können wir planen, was können wir niedrigschwellig machen, damit wir uns öffnen für den Stadtteil.“ (Vertreter/in Kooperationspartner, HB-BL-KP_10)

Mit der Entwicklung zur Ganztagsschule nehmen die Beteiligten selbst ein innerschulisches Umdenken und eine veränderte Haltung der Schule wahr, die sich auf verschiedenen Ebenen bemerkbar machen. Auf der Stadtteilebene ist es die größere Sensibilisierung für die Lebensbedingungen der Kinder und ihrer Familien. Auf der schulischen Ebene ist es die Empfindung, ein „Lebensraum“ zu sein. Der Blick auf das Kind hat sich verändert, wodurch neue Kontakte notwendig werden:

> „Und der Blick auf die Kinder ist auch anders in der Ganztagsschule, weil wir uns mehr als Lebensraum empfinden. Schule ist einfach ein Lebensraum für Kinder und dieser Lebensraum muss mit ganz vielen verschiedenen Dingen gefüllt werden und verschiedenen Menschen und verschiedenen Angeboten. Und das beinhaltet einfach auch, Leute in die Schule reinzuholen und mit den Kindern aus der Schule raus zu-

gehen. Viel mehr als bei einer Halbtagsschule…“ (Vertreter/in Kooperationspartner, HB-BL-SV_3)

Stärkste Auswirkungen im Handlungsfeld Schulalltag
Die Ganztagsschulentwicklung führte schwerpunktmäßig zu einer Ausweitung der Kooperationen im Handlungsfeld „Gestaltung des Schulalltags“. Veränderungen in diesem Feld sind hier insbesondere die Zusammenarbeit mit freien Trägern der Jugendhilfe als Trägern des Ganztags und mit außerschulischen Partnern als Anbietern von zusätzlichen Arbeitsgemeinschaften. In erster Linie kann hier ein zahlenmäßiger Zuwachs (quantitative Dimension) von Partnern rekonstruiert werden, der zunächst wenig über die Beziehungsqualität (qualitative Dimension) aussagt (siehe dazu V 2.1).

Gerade in der Einführungsphase der Ganztagsschule haben Kontakte im Handlungsfeld Schulalltag signifikant an Bedeutung gewonnen. Die Schulen zeichneten sich in dieser Phase durch eine hohe Akquiseaktivität aus:

> „Das haben wir auch gleich in der Planung gemacht, dass wir alle Vereine damals angeschrieben haben. Alle, mit denen wir jemals zusammengearbeitet haben, haben wir angeschrieben, ob sie ein Interesse daran haben, mit uns zusammen zu arbeiten… Und wir haben breitest angeschrieben und nachgefragt, über den Fahrradclub, den Buchladen um die Ecke…“ (Schulvertreter/in, HB-ST-SV_1)

Mit Hilfe dieser zusätzlichen Partner konnten die Schulen ihr Angebot an Arbeitsgemeinschaften auch in thematischer Hinsicht erheblich erweitern. Die Schulen haben sich im Rahmen ihrer finanziellen Möglichkeiten bewusst um eine angemessene Vielfalt im Angebot bemüht und diesbezüglich den Blickwinkel ausgeweitet. In der Folge hat sich aber häufig die Anzahl der Partner wieder reduziert bzw. auf ein festes Partnerspektrum eingependelt: Zum einen hat sich gezeigt, dass nicht jeder Partner geeignet ist, mit Schüler/inne/n, vor allem mit Kindern mit vielfältigen Problemlagen, umzugehen. Zum anderen werden die Auswahlkriterien der Verlässlichkeit und der guten Erfahrung mit zunehmendem Ausbaugrad der Ganztagsschule wichtiger: Im Laufe der Zeit sammeln die Schulen gute oder schlechte Erfahrungen mit Partnern und greifen mit Vorliebe auf bewährte Kooperationsbeziehungen zurück.

Der Bedarf der Schulen an verlässlichen Partnern, die zumindest über pädagogische Grundkenntnisse verfügen, hat auch zur Folge, dass Eltern nur selten als Anbieter von Arbeitsgemeinschaften eingebunden sind. Zwar wurde in der Anfangsphase von einem Teil der Schulen in gutsituierten Wohngegenden versucht, Eltern in größerem Umfang für ein solches Engagement zu gewinnen, dies konnte aber in zwei der drei Schulen nur in geringem Umfang verwirklicht werden. In der dritten Untersuchungsschule, die sich sowohl durch einen hohen

Anteil nicht berufstätiger Mütter als auch durch eine für Elternbeteiligung sehr offene Schulleitung auszeichnet, bieten Eltern seit Einrichtung der offenen Ganztagsschule nach Schulschluss AGs für alle Kinder an, um auch nicht am Ganztag teilnehmenden Kindern attraktive Freizeitangebote zu ermöglichen.

Vergleicht man die Entwicklung im offenen und gebundenen Modell, hat die offene Ganztagsgrundschule in NRW zur Einbindung einer größeren Zahl außerschulischer Partner im Handlungsfeld „Gestaltung des Schulalltags" geführt als das gebundene Modell in Bremen. Diese Tatsache lässt sich zum einen darauf zurückführen, dass in der offenen Ganztagsschule in der Regel am Nachmittag kein Unterricht mehr stattfindet und somit ein großer Nachmittagsbereich vorhanden ist, der gefüllt werden muss. Zum anderen sieht der OGS-Landeserlass ein reichhaltiges und differenziertes AG-Angebot für altersheterogene Gruppen vor.[63] In Bremen liegt diese Notwendigkeit nicht so zwingend auf der Hand. Zwar sieht die Erlasslage eine Zusammenarbeit zwischen Schule und Partnern vor, allerdings ermöglicht das gebundene Modell die Abdeckung des gesamten Schultags mit Lehrer/inne/n und pädagogischen Fachkräften, also innerschulischem Personal. Die Zusammenarbeit mit außerschulischen Partnern stellt daher kein zwingend notwendiges Struktur- und Organisationsmerkmal dar.

Dennoch haben die Bremer Schulen ebenfalls einen Zuwachs an außerschulischen Partnern im Handlungsfeld „Gestaltung des Schulalltags" zu verzeichnen. Hier wird vor allem der Qualitätsaspekt als Anreizfaktor wirksam. Kooperationen können dazu beitragen, das Schulleben zu bereichern, die Kinder in unterschiedlichen Bereichen zu fördern und zur Konkurrenzfähigkeit beizutragen. Gerade letztbenannter Aspekt gewinnt an Bedeutung, wenn das Anwahlverhalten einer bildungsbewussten Elternschaft über die Konkurrenzfähigkeit der Schule entscheidet – interessante Kooperationspartner können durchaus einen „Attraktivitätsbonus" verschaffen.

2 Übergangs- und Strukturprobleme

In allen Fallstudien wurde freilich erkennbar, dass die vorhandenen Potenziale keineswegs ausgeschöpft werden. Erfolgreiche Kooperationen in bilateralen und mehr noch in netzwerkartigen Konstellationen sind außerordentlich voraussetzungsvoll und treffen in den betrachteten Fällen auf zahlreiche Hindernisse.

---

[63] Allerdings bietet die gebundene Ganztagsschule aufgrund der damit verbundenen Möglichkeit zur Rhythmisierung des Schulalltags bessere Voraussetzungen für eine intensivere Zusammenarbeit durch Verzahnung von Unterricht und Angeboten außerschulischer Partner, siehe V 2.1.

Dabei lassen sich sowohl Übergangsprobleme identifizieren, die auf die starke Belastung der schulischen Akteure bei der Umstellung vom Halbtags- auf den Ganztagsbetrieb zurückzuführen sind, als auch Strukturprobleme, die sich aus grundlegenden Prinzipien und Organisationsmerkmalen des Bildungs- und Jugendhilfesystems sowie des gewählten Ganztagsmodells ergeben.

2.1 Dominanz additiver Kooperation

Bei den Angeboten zur Gestaltung des Schulalltags dominieren additive Kooperationsverhältnisse: Schulen wählen zwar Partner und Angebote relativ gezielt aus, die außerschulischen Angebote werden jedoch dann mit dem Unterrichtsgeschehen kaum oder nicht verbunden. Wenn ein Jugendhilfeträger als Träger des Ganztags eingesetzt wird, findet zwischen ihm und der Schule zwar eine regelmäßige Abstimmung statt, zwischen Lehrkräften und anderen außerschulischen Partnern gibt es jedoch wenig Kontakt. Dies zeigt sich naturgemäß besonders ausgeprägt in den offenen Ganztagsschulen in NRW, bei denen aufgrund der Trennung zwischen Unterricht am Vormittag und „Betreuung" am Nachmittag Lehrkräfte und die Mitarbeiter/innen außerschulischer Partner sich teilweise noch nicht einmal begegnen. Das Modell der gebundenen Ganztagsschule bietet prinzipiell bessere Voraussetzungen für eine Rhythmisierung des Schulalltags und eine Verzahnung von Unterricht und außerunterrichtlichen Angeboten. Aber nicht alle gebundenen Ganztagsschulen setzen diese Rhythmisierung auch konsequent um. So konzentriert auch eine der gebundenen Untersuchungsschulen in Bremen die AG-Angebote der Kooperationspartner an einem Nachmittag in der Woche.

Diese additive Form der Kooperation hat für die Schulen und teilweise auch für die Partner den Vorteil eines möglichst geringen Organisationsaufwands. Zeitaufwendige Abstimmungstreffen sind nicht notwendig, die Eigenständigkeit von Lehrkräften und außerschulischen Partnern bleibt unangetastet.

Allerdings führt gerade diese Stärke der additiven Kooperation bei vielen Partnern zu Unzufriedenheit. Zum einen wird kritisiert, dass die zeitliche Konzentration auf festgelegte AG-Bänder am Nachmittag eine gleichmäßige personelle Auslastung verhindere. Die Kooperationspartner müssen für wenige Stunden in der Woche umfangreiche Personalkapazitäten vorhalten, die außerhalb dieser Zeiten nicht benötigt werden. Zum anderen empfinden gerade Partner wie die Jugendhilfeträger und Kultureinrichtungen, die einen hohen Bildungsanspruch vertreten und in der Kooperation mit der Ganztagsschule die Chance gesehen haben, schulische Bildungskonzepte aufzubrechen und um eigene Prinzipien anzureichern, die Beschränkung auf den Nachmittagsbereich als Einschränkung, weil es zu wenig Möglichkeiten gibt, die eigenen Angebote konzeptionell mit dem Schulunterricht zu verbinden oder Kontakte zu den jeweiligen Fachlehrer/inne/n aufzubauen. Die Nachmittagsangebote bekämen den Charakter eines „Anhängseldaseins“ mit Dienstleistungscharakter, die ohne weiteres austauschbar seien. Die Kooperation wird in diesem Fall nicht als gleichberechtigt empfunden, was zu Unzufriedenheiten, mitunter auch zu Abbrüchen führt. Darüber hinaus würden die zusätzlichen Bildungs- und Förderpotenziale der außerschulischen Partner häufig verpuffen, da die Kinder nach der kognitiven Beanspruchung des Unterrichtsvormittags müde und weniger empfänglich für neue Impulse seien. Gefordert werden daher von vielen Partnern rhythmisierte Strukturen.

2.2 Hoher Anteil defizitorientierter Kooperationsangebote in benachteiligten Stadtteilen

Die Fallstudien zeigen, dass sich die Schulen bei der Auswahl außerunterrichtlicher Angebote und der entsprechenden Kooperationspartner vorrangig daran orientieren, in welchen Bereichen ihre Schülerinnen und Schüler zusätzlichen Förderbedarf haben. Durchweg wird ein besonderer Förderbedarf im Bereich Bewegung und – in geringerem Umfang – im musischen Bereich – gesehen. Dabei bemühen sich die Schulen in privilegierten und gemischten Quartieren um besonders attraktive Sport- und Musikangebote – auch, weil solche Angebote für manche Eltern ein wichtiges Auswahlkriterium bei der Schulwahl zu sein scheinen. In den benachteiligten Quartieren liegt dagegen verständlicherweise der Schwerpunkt auf Förderangeboten für Kinder mit Sprach- und Entwicklungsproblemen. Da das Budget für den Ganztag in den Schulen gleich hoch ist, geht der hohe Bedarf an Förderangeboten zu Lasten attraktiver, stärkenorientierter Angebote. Diese Entwicklung birgt das Risiko, dass sich die Profilunterschiede zwischen Schulen in unterschiedlich strukturierten Quartieren noch verstärken: Schulen für die Kinder der Mittelschicht bieten attraktive Zusatzangebote, während sich die Schulen für Kinder mit besonderem Förderbedarf auf die Behebung von Defiziten konzentrieren müssen.

2.3 Beschränkung auf Informationsaustausch

Eine Vielzahl der untersuchten Stadtteilnetzwerke beschränkt sich auf einen regelmäßigen Informationsaustausch. Das Wissen darüber, welche Angebote andere Institutionen im Stadtteil machen und welche besonderen Probleme sie im Quartier wahrnehmen, trägt sicherlich zur Verbesserung der Arbeit von Schule und anderen Institutionen bei und ist eine wichtige Voraussetzung für engere Zusammenarbeit. Die Entwicklung gemeinsamer sozialräumlicher Konzepte gelingt jedoch nur in Ausnahmefällen. Ursache dafür ist zum einen, dass nicht nur die beteiligten Schulvertreter/innen, sondern auch die Kitaleitung, der Sportvereinsvorsitzende oder andere Akteure nur sehr begrenzte Zeitressourcen für diese Art von Arbeit haben. Zum anderen wird die Organisation gemeinsamer Aktivitäten durch Probleme bei der Beschaffung finanzieller Ressourcen erschwert: Die Trennung der Zuständigkeiten für Jugendhilfe und Bildung bedeutet, dass man etwa in Bremen für die Finanzierung eines gemeinsamen Ferienprogramms von Schulen und anderen Stadtteilinstitutionen zwei Behörden ins Boot holen muss. Oftmals wird eine stärker konzeptionelle Planung nur dadurch angestoßen, dass die Chance auf Fördermittel etwa aus dem Programm „Soziale Stadt" oder aus EU-Programmen besteht, und Voraussetzung für den Zugang zu diesen Mitteln eine gemeinsame Angebotsplanung ist.

Die Dominanz des Informationsaustauschs in der Stadtteilarbeit führt auch dazu, dass oftmals lediglich die Leitungsebene in die Stadtteilkooperation einbezogen ist. In allen gutsituierten Untersuchungsquartieren nimmt lediglich ein/e Vertreter/in der Schulleitung an Gremiensitzungen teil und ist auch Hauptansprechpartner/in für Kooperationspartner im Stadtteil. Wenn aber der Stadtteil stärker als Lernort genutzt werden soll und schulische und außerschulische Angebote aufeinander bezogen werden sollen, ist auch eine Kooperation einzelner Lehrer/innen mit Kultureinrichtungen, Sportvereinen, sozialen Diensten unerlässlich.

Nicht ausgeschöpft werden darüber hinaus die Potenziale pädagogischer Mitarbeiter/innen als Bindeglied zum Quartier. Pädagogische Fachkräfte haben häufig niedrigschwellige Kontakte zu Eltern und verfügen über mehr Interesse an bedarfsorientierten Kontakten zu Vereinen und der öffentlichen Jugendhilfe als Lehrer/innen. Ihre Handlungsmöglichkeiten sind aber zum einen wegen ihrer begrenzten Zeitressourcen eingeschränkt, zum anderen sind ihre Aufgaben in der Regel eng auf die Betreuung der Kinder zugeschnitten. Nur wenige Schulen sind sich des Potenzials von pädagogischen Mitarbeiter/inne/n als Bindeglied zum Stadtteil bewusst und fördern entsprechende Aktivitäten, indem z.B. die Teilnahme an Stadtteilgremien im Rahmen der Arbeitszeit möglich ist.

2.4 Ungleichgewicht zwischen Schule und Partnern

Die Fallstudien zeigen, dass besonders im Kooperationsfeld Schulalltag die Kooperationsziele der Schule wie Entlastung und Ermöglichung attraktiver Angebote häufiger erfüllt werden als die Motive der außerschulischen Partner wie

Einbringen der eigenen pädagogischen Ansätze oder die Gewinnung neuer Mitglieder bzw. Kunden.

Hauptursache dafür ist ein strukturelles Ungleichgewicht zwischen der Schule und den außerschulischen Partnern. Diese strukturelle Dominanz der Schule lässt sich auf verschiedene Ursachen zurückführen:

- Während die Schulen regelfinanziert sind, leben viele der Partner von öffentlichen Zuschüssen, über die jährlich neu entschieden wird, oder sie sind auf Einnahmen aus Honoraren angewiesen. Insofern können die Schulen mit einer relativ hohen Planungs- und Handlungssicherheit längerfristige Zielvorstellungen und Umsetzungskonzepte entwickeln, in denen sie bestimmte Leistungen anderer Partner einplanen können. Umgekehrt hat die Schaffung der Ganztagsschule für viele dieser Einrichtungen zu einem erheblichen Kooperationsdruck mit der Schule geführt.
- Schulen treten als Nachfrager nach außerunterrichtlichen Angeboten auf Märkten auf, auf denen sie häufig den Preis und die Rahmenbedingungen diktieren können. Sie können in der Regel zwischen verschiedenen Anbietern auswählen, während z.B. der örtliche Sportverein, wenn er in der Zusammenarbeit mit der Schule für sich eine Chance sieht, oftmals keine Alternative zur Zusammenarbeit mit der örtlichen Schule hat. (Anders stellt sich dieses Verhältnis übrigens bei der Zusammenarbeit von weiterführenden Schulen zu Unternehmen dar, bei denen häufig verschiedene Schulen um eine Partnerschaft mit Großunternehmen konkurrieren.)
- Aufgrund der Organisation des Schulsystems und seiner gesellschaftlichen Funktion ist die Schulverwaltung häufig politisch durchsetzungsfähiger als die dezentraler organisierte Sozialverwaltung bzw. vereinzelte Jugendhilfeträger, Sportvereine oder Kultureinrichtungen.

Die Ausdehnung des schulischen Angebots auf den Nachmittag ist für Vereine, Musikschulen, Kirchengemeinden, Jugendeinrichtungen und anderen Trägern der Jugendhilfe mit einem Rückgang von Teilnehmer/inne/n und unsicheren Perspektiven für das eigene Nachmittagsangebot verbunden. Konkrete Auswirkungen sind hier zum Teil existenzielle Probleme, hinfällig gewordene Konzepte (z.B. im Kontext der sozialpädagogischen Familienhilfe, die die Anwesenheit der gesamten Familie im Nachmittagsbereich vorsah) oder Schwierigkeiten in der bisherigen Nutzung der Infrastruktur. So können z.B. die Sportvereine nicht mehr wie gewohnt die Hallen nutzen, da diese nun bis in den späten Nachmittag von den Ganztagsschulen für ihre eigenen Bewegungsangebote benötigt werden.

Viele Ganztagsschulen führen nunmehr Angebote in eigener Regie durch, die vorher hauptsächlich in den Zuständigkeitsbereich spezialisierter Einrichtungen fielen. Diese „feindliche Übernahme" von Angeboten führt zu handfesten Konkurrenzen, die geprägt werden durch unterschiedliche Qualitätsansprüche: Während Kultureinrichtungen und Vereine häufig der Talent- bzw. Spitzenförderung einen hohen Stellenwert einräumen, steht für die Schule bei Kultur- und Sportangeboten die Breitenförderung im Mittelpunkt.

Professionalisierte – und damit auch deutlich teurere Angebote der Partner – haben gegen diese kostengünstigere Variante kaum eine Chance. Diese Institutionen sind daher zu einem Umbruch altbewährter Leistungsmuster gezwungen, die sich in verschiedenen Szenarien äußern können:

- *Anpassung:* Die Einrichtungen verändern gezwungenermaßen ihre Konzepte und passen sich den Bedingungen der Ganztagsschule an, indem z.B. Angebote zeitlich nach hinten verlagert werden. Einige Anbieter kommen damit zurecht; andere weniger. Letzteres ist insbesondere bei kommerziellen Anbietern der Fall, bei denen tagsüber eine „Leerzeit" entsteht und am späten Nachmittag lediglich ein kurzes Zeitfenster verbleibt, in dem nur eine begrenzte Anzahl von Teilnehmer/inne/n untergebracht werden kann.
- *Konkurrenz:* Eine andere Variante besteht darin, ein Konkurrenzangebot zu entwickeln, etwa ein flexibles Betreuungskonzept mit variablen Abholzeiten. Diese Variante ist in der Realität jedoch nur selten vorzufinden.
- *Kooperationsdruck:* Andere Institutionen, die sich nicht ohne weiteres in Konkurrenz zur Ganztagsschule begeben können und diese Entwicklung als Bedrohung erleben, versuchen ihr Angebot an der Ganztagsschule zu platzieren und gehen aus einer gewissen Not heraus ein Kooperationsverhältnis ein. Aus der Entwicklung zur Ganztagsschule resultiert in diesem Fall „Kooperationsdruck", welcher von den Beteiligten als wenig angenehm erlebt wird. Kritisiert wird diesbezüglich, dass sich seitens Politik und Verwaltung wenig Gedanken darüber gemacht wurde, wie sich die Einführung der Ganztagsschule auf das Umfeld auswirkt. Die außerschulischen Bildungseinrichtungen seien mit der Existenzbedrohung alleine gelassen worden.

Zwar kann der Kooperationsdruck durchaus beidseitig wirken: Mit Blick auf die Möglichkeiten der Stadtteilakteure, Konkurrenzangebote zu entwickeln, unterliegen auch die Schulen einem gewissen Handlungsdruck, auf diese Anbieter offensiv zuzugehen und eine gemeinsame Ebene der Zusammenarbeit anzustreben.

Allerdings haben Schulen bzw. Bildungsbehörden eine relativ große Auswahl an möglichen Kooperationspartnern, während viele Vereine und Kultureinrichtungen aus den geschilderten Gründen auf die Zusammenarbeit angewiesen sind. Sie müssen deshalb die von der Schulbehörde vorgegebenen Rahmenbedingungen (niedrige Honorarsätze, große Gruppen) akzeptieren und können ihre eigenen Qualitätsansprüche nur in Ansätzen verwirklichen. Der erhoffte Gewinn neuer Teilnehmer/innen für das eigene Kernangebot bleibt schließlich aus, da die Kinder das Angebot nun günstiger in der Schule nutzen und im Anschluss an den Schultag häufig zu erschöpft für weitere Aktivitäten sind.

2.5 Probleme bei der Einbindung von Eltern

Die Zusammenarbeit mit den Eltern variiert mit der Struktur des Quartiers: Während Eltern in gutsituierten Quartieren die Arbeit der Schule als Ehrenamtler/innen oder Sponsoren unterstützen, aber auch die Qualität der schulischen Arbeit anspruchsvoll und kritisch hinterfragen, geht es in benachteiligten Quartieren schwerpunktmäßig darum, sie zu einer besseren Unterstützung der Bildungsprozesse ihrer Kinder zu befähigen.

Das hat zur Folge, dass gerade die artikulationsgewandten Eltern in den gutsituierten Quartieren als Stakeholder bei der Definition der Interessen und Erfordernisse im Umfeld der Schule eingebunden sind. In diesen Quartieren fordern z.B. Eltern, um ihren Kindern ein vielfältiges Aktivitätsspektrum zu ermöglichen und selber von Fahrdiensten entlastet zu werden, ein attraktives Musik- und Sportangebot ein (vgl. V 1.3). In den benachteiligten Quartieren dominiert dagegen die Sichtweise der Schule und ihrer Partner. Eltern werden von diesen als Zielgruppe angesehen. Zwar wird durchaus als Kooperationsziel eine stärkere Elternbeteiligung angestrebt, aber vorrangig werden die Eltern nicht in die Problemdefinition und die Entwicklung von Lösungskonzepten eingebunden, sondern vielmehr als Teil des Problems betrachtet.

Ein wichtiger Grund dafür liegt in dem Umstand, dass viele Eltern in den benachteiligten Quartieren aufgrund von geringem Bildungsgrad, eigenen schlechten Erfahrungen mit der Schule oder sprachlichen Problemen vorhandene Mitwirkungsmöglichkeiten nicht wahrnehmen. Die Einbindung dieser Eltern als Stakeholder ist folglich auch in Kooperation mit anderen Institutionen für die Schulen keine einfache Aufgabe.

Eine der Dortmunder Fallstudien zeigt, dass es durch die niedrigschwelligen Partizipationsangebote des Quartiersmanagements durchaus gelingen kann, Eltern in ihrer Funktion als Quartiersbewohner/innen auch an der Definition von Problemen und an der Gestaltung der Schule sowie ihrer Außenbeziehungen zu beteiligen. In diesem Fall hat sich gezeigt, dass die Eltern dem Problem der mangelnden Sicherheit ihrer Kinder im Quartier eine hohe Priorität einräumen und damit einem Missstand, der für die Schule und ihre Partner bisher nicht im Vordergrund der Arbeit stand. Eine konsequente Einbindung von Eltern kann deshalb auch zu Konflikten führen, wenn Eltern die Problemdefinitionen von Schule und Partnern in Frage stellen.

Die Zusammenarbeit der Schule mit Partnern im Stadtteil kann daher auch die Wirkung haben, funktionale Äquivalente zu einer Einbindung der Eltern in die Bildungsprozesse ihrer Kinder zu schaffen. Wenn die Schule Probleme in der Kommunikation mit den Eltern hat, ist die Zusammenarbeit mit Erziehungshilfe und Jugendamt sicherlich sinnvoll, kann aber auch dazu führen, dass Schulen dies als den – tatsächlich oder vermeintlich – „einfacheren" Weg wählen, indem sie sich etwa bei Förderbedarfen schwerpunktmäßig auf ihre Partnerinstitutionen stützen und auf intensivere Anstrengungen zur Ansprache der Eltern verzichten.

VI Schulentwicklung und Stadtteilvernetzung – wie weiter?

1 Strukturwandel des Schulsystems

Die Fallstudien dieser Untersuchung stellen lediglich einen begrenzten Ausschnitt aus der Vielzahl praktischer Experimente und Entwicklungsprozesse im deutschen Schulwesen dar. Gleichwohl deuten sie darauf hin, dass das Verhältnis von Schulen zu ihrer sozialen und räumlichen Umgebung ein Potenzial birgt, von dessen Nutzung beide Seiten profitieren können: Schulen können (unter bestimmten Bedingungen) mit ihren Kompetenzen und Kapazitäten zur Aufwertung von Stadtteilen beitragen, können Bildungsverständnis und soziales Kapital verstärken und moderne Lebensstile und Lebensformen unterstützen. Umgekehrt können die Öffnung für die Nachbarschaft und die Vernetzung mit anderen Institutionen die Schule von erdrückender Überforderung entlasten und dazu beitragen, dass sie ihrem Bildungsauftrag wieder mehr als bisher gerecht werden kann. Dieses potentielle Win-Win-Verhältnis spiegelt sich in den positiven Bewertungen und Schlussfolgerungen wider, die von den beteiligten Akteuren durchweg formuliert werden. Deutlich wird aber auch, dass es sich um einen mühsamen und schwierigen Annäherungsprozess handelt, dessen hohe Hürden noch lange nicht überwunden sind. An den einzelnen Fallstudienstandorten sind hierbei – je nach lokaler Bedingungskonstellation – unterschiedliche Pfade und Fortschritte zu verzeichnen, aber in allen Fällen könnte das Potenzial der wechselseitigen Annäherung von Schule und Stadtteil besser ausgeschöpft werden. Die dazu erkennbaren Ansatzpunkte liegen auf verschiedenen Ebenen.

Der langen Tradition des deutschen Bildungswesens entsprechen verfestigte politisch-ideologische Einstellungen, die sich zum Beispiel in kritischen Einwänden gegen einen neuen „Humankapitalismus" ausdrücken, der Bildung vorschnell zum Allheilmittel gegen Armut, Chancenungleichheit und soziale Ausgrenzung stilisiert. Solche Einwände sind durchaus ernst zu nehmen, jedoch ist der empirische Zusammenhang zwischen Bildungschancen und sozialer Benachteiligung so evident, dass im Bildungs- und insbesondere im Schulsystem tatsächlich nach Wegen der Entkoppelung gesucht werden muss. Ein weiterer und häufig formulierter Einwand betrifft die befürchtete Abschiebung von (Erziehungs- und Betreuungs-)Verantwortung auf die Schulen und selbstverständlich lässt sich diskutieren, ob tatsächlich eine derart erweiterte gesellschaftspolitische Rolle der Schule sinnvoll und wünschenswert sei. Da freilich die Familien diese Aufgabe in vielen Fällen nicht übernehmen können und nur noch in der Schule als Institution und als sozialer Ort die Gelegenheit besteht, Kinder und Jugendliche aus unterschiedlichen Milieus mit einer gewissen Wahrscheinlichkeit zu erreichen und Kommunikation und Begegnung zwischen ihnen zu ermöglichen, sollte dieses Potenzial auch genutzt werden.

Dem entspricht im Konzept der Bildungsnetzwerke bzw. -landschaften ein erweitertes Bildungsverständnis – Bildung als umfassende Entwicklung der Persönlichkeit und Medium der gesellschaftlichen Integration. Die Ganztagsschulentwicklung hat dazu beigetragen, dass dieses erweiterte Bildungsverständnis inzwischen auch von vielen (Grund)Schulvertreter/inne/n geteilt wird. Andererseits werden die Schulen im Rahmen der Outputsteuerung (z.B. durch zentrale Leistungstests) dazu gezwungen, sich stärker auf ihr „Kerngeschäft" der Wissensvermittlung zu konzentrieren. Der Schulalltag hat sich in den letzten Jahren weniger durch eine verstärkte Öffnung als vielmehr durch eine verstärkte Leistungsorientierung verändert. Vielfach fühlen sich die handelnden Personen auf der Ebene der einzelnen Schulstandorte mit derartigen Widersprüchen und ihrer Bewältigung im konkreten Alltag allein gelassen.

Damit Schulen in die Lage versetzt werden, als Institution und als konkrete Orte die erweiterten Funktionen tatsächlich zu erfüllen, erscheint somit eine doppelte Integrationsleistung und damit auch die Überwindung institutioneller Strukturprobleme erforderlich: Die Chancen für eine erfolgreiche Ausführung des Bildungsauftrags ebenso wie des Integrationsauftrags erhöhen sich zum einen durch eine funktionierende horizontale Kooperation zwischen denjenigen Institutionen, die in jeder Phase des biografischen Verlaufs auf die individuelle Entwicklung einwirken. Zum anderen verbessern sich diese Chancen durch eine kohärente vertikale Kooperation der Ebene der „Vor Ort-Akteure" mit den übergeordneten Ebenen der politisch-administrativen Akteure und Angebotsträger. Unter diesem Gesichtspunkt bedeuten Öffnung, Kooperation und Vernetzung für die beteiligten Institutionen bzw. Organisationen einen Strukturwandel, der ihre Grenzen durchlässiger macht und tendenziell gänzlich auflöst. Die Fallstudien zeigen indes, dass damit nicht nur Vorteile und Entlastungseffekte verbunden sind: Kooperation und Vernetzung können die gemeinsamen Handlungsspielräume von Schulen und ihren Partnern im Hinblick auf zielgerichtete Förderung von Kindern, abwechslungsreicheres Angebot, bessere Durchsetzung von Standortinteressen gegenüber Politik und Behörden erhöhen. Die Erosion von institutionellen Grenzen ist aber auch verbunden mit der Einschränkung jeweils eigener Handlungsmöglichkeiten: Aktivitäten müssen mit Partnern abgesprochen werden, es müssen bestimmte Regeln im Umgang miteinander eingehalten werden.

Nicht zuletzt kostet eine intensive Abstimmung Zeit. Vor diesem Hintergrund befinden sich Schulen und ihre Partner in der Situation abzuwägen, ob sich in jedem Einzelfall Kooperation und Vernetzung lohnen und wie weit dieser Prozess vorangetrieben werden soll.

2 Optimierungsansätze

Die diversen Kooperationsprobleme und -hürden lassen allerdings auch konkrete Ansatzpunkte zu ihrer Überwindung erkennen, die sich zum einen in der Praxis „vor Ort" entwickelt haben, zum anderen aus den relevanten Problemkonstellationen und Handlungsbedingungen ableiten lassen. Qualität, Umfang und Intensität von Kooperation und Vernetzung werden von einer Reihe von (zum Teil eng miteinander verknüpften) Strukturbedingungen auf Schulstandort-, Stadtteil-, kommunaler und Landesebene sowie den Beziehungen zwischen diesen Ebenen beeinflusst – je nach Ausprägung förderlich oder hemmend. Innerhalb dieses komplexen Mehrebenensystems lassen sich jedoch einige wesentliche „Stellschrauben" identifizieren, die zum Ausbau und zur Verbesserung von Kooperation und Vernetzung genutzt werden können.

Tabelle 6: Einflussgrößen für Qualität, Umfang und Intensität von Kooperation und Vernetzung

Vertikale Kooperation Bundesland | Kommune | Stadtteil/Quartier/Schulstandort	Enge Zusammenarbeit von Kommune und Land (Beispiel: Kooperationsverträge zwischen Land und Kommunen zur Einrichtung von lok. Bildungsbüros); Integrierte politische Konzepte von Bildungs-, Sozial-, Jugendhilfe-, Stadtentwicklungsbehörden (gemeinsame Gremien, Bildungspläne, -monitoring, Lösung von dienstrechtlichen, datenrechtlichen und sonst. „bürokratischen" Kooperationshindernissen); Institutionalisierung von ressortübergreifenden Strukturen für Beratung und Fortbildung (Informationsplattformen, Beratungs/Koordinierungseinrichtungen auf Stadtteil-/Bezirksebene, Quartiersmanagement); Personelle Ressourcen und Finanzmittel für Kooperationsprojekte (problemadäquate Ausstattung, Anreizmechanismen für Vernetzungsaktivitäten etc.)
Horizontale Kooperation **Schule – Partner – Stadtteilgremien**	Professionalisierung der horizontalen Koordination und Kooperation (Standortmanagement, Transparenz, verlässliche Information und Kommunikation, Kooperationsverträge); Autonomie der Schulen bei Auswahl und Einsatz außerunterrichtlicher Angebote (Freiheiten ohne Belastungen?); Aufbau/Entwicklung paritätischer Elternbeziehungen (Beseitigung von Kommunikationsproblemen, Transparenz und Teilhabe, Eltern als Zielgruppe und Stakeholder); Räumliche Nähe („kurze Wege")

Zusammenarbeit von Land und Kommune
Erfolgreiche Kooperation und Vernetzung auf der Ebene des einzelnen Schulstandortes hängen neben den konkreten Standortbedingungen auf Quartiers- und Stadtteilebene von einem funktionierenden Zusammenspiel in vertikalen Beziehungen, d.h. von der Kooperation mit der übergeordneten Kommunal- und Landesebene ab. Aufgrund der Trennung der Zuständigkeiten für innere Schulentwicklung (Landeszuständigkeit) und äußere Schulentwicklung (kommunale Zuständigkeit) ist zur Förderung der Stadtteilvernetzung von Schulen eine enge Zusammenarbeit und Abstimmung von Kommune und Land notwendig. Das Dortmunder Beispiel zeigt, dass die konzeptionelle Abstimmung im Rahmen des Projekts „Selbständige Schule" und die gemeinsame Einrichtung eines regionalen Bildungsbüros zu einer besseren Unterstützung der Schulen durch Beratung bei der Entwicklung von Kooperationsprojekten geführt hat. Durch die Kooperationsverträge zur Schaffung regionaler Bildungsnetzwerke, die die nordrhein-westfälische Landesregierung seit 2008 mit 39 Städten und Landkreisen abgeschlossen hat, werden in NRW vergleichbare Ansätze in die Fläche übertragen.

Integrierte, sozialräumlich orientierte Konzepte
Ebenso bedeutsam wie die Unterstützung durch übergeordnete Behörden sind die horizontalen Beziehungen, die sich zwischen den Institutionen auf übergeordneten Ebenen entwickeln. Klare politische Vorgaben, dass stadtteilbezogene Kooperation und Vernetzung zur Verbesserung der Bildungschancen gewünscht sind, und darauf aufbauende integrierte, sozialräumlich orientierte Konzepte – insbesondere von Bildung, Sozialdiensten, Jugendhilfe und Stadtentwicklung – erleichtern die Bündelung von Ressourcen und signalisieren den Akteuren im Quartier, dass ihr Engagement wahrgenommen und unterstützt wird. Das ist besonders für Schulen wichtig, weil ihre Leistung nicht in erster Linie an der Vernetzung im Sozialraum, sondern an ihrem Abschneiden bei Leistungsvergleichsstudien gemessen wird. Die von den Senator/inn/en für Bildung, Soziales und Bau in Bremen gemeinsam angestoßene Schaffung von Quartiersbildungszentren hat dementsprechend zu einer Ausweitung und Weiterentwicklung der Vernetzung geführt. Wesentliche Voraussetzung dafür war die intensive Einbeziehung der Quartiersakteure in die Konzeptentwicklung.

Die beschriebenen Diskrepanzen zwischen Schulen in sozial unterschiedlich strukturierten Quartieren machen überdies deutlich, dass neben horizontaler und vertikaler Vernetzung eine „positive Diskriminierung" zugunsten von Schulen in benachteiligten Quartieren unvermeidlich erscheint. Dies betrifft sowohl die Ausstattung der Schulen mit Lehrkräften, sozialpädagogischem Fachpersonal und Sachmitteln als auch die erforderlichen Koordinationskapazitäten für den Aufbau und die Organisation von Netzwerken und Kooperationsstrukturen im

Quartier. Voraussetzung für eine solche Umsteuerung bei der Ressourcenverteilung ist die Verbesserung der kommunalen Schulentwicklungsplanung. Bildungs- und Sozialberichterstattung sollten zu einem Monitoringsystem weiterentwickelt werden, mit dem Probleme und Entwicklungstrends erkannt und die Wirkungen von Interventionen erfasst werden können.

Personelle, finanzielle und sachliche Ressourcen

Konzepte zur Stadtteilvernetzung können nur umgesetzt werden, wenn Schulen und ihre Partner auch mit den notwendigen Ressourcen ausgestattet werden. Funktionierende Kommunikationsstrukturen und eine Verzahnung von unterschiedlichen pädagogischen und professionellen Ansätzen können durch die Ausweitung der Vorbereitungs- und Kooperationszeiten pädagogischer Fachkräfte und eine regelmäßige Besetzung des Schulsekretariats beträchtlich gefördert werden. Als hilfreich erweisen sich zudem Entlastungsstunden für Kooperations- bzw. Stadtteilarbeit für Schulleitung und Kollegium. Während Schulen in gutsituierten Quartieren für Kooperationsprojekte zumindest in begrenztem Rahmen auch auf die Unterstützung der Eltern (z.B. gesonderte Kostenbeiträge oder Zuschüsse von Elternvereinen) zurückgreifen können, sind benachteiligte Quartiere in der Regel auf Projektmittel aus Förderprogrammen Dritter angewiesen. Wenn solche Programme wie das Programm „Soziale Stadt" ein gemeinsames Quartierskonzept zur Voraussetzung für die Vergabe von Mitteln macht, kann das einen wesentlichen Anstoß dafür geben, dass sich der Fokus von Stadtteilgremien über den schon vorher praktizierten Informationsaustausch hinaus auf die Erarbeitung gemeinsamer Ziele und Strategien verschiebt.

Kommunikationsstrukturen

Funktionierende Netzwerkarbeit beruht auf Vertrauen und Reziprozität, d.h. darauf, dass die Beteiligten ihre jeweiligen Interessen und Handlungsmöglichkeiten von den beteiligten Partnern und in den gemeinsamen Zielen berücksichtigt finden. Gerade aufgrund des strukturellen Ungleichgewichts zwischen Schulen und ihren Partnern lässt sich eine solche Wechselseitigkeit kaum ohne verlässliche Arbeitsteilung (z.B. abgesichert durch funktionierende informelle und formelle Kommunikationsstrukturen, vertragliche Vereinbarungen und/oder Koordinationsinstanzen) und ohne die Professionalisierung der horizontalen Koordination herstellen.

Auf der Seite der Schule wird die Verbesserung der Kommunikationsstrukturen gefördert durch feste und erreichbare Ansprechpartner für andere Institutionen und für Ehrenamtliche sowohl auf Leitungsebene als auch auf Arbeitsebene. Bei der Gestaltung des Schulalltags hat sich z.B. gezeigt, dass eine enge Verzahnung von Unterricht und anderen Angeboten dadurch befördert wird, dass nicht nur die Leitung einer Musikschule das Angebot mit der Schulleitung abstimmt, sondern dass auch die AG-Leitung sich über die Inhalte oder auch die Lernfortschritte einzelner Kinder mit dem/der Musiklehrer/in austauscht. Bei der Stadtteilarbeit ist die Einbeziehung der Arbeitsebene Voraussetzung dafür, dass nicht nur die Schulleitung, sondern das gesamte Kollegium über spezifische Bedürfnisse und Handlungsmöglichkeiten im Stadtteil informiert ist. Das Potenzial von pädagogischen Fachkräften als Bindeglied zum Quartier und zu den Eltern wird vielfach nicht ausgeschöpft. Eine wichtige Rolle als Ansprechpartner für Partner und Eltern kann auch das Schulsekretariat spielen, wenn die Stundenzuweisungen durch die Kommune es wie in Bremen ermöglichen, dass das Sekretariat täglich oder zumindest mehrmals wöchentlich besetzt ist. Bewährt hat sich überdies die Institutionalisierung des Informationsaustausches durch die Schaffung gemeinsamer Gremien wie OGS-Steuerungsgremien in NRW oder regelmäßige Treffen von Schulvertreter/inne/n mit allen Honorarkräften im Ganztag.

An dieser Stelle ist allerdings darauf zu verweisen, dass „Kommunikationsarbeit" jeglicher Art nur in begrenztem Umfang informell und im Rahmen der alltäglichen Routine geleistet werden kann. Durchgängig wird von den Akteuren auf der Ebene der einzelnen Schulstandorte darauf verwiesen, dass Öffnung, Kooperation und Vernetzung zwar von ihnen erwartet werden, die dafür notwendigen Ressourcen in Form von Zeitkontingenten und Personalausstattung jedoch von den Schulträgern und Schulbehörden nur sehr restriktiv bereitgestellt werden.

Kooperationsverträge

Unabhängig davon, ob sich in den Partnerbeziehungen die strukturelle Dominanz der Institution Schule gegenüber den anderen Partnern ausdrückt oder nicht, bietet die schriftliche Fixierung von (gemeinsam erarbeiteten oder von der Schule vorgegebenen) Zielen und Aufgabenteilung (z.B. bei Hol- und Bringdiensten) in Kooperationsverträgen eine gute Kooperationsgrundlage, da Unklarheiten beim Aufgabenzuschnitt die wechselseitigen Beziehungen erheblich belasten können. Dabei hat es sich in NRW als hilfreich erwiesen, dass die zuständigen Behörden auf Landes- und kommunaler Ebene Rahmenverträge mit Spitzenverbänden oder Dachorganisationen schließen, die dann die Grundlage für Kontrakte der einzelnen Schule mit ihren Partnern bilden. Land und Kommune können den Aufwand, der für die Vor-Ort-Akteure mit dieser Vertragsschließung verbunden ist, durch die Veröffentlichung von Musterverträgen und Beratungsangeboten verringern.

Koordinationsinstanzen
Vor allem dann, wenn sich komplexere Netzwerkstrukturen an den Schulstandorten bzw. in den betreffenden Quartieren herausbilden, sind die formellen und informellen Regulierungen der Partnerbeziehungen in vielfacher Hinsicht nicht ausreichend, um die gemeinsame Arbeit sinnvoll zu koordinieren. Die Fallstudien ergeben klare Hinweise, dass die Einsetzung von Koordinationsinstanzen wie Quartiersmanagement, Stadtteil- oder Familienbüro zu einer Professionalisierung und stärkeren Zielorientierung der gemeinsamen Arbeit beigetragen hat: Durch eine professionelle Koordinierung werden Informationsaustausche verstetigt, neue Akteure können leichter gewonnen und eingebunden werden (z.B. die Wohnungswirtschaft), bürgerschaftliches Engagement sowie eine stärkere Umsetzungsorientierung der Abstimmungsprozesse werden befördert. Die Manager bzw. Koordinatoren übernehmen sowohl eine horizontale Mittler- bzw. Brückenfunktion zwischen verschiedenen Institutionen und Teilnetzwerken im Quartier als auch eine vertikal wirksame „Übersetzer- und Maklerfunktion" zwischen der Vor-Ort-Ebene und der kommunalen Steuerungsebene. Die Bremer Bildungsbehörde hat deshalb bei der Einrichtung von Quartiersbildungszentren in benachteiligten Quartieren beschlossen, diese jeweils mit einer halben Stelle für eine/n Koordinator/in auszustatten.

Die Entwicklung und Umsetzung integrierter Konzepte wird ebenfalls durch die Institutionalisierung ressortübergreifender Strukturen für Beratung und Fortbildung gefördert. So organisiert das Dortmunder Familienprojekt nicht nur eine enge Abstimmung von Schulamt, Schulverwaltungsamt und Jugendamt bei der (Weiter)Entwicklung der offenen Ganztagsschule, sondern fungiert auch als Schnittstelle zu Stadtteilen, Schulen und ihren Partnern. Koordinations-, Beratungs-, Fortbildungsangebote des Familienprojekts und des regionalen Bildungsbüros als Gemeinschaftseinrichtung von Kommune und Land haben dazu beigetragen, dass in Dortmund die bilateralen Beziehungen zwischen Schule und Träger in ein kommunales Netzwerk sowie einzelne Stadtteilnetzwerke eingebettet sind.

Wichtige Koordinationsleistungen können auch durch Zusammenschlüsse außerschulischer Partner erbracht werden. In der Bremer Innenstadt haben sich der Sportgarten und verschiedene Vereine zur Sportakademie zusammengeschlossen, die zum einen den Einsatz von Übungsleitern der Vereine an verschiedenen Schulen koordiniert, zum anderen zweimal jährliche Stadtteilrunden zum Thema Sport und Bewegung organisiert. Ähnliche Funktionen übernimmt auf kommunaler Ebene eine Koordinationsstelle des Essener Sportbunds. Indem sich die Kooperationspartner der Schule zu solchen „Poollösungen" zusammenschließen, erleichtern sie nicht nur die konkrete alltägliche Kooperationspraxis, sondern bilden auch ein gewisses Gegengewicht zur strukturellen Dominanz der Schulen.

Räumliche und bauliche Bedingungen
Als weiterer Einflussfaktor für die Qualität und Intensität von Vernetzung spielt besonders im Grundschulbereich die Überschaubarkeit des institutionellen Arrangements eine wichtige Rolle. Die räumliche Nähe der verschiedenen Institutionen begünstigt informelle Abstimmungsprozesse, ermöglicht „kurze Wege" und einfache Zugänglichkeit. Wenn der Kindergarten unmittelbar neben der Schule liegt, ist es deutlich einfacher, regelmäßige Besuche der Vorschulkinder in der Schule zu organisieren als wenn damit ein längerer Fußweg verbunden ist. Bei der Gestaltung des Schulalltags erleichtert es die räumliche Nähe der Musikschule oder des Sportvereins, bei AGs oder Projekten auch die Räumlichkeiten der Partner als außerschulischen Lernort zu nutzen. Wenn das Amt für Soziale Dienste auf dem Schulgelände mit eigenem Personal präsent ist oder zumindest Sprechstunden abhält, führt das dazu, dass Lehrer/innen schon in einem frühen Problemstadium Eltern dorthin verweisen oder selbst Rat einholen. Bei zentraleren Strukturen des Sozial- und Jugendamts zögern Lehrer/innen dagegen zum Teil die Kontaktaufnahme lange hinaus, weil sie nicht einschätzen können, ob ihre Intervention nicht zu schwerwiegenden Konsequenzen für die betroffene Familie führt. Wenn sie aber den/die Sachbearbeiter/in persönlich kennen, können sie auch die Arbeitsweise des Amts für Soziale Dienste und mögliche Folgen ihrer Kontaktaufnahme deutlich besser einschätzen. Derartige Formen der Zusammenarbeit setzen deshalb die Präsenz kommunaler Dienste wie Sozialberatung oder schulpsychologischer Dienst im Quartier, d.h. eine dezentrale und auch räumlich aufeinander bezogene Struktur kommunaler Dienste voraus. Zumindest dort, wo ohnehin saniert, erweitert oder neu gebaut wird, könnten die dafür erforderlichen baulichen Vorkehrungen geschaffen werden.

Schulautonomie
Die Annahme, dass die Öffnung der Ganztagsschulen zum bzw. deren Vernetzung mit dem Stadtteil nicht nur durch den Umfang finanzieller und zeitlicher Ressourcen befördert oder behindert wird, sondern auch durch eine stärkere Budgetautonomie der Schulen, ließ sich dagegen im Rahmen der Fallstudien nur teilweise bestätigen. Die Schulen an den nordrhein-westfälischen Standorten verfügen zwar für den außerunterrichtlichen Bereich über eine weitgehende Budgetautonomie, fühlen sich aber durch die Mittelverwaltung überlastet, wenn diese (wie in Essen) ausschließlich bei der Schulleitung liegt. Bremer Schulen sehen keinen Vorteil in einer eigenständigeren Mittelverwaltung, wenn die als zu knapp empfundene Ausstattung nicht verbessert wird. Als positiv – weil wesentliche Voraussetzung für die Orientierung von Kooperationsaktivitäten an den Bedürfnissen des Sozialraums – wird aber die in beiden Bundesländern gegebene Autonomie der Schulen bewertet, außerunterrichtliche Angebote selbst auszu-

wählen und (ggf. gemeinsam mit dem Träger) darüber zu entscheiden, welcher Anteil der zur Verfügung stehenden Mittel für die Einstellung pädagogischer Fachkräfte und welcher Anteil für Angebote außerschulischer Partner verwendet wird. Insofern stellt sich der Befund ambivalent dar: Auf der einen Seite wird der wachsende Handlungsspielraum durchaus geschätzt; auf der anderen Seite möchte man diesen Zuwachs (unter gegebenen Ausstattungs- und Ressourcenbedingungen) aber nicht mit zusätzlichen Arbeitsbelastungen bezahlen.

Elternbeziehungen
Eine intensivere Elternpartizipation wird nicht nur von der Wissenschaft gefordert, sondern grundsätzlich auch von Schulvertreter/inne/n positiv bewertet. Dennoch erweisen sich die Elternbeziehungen als hoch widersprüchlich und noch schwieriger zu gestalten als andere Partnerbeziehungen. Obgleich der Anspruch einer sozialräumlichen Orientierung immer auch mit einer besonderen Aufmerksamkeit für die Familien der Schüler/innen verbunden ist, scheint die Einbindung von Eltern in die Schulaktivitäten sich kaum zu verändern und die deutlich erkennbar unterschiedliche Ausrichtung der Schulen in gutsituierten und in benachteiligten Quartieren könnte den Prozess der Schulsegregation sogar noch verstärken. Eltern werden dementsprechend entweder als zusätzliche Zielgruppe (sozial)pädagogischer Arbeit oder als – zum Teil auch unbequeme – Anspruchsgruppe wahrgenommen, aber in beiden Fällen sind die Schulen hauptsächlich an der Mitwirkung der Eltern zu von ihr selbst vorgegebenen Anlässen interessiert: Formale Mitarbeit in Schulgremien, Besuch von Elternsprechtagen und -elternabenden, Mitwirkung bei Schulfesten und -ausflügen. Wenn Eltern selbst Aktivitäten initiieren (wollen), individuell oder kollektiv Ansprüche an die Schule und ihre Alltagspraxis stellen, werden sie dagegen nicht selten als störend empfunden. Zum einen fühlt man sich durch zu starke Einblicke von Eltern in den Schulalltag in eigenen Freiräumen beschränkt, zum anderen bemängeln die Schulen häufig die nicht ausreichende Verlässlichkeit und Verbindlichkeit auf der Seite der Eltern. Insofern laufen die aktuell beobachtbaren Entwicklungen eher auf eine Vernetzung von Institutionen und organisierten privaten Akteuren hinaus; die Erschließung von Familien- und Elternbeziehungen, von systematischer Teilhabe und Mitsprache bei der Schulentwicklung durch Eltern und Quartier bleibt bislang dahinter zurück.

Einige der vielfältigen aktuell feststellbaren Herausforderungen einer sozialräumlich orientierten Schulentwicklung lassen sich als Übergangsprobleme in einer Phase des institutionellen Strukturwandels verstehen – diese Hürden können im Laufe der Zeit vermutlich durch fortschreitende Erfahrung und kleinschrittige Optimierung überwunden werden. Um jedoch das erkennbare Potenzial voll auszuschöpfen, das in einer Weiterentwicklung von Ganztagsschulen hin zu lokalen Bildungsnetzen liegt, wären auch die dargestellten Strukturprobleme zu entschärfen. Die vorliegende Studie lässt den Schluss zu, dass hier – wie in Ansätzen schon vorhanden – eine aktivere, stärker koordinierende und steuernde Rolle der Kommunen vordringlich wäre, da das Handeln und Entscheiden aller beteiligten öffentlichen, intermediären und privaten Akteure auf der Ebene der Kommune zusammen wirkt und angesichts der vielfachen Zersplitterung der Zuständigkeiten und Kompetenzen im deutschen Schulsystem kein anderer Akteur in der Lage scheint, diese Position einzunehmen.

Anhang

A1 Methodische Hinweise

A1.1Zur Auswahl der Schulstandorte

Tabelle 7 gibt einen Überblick über die ausgewählten Quartiere und deren zentrale Sozialdaten im Vergleich zum städtischen Durchschnitt.[64]

Tabelle A7 enthält zentrale Angaben zu den Untersuchungsschulen. Vier der sechs Schulen sind bereits in den ersten beiden Jahren des IZBB-Programms 2003/04 bzw. 2004/05 Ganztagsschule geworden, so dass eine mehrjährige Entwicklung rekonstruiert werden konnte. Die Dortmunder Oesterholzschule ist zwar erst seit 2007/08 offene Ganztagsschule, hatte aber bereits seit Anfang der neunziger Jahre im Rahmen verschiedener NRW-Landesprogramme Nachmittagsbetreuung angeboten. Hier wird schwerpunktmäßig der Frage nachgegangen, ob sich mit der OGS die Rahmenbedingungen für eine Kooperation mit Stadtteilinstitutionen gegenüber den Vorläuferprogrammen verändert haben. Bei der Bremer Schule an der Lessingstraße, die ebenfalls seit dem Schuljahr 2007/08 Ganztagsschule ist, liegt der Untersuchungsschwerpunkt dementsprechend auf der Startphase der Ganztagsschule.

[64] Die Daten sind in Bremen auf Ortsteilebene, in Dortmund auf Ebene der Sozialräume und in Essen auf Stadtteilebene erhoben worden. Die Arbeitslosenrate und der Anteil Nichtdeutscher sind in allen untersuchten benachteiligten Quartieren höher als der städtische Durchschnitt – im Dortmunder Quartier Borsigplatz und im Essener Nordviertel ist der Unterschied zum städtischen Durchschnitt allerdings größer als im Bremer Quartier Blockdiek – und in allen untersuchten gutsituierten Quartieren niedriger. Bei allen drei Indikatoren ist in Essen-Werden die Differenz zum Durchschnitt besonders groß.

Tabelle 7: Sozialdaten in den Untersuchungsquartieren im Vergleich zum städtischen Durchschnitt[65]

	Bremen Gesamt	Block-diek	Stein-tor	Dortmund Gesamt	Borsig-platz	Kurl/ Husen	Essen Gesamt	Nord-viertel	Werden
Einwoh-nerzahlen 2008	547.360	7022	7512	580.479	11.106	7.527	577.290	7647	9826
Arbeitslo-senrate 2008[66]	13,70%	17,20%	15,20%	13,40%	26,60%	8,10%	9,10%	15,30%	3,80%
Anteil Nichtdeut-scher 2008[67]	13,00%	18,80%	12,20%	12,60%	43,80%	3,50%	10,30%	25,90%	6,30%

Tabelle 8: Übersicht über die ausgewählten Schulen

Ganztagsgrundschule	**Zahl der Schüler/innen (2007/08)**	**Zahl der Schüler/innen im Ganztag (2007/08)**	**Ganztags-schule seit**
Schule Düsseldorfer Straße (Bremen-Blockdiek)	272	205	2004/05
Schule an der Lessingstraße (Bremen-Steintor)	243*	200*	2007/08
Oesterholzschule (Dortmund-Borsigplatz)	350	50	2007/08
Eichwaldschule (Dortmund-Husen)	320	85	2004/05
Gemeinschaftsgrundschule Nordviertel (Essen-Nordviertel)	260	100	2003/04
Ludgerusschule (Essen-Werden)	206*	106*	2003/04

* Schuljahr 2008/09

65 Quellen: Stadt Essen/Amt für Statistik, Stadtforschung und Wahlen 2009; Stadt Dortmund/Fachbereich Statistik 2009; Statistisches Landesamt Bremen: Ortsteilatlas 2008 (http://www.statistik-bremen.de/tabellen/kleinraum/ortsteilatlas/atlas.html; letzter Zugriff 15.9.10) und Bremen Kleinräumig Infosystem 2008 (http://www.statistik-bremen.de/soev/abfrage.cfm?tabelle=34010& baumstruktur=ja &netscape=ja&titelname=Bremen%20Kleinr%C3%A4umig%20Infosystem; letzter Zugriff 15.9.10)

66 Arbeitslosenraten in Bremen und in Dortmund: Anteil der Arbeitslosen an den zivilen Erwerbspersonen; Arbeitslosenraten in Essen: Anteil der Arbeitslosen an der Bevölkerung im Alter von 18 bis unter 64 Jahre

67 „Anteil Nichtdeutscher" bezieht sich lediglich auf den Ausländeranteil und nicht auf die Daten zur Bevölkerung mit Migrationshintergrund im Allgemeinen. Statistische Angaben zum Migrationshintergrund umfassen i.d.R. den Ausländer/innenanteil sowie den Anteil an Eingebürgerten und Aussiedler/innen. Da diese Daten nicht durchgängig vorliegen, wurde auf die Ausländer/innenzahlen zurückgegriffen.

A1.2 Zur Durchführung der Erhebungen

Interviews

Insgesamt wurden im Sommer/Herbst 2008 auf Landes- und Kommunalebene 15 leitfadengestützte Interviews mit Expert/inn/en durchgeführt, die an der Schulentwicklung und insbesondere der Einführung der Ganztagsschule beteiligt waren bzw. sind. Ergänzende Interviews wurden mit Vertreter/inn/en der Service-Agenturen Ganztägig Lernen Bremen und NRW geführt. In den sechs Untersuchungsquartieren wurden im Herbst 2008/Winter 2009 je zehn bis zwölf Interviews mit Schul- und Stadtteilakteuren geführt (vgl. Tab. A.9).

Bei allen Interviews wurde auf das leitfadengestützte, problemzentrierte Interview nach Witzel (2000) zurückgegriffen. Die Leitfäden finden sich in Tab. A.10 und Tab. A.11. Die Gespräche auf Landes- und Kommunalebene wurden auszugsweise, die Interviews auf Quartiersebene vollständig transkribiert und hinsichtlich der Untersuchungsfragen ausgewertet. Die Auswertung erfolgte durch das Prinzip des thematischen Kodierens, welches sich insbesondere für Fallanalysen eignet (Lamnek 2005: 514f., Flick 2005: 278). Das thematische Kodieren wird als mehrstufiges Verfahren angewendet und legt ein Kodierraster zugrunde, welches deduktive (Leitfaden) und induktive (Textmaterial) Zugänge kombiniert (zur Durchführung des thematischen Kodierens vgl. z.B.: Flick 2005: 271ff., Kuckartz 2007: 83ff.). Erste Auswertungskategorien, die somit bereits im Zuge der Konzeption von Interviewleitfäden entwickelt wurden, konnten so Schritt für Schritt aus dem Textmaterial heraus durch neu generierte Kodierungen ergänzt werden. Im Verlauf der Auswertung konnte durch dieses Vorgehen eine umfassende thematische Struktur („Kodebaum“) herausgearbeitet werden, welche als Grundlage für den anschließenden Fallvergleich diente.

Tabelle 9: Liste der Interviews

LISTE DER INTERVIEWS			
Code	**Land/Stadt/ Quartier**	**Interviewpartner/innen: Vertreter/innen von…**	**Datum**
NRW-LV_1-5	NRW	- Ministerium für Schule und Weiterbildung, Ganztagsschulen - Ministerium für Generationen, Familien, Frauen und Integration, Kooperation Jugendhilfe und Schule - Serviceagentur Ganztägig Lernen NRW - Universität Dortmund (Wissenschaftliche Begleitung OGS) - Bergische Universität Wuppertal (Wissenschaftliche Begleitung OGS)	20.6.-20.10.08
DO-KV_1-4	Dortmund	- Büro des Oberbürgermeisters - Familienprojekt - Schulamt, Fachberatung - Regionales Bildungsbüro	20.5.08-1.12.09

Do-BO-SV_1-5	Dortmund-Borsigplatz	Schule: - Schulleitung - Lehrkraft - zwei pädagogische Fachkräfte - Elternvertreter/in	30.10.08, 9.2.09
DO-BO-KP_6 -12	Dortmund-Borsigplatz	Kooperationspartner: - Stadtteilschule e.V. (Jugendhilfeträger) - Elterncafé - Katholische Kirchengemeinde - DRK-Familienzentrum (2) - Polizei, Bezirksdienst Nordstadt (2)	30.10.08- 8.1.09
DO-BO-STV_13-15	Dortmund-Borsigplatz	Stadtteil: - Quartiersmanagement Borsigplatz - Bezirksvertretung Nordstadt - Familienbüro Nordstadt	22.5.08- 8.1.09
DO-HU-SV_1-6	Dortmund-Husen/Kurl	Schule: - Schulleitung - Lehrkraft - zwei pädagogische Fachkräfte - zwei Elternvertreter/innen	20.1.09, 9.2.09
DO-HU-KP_7-10	Dortmund-Husen/Kurl	Kooperationspartner: - PariSozial (Wohlfahrtsverband) - Evangelische Kirchengemeinde (2) - Städtischer Kindergarten	9.2.09
DO-HU-STV_11	Dortmund-Husen/Kurl	Stadtteil: - Familienbüro Scharnhorst	9.2.09
ES-KV_1-8	Essen	- Schulamt - Schulverwaltungsamt - Geschäftsbereich Jugend, Bildung, Soziales - Jugendamt/Jugendhilfeplanung - Jugendamt/Abteilung Soziale Dienste (2) - Büro Stadtentwicklung - Essener Sportbund	3.6.08- 28.1.09
ES-NV-SV_1-4	Essen-Nordviertel	Schule: - Schulleitung - Lehrkraft - pädagogische Fachkraft - Elternvertreter/in	27.11.08- 28.1.09
ES-NV-KP_5-7	Essen-Nordviertel	Kooperationspartner: - Kindertreff des Jugendamts - Sportverein - Folkwang-Musikschule	28.1.09, 13.5.09
ES-NV-STV_8-9	Essen-Nordviertel	Stadtteil: - Bezirksvertretung 1 (2)	28.1.09
ES-WE-SV_1-6	Essen-Werden	Schule: - Schulleitung - Lehrkraft (2) - Pädagogische Fachkraft (2) - Elternvertreter/in	14.1.09, 15.1.09
ES-WE-KP_7-8	Essen-Werden	Kooperationszentrum: - Jugendzentrum (2)	27.2.09

HB-LV_1-6	Bremen	- Senatorin für Bildung und Wissenschaft, Abteilungsleitung Bildung - Senatorin für Bildung und Wissenschaft, Ganztagsschulen - Senatorin für Bildung und Wissenschaft, Schulaufsicht - Senatorin für Arbeit, Frauen, Jugend, Gesundheit und Soziales, Abteilungsleitung Junge Menschen und Familien - Senator für Bau, Umwelt, Verkehr und Europa, Referat Stadtumbau - Serviceagentur Ganztägig Lernen	9.5.- 4.7.08
HB-BL-SV_1-5	Bremen-Blockdiek	Schule: - Schulleitung - Lehrkraft - Pädagogische Fachkraft - Elternvertreter/in	27.10.08, 12.11.08
HB-BL-KP_6-11	Bremen-Blockdiek	Kooperationspartner: - Ehrenamtliche/r Leiter/in Fussball-AG (2) - Hans-Wendt-Stiftung (Jugendhilfeträger) - Städtische Kindertagesstätte - Kinder- und Jugendgesundheitsdienst - Mütterzentrum	9.10.08- 25.5.09
HB-BL-STV_12-13	Bremen-Blockdiek	Stadtteil: - Quartiersmanagement Blockdiek - Ortsamt Osterholz	8.10.08, 9.10.08
HB-ST-SV_1-5	Bremen-Steintorviertel	Schule: - Schulleitung (2) - Lehrkraft - Pädagogische Fachkraft - Elternvertreter/in	12.11.08, 14.11.08
HB-ST-KP_6-10	Bremen-Steintorviertel	Kooperationspartner: - Arbeiter-Samariter-Bund, Landesverband Bremen (Wohlfahrtsverband) - Sportakademie (Dachverband Sportvereine) - Städtische Kindertagesstätte - private Musikschule - Mädchenkulturhaus	13.- 18.11.08
HB-ST-STV_11-14	Bremen-Steintorviertel	Stadtteil: - Ortsamt Östliche Vorstadt/Mitte (2) - Ortsbeirat Östliche Vorstadt/Mitte (2)	13.11.08, 2.12.08

Tabelle 10: Interviewleitfaden Land und Kommune

INTERVIEWLEITFADEN LAND UND KOMMUNE	
Leitthemen/-fragen	**Themen, zu denen ggf. nachgefragt wird**
Kompetenzbereich des Interviewpartners	Beruflicher Hintergrund und Aufgabengebiet in der Institution; Rolle bei der Kooperation mit außerschulischen Partnern (Schulvertreter/innen) bzw. mit Schule (andere Stadtteilakteure)
ZIELE	
Welche Bedeutung hat die Vernetzung von Schule und Stadtteil im Rahmen der Landes- bzw. der kommunalen Bildungs-/Sozial-/ Familien-/Stadtentwicklungspolitik?	Was wird unter der Vernetzung von Schule und Stadtteil verstanden? Kooperation zur Organisation des Ganztagsbetriebs – aktive Rolle der Schule im Stadtteil; Unterschiede zwischen sozial benachteiligten und sonstigen Stadtteilen? Hat sich die Bedeutung in den letzten fünf bis zehn Jahren verändert und wenn ja, was waren die Ursachen? Spezifische kommunale Schwerpunktsetzungen
Welche anderen landes-/kommunalpolitischen Programme sind für das Thema außerdem relevant?	Soziale Stadt
STRUKTUREN	
Wie arbeiten a) staatliche und kommunale Schulbehörde und b) Bildung, Soziales und ggf. Stadtentwicklung bei der Umsetzung der Ziele zusammen? Wie sind die Zuständigkeiten verteilt, wie erfolgt die Abstimmung?	Zusammenarbeit bei der Planung der Einführung der Ganztagsschule, Regelung des laufenden Betriebs; Ggf. Nachfragen zu Zuständigkeitsregelungen, Kooperationsvereinbarungen etc., die sich aus der Dokumentenanalyse ergeben; Gab/gibt es Zuständigkeitskonflikte? (insbesondere zwischen Bildung und Soziales bei der GTS-Einführung); Sind die Strukturen geeignet zur Erreichung der Ziele?
Wie arbeiten Kommune und Land zusammen?	Gibt es themenbezogene Abstimmungsgremien? Konflikte?
Wie arbeiten Kommune bzw. Land mit Verbänden und Initiativen zusammen?	Kooperationsvereinbarungen; Haben lokale Initiativen Einfluss auf kommunalpol. Entscheidungen? Beispiele?; Welcher Spielraum besteht (z.B. bei der GTS-Entwicklung), besondere Bedingungen oder Bedürfnisse von Quartieren zu berücksichtigen?; Konflikte? Beispiele?; Sind die Strukturen/Spielräume geeignet zur Zielerreichung?

INSTRUMENTE	
Wie sollen die Ziele erreicht werden?	Steuerung durch: Rechtliche Vorgaben Finanzielle Anreize Erhöhung der Schulautonomie (Nachfrage: Über welche Teile des Budgets können Schulen selber verfügen?); Information Beratung Kontrolle/Evaluation Qualifizierung Sind diese Instrumente ausreichend/geeignet zur Erreichung der Ziele?
ERGEBNISSE	
Wie bewerten Sie die bisherigen Ergebnisse? Wo gibt es positive Entwicklungen, wo sehen Sie noch Probleme?	Ergebnisse bei: Kooperation mit außerschulischen Partner zur Gestaltung des Ganztags; Aktive Rolle der Schule im Stadtteil; Ggf. Rückwirkungen auf den Unterricht; Unterschiede zwischen Grundschulen und weiterführenden Schulen?; Bewertung der Ergebnisse in den Untersuchungsstadtteilen
Was waren die wesentlichen Erfolgsfaktoren bzw. Ursachen für Probleme?	Ebenen Land – Kommune – Stadtteil – Schule Haben Schulleitungen/Lehrer und Erzieher genügend Zeit für Abstimmungsgespräche und –aktivitäten untereinander und mit Stadtteilinstitutionen? Beinhalten die Arbeitsverträge der pädagogischen Kräfte Vorbereitungszeit? Steht genügend Zeit für quartiersbezogene Lernaktivitäten zur Verfügung? Können Kooperationsprojekte an zu geringer Budget- und Personalautonomie der Schulen scheitern? Kann eine enge Zusammenarbeit mit dem Stadtteil zu einer Imagesteigerung der Schule im Stadtteil und in der Kommune führen?
PERSPEKTIVEN	
Aktuelle Herausforderungen und notwendige nächste Schritte	Wie wird der Stand in fünf bis zehn Jahren sein?

Tabelle 11: Interviewleitfaden Stadtteil

INTERVIEWLEITFADEN STADTTEIL	
Leitthemen/-fragen	**Themen, zu denen ggf. nachgefragt wird**
Eigene berufliche (und ggf. private) Beziehung zur Ganztagsschulentwicklung und zur Vernetzung von Schule und Stadtteil	Ausbildung/Fachrichtung Jetziges Aufgabengebiet
ENTWICKLUNG DER GANZTAGSSCHULE	
Bitte beschreiben Sie die Entwicklung der Ganztagsschule an Ihrer Schule/in Ihrem Stadtteil?	- Planungsprozess - Organisatorische Rahmenbedingungen - Inhaltliche Schwerpunkte
Wie arbeiten Schulleitung, Lehrkräfte und pädagogische Mitarbeiter/innen und Eltern zusammen?	- Zusammenarbeit bei der Ganztagsschulentwicklung - Arbeitsteilung bei der Gestaltung des Schulalltags - Abstimmungsgremien - Informelle Abstimmung
BESTANDSAUFNAHME KOOPERATIONSBEZIEHUNGEN	*Hier Einsatz der Netzwerkkarte (s.u.)*
Wer sind Ihre wichtigsten Partner in der Schule bzw. im Stadtteil?	
Zu welchen Inhalten kooperieren Sie und wie gestaltet sich die Zusammenarbeit konkret?	
Handelt es sich um eine bilaterale Kooperationsbeziehung oder ist sie eingebettet in ein größeres Netzwerk?	
Was ist Ihre Rolle bei der Kooperation und welche spezifischen Kompetenzen bringen Sie ein? Welche Rolle haben Ihre Partner und welche spezifischen Kompetenzen bringen diese ein?	
Haben sich die Kooperationsbeziehungen im Zuge der Ganztagsschulentwicklung verändert?	- Sind neue Partner dazugekommen oder sind Partner weggefallen? - Sind Kooperationsaktivitäten dazugekommen bzw. weggefallen? - Haben sich Strukturen und Intensität der Kooperation verändert?
ZIELE/MOTIVE	
Warum arbeiten Sie mit außerschulischen Partnern/mit der Schule zusammen?	- Gab es einen konkreten Anlass für die Kooperation? - Wer hat die Initiative ergriffen?

ORGANISATION/KOORDINIERUNG/ STEUERUNG	
Wie ist ihre Zusammenarbeit mit der Schule/ mit Stadtteilinstitutionen organisiert?	Existiert ein Kooperationsvertrag? Wer sind Ihre Ansprechpartner? Wie stimmen Sie sich ab?
Falls es ein Stadtteilnetzwerk gibt: Was sind Ziele und Aktivitäten dieses Netzwerks und wie ist die Zusammenarbeit organisiert?	Existiert ein Leitbild oder eine Koooperationsvereinbarung? Wer koordiniert das Netzwerk? Gibt es (geschriebene oder ungeschriebene) Regeln der Zusammenarbeit im Netzwerk?
ERGEBNISSE	
Wie bewerten Sie die bisherigen Ergebnisse? Wo gibt es positive Entwicklungen, wo sehen Sie noch Probleme?	- Ergebnisse für die Zielgruppen, die eigene Institution und den Stadtteil - Was haben Sie von Ihren Kooperationspartnern gelernt, was haben die Kooperationspartner von Ihnen gelernt?
FÖRDERLICHE UND HINDERLICHE FAKTOREN	
Welche Rahmenbedingungen (im Stadtteil, auf kommunaler oder Landesebene) haben Sie als förderlich empfunden, welche als hinderlich?	- Welche Probleme oder Konflikte sind bei der Kooperation aufgetreten? Wie sind Sie damit umgegangen? - Sind Kooperationsbeziehungen oder gemeinsame Pläne gescheitert? Was waren die Ursachen? - Wie funktioniert die Abstimmung zu vorgesetzten Behörden? Nehmen diese die Kooperationsaktivitäten im Stadtteil wahr und wie bewerten sie diese? - Welche Wirkungen hatten Vorgaben oder Unterstützungsangebote von Land und Kommune: rechtliche Vorgaben, finanzielle Anreize, Erhöhung der Schulautonomie, Information, Beratung, Kontrolle/Evaluation, Qualifizierung? - Welche weiteren Unterstützungsangebote wünschen Sie sich?
PERSPEKTIVEN	
Aktuelle Herausforderungen und notwendige nächste Schritte	Wie wird der Stand in fünf bis zehn Jahren sein?

Qualitative Netzwerkanalyse

Ein wesentlicher Bestandteil der Interviews mit Vertreter/inne/n von Schulen und anderen beteiligten Personen war die Bestimmung von Art, Umfang und Intensität der relevanten Kooperationsbeziehungen aus der Sicht der jeweiligen Person. Anders als die quantitative Netzwerkforschung, welche zur Bestimmung der formalen Netzwerkstrukturen hochstandardisierte Verfahren anwendet und sich deshalb besonders für Untersuchungen eignet, bei denen ein umfangreiches Vorwissen über das Forschungsfeld eine eng definierte Forschungsfrage und

Hypothesenbildung ermöglicht, beruht die qualitative Netzwerkanalyse bei der Erhebung und Auswertung auf offenen und interpretativen Verfahren. Zum Einsatz kommen vorrangig qualitative Methoden der empirischen Sozialforschung. Dieser Erhebungszugang ist prädestiniert, um Kooperations- und Interaktionsmuster zu rekonstruieren, Deutungen und handlungsleitende Orientierungen der Akteure zu erfassen und Dynamiken von Netzwerken zu untersuchen (vgl. Hollstein 2006: 21/22).

Er eignet sich daher besonders für den hier gewählten Untersuchungsgegenstand, der freilich hinsichtlich der begrifflichen Differenzierung von „Kooperation" und „Netzwerk" zu präziseren ist: Schulen bauen verschiedenartige Beziehungen zu anderen Einrichtungen auf, die etwa auch bi- oder trilateraler Natur sein können und für sich genommen nicht unbedingt ein Netzwerk darstellen müssen. Zur analytischen Unterscheidung der Beziehungsmuster werden von Dobischat u.a folgende Merkmale vorgeschlagen (2006: 26, 27):

- Anzahl: das Bild von Kooperationen wird vom „Paar" bestimmt, das Bild des Netzwerks von der „Gruppe". Netzwerke stellen eher eine Weiterentwicklung von Kooperationen dar;
- Zielsetzungen: „Kooperationen werden in der Regel hinsichtlich eines definierten, konkret vereinbarten Ziels realisiert… Netzwerke sind…was ihre Ziele betrifft, offener, flexibler und dynamischer." (ebd.: 27);
- Kommunikation: in Kooperationsbeziehungen wird direkt bi- und trilateral verhandelt, während die Kommunikation in Netzwerken normalerweise in Form von Gruppenberatungen stattfindet;
- Steuerung: „In Kooperationsverhältnissen steuern die beteiligten Partner direkt ihre Kooperation, treffen Vereinbarungen und überwachen deren Einhaltung. In Netzwerken existiert eine partnerübergreifende Steuerung – sei es als Netzwerkmanagement, sei es als übergeordnete partizipative Instanz." (ebd.).

Gerade vor dem Hintergrund der Ganztagsschulentwicklung ist freilich davon auszugehen, dass verschiedenartige Kooperationsbeziehungen zur Gestaltung der Ganztagsangebote zunehmen und eine zentrale Rolle spielen. Zwar stellen etwa bilaterale Beziehungen der Schulen (z.B. zu Sportvereinen, Musikschulen etc.) für sich allein genommen kein Netzwerk dar, sind aber in der Regel Bestandteil eines Netzwerkes, an dem die Schule mit anderen Akteuren beteiligt ist. Aus diesem Grund werden im Rahmen der qualitativen Netzwerkanalyse auch bi- oder trilaterale Kooperationsprozesse als Netzwerkstrukturen begriffen.

Um die wesentlichen Netzwerkstrukturen und -beziehungen einer einfachen Operationalisierung zugänglich zu machen, wurden im Rahmen dieser Studie (in Anlehnung an Dobischat/Düsseldorff 2006) folgende Parameter eingeführt:

Netzwerk- und Kooperationsstrukturen

- Partner: Die Frage nach den wesentlichen Akteuren des zu untersuchenden Netzwerks stellt sich automatisch zu Beginn der Untersuchung. Die Identifizierung der wichtigsten Netzwerkpartner im Hinblick auf Anzahl und ihre sektorale Zusammensetzung geben Aufschluss über die spezifischen Akteurskonstellationen und die damit möglicherweise verbundenen Schwerpunktsetzungen im Netzwerk. Unter dem Begriff „Partner“ wurden hierbei nicht nur institutionalisierte, sondern auch individuelle Akteure wie Ehrenamtliche oder Eltern verstanden.
- Inhalte: Art und Form der Beziehungskonstellationen definieren sich insbesondere über die Inhalte der Kooperations- und Netzwerkbeziehungen. Inhalte, verstanden als sinnstiftende „Gegenstände“ der Zusammenarbeit, können sich sowohl auf gemeinsame Aktivitäten, Angebote oder Projekte als auch auf weniger „greifbare“ Aspekte, wie den Austausch von Informationen, Kompetenzen oder sonstigen Ressourcen beziehen. Dabei kann unterschieden werden zwischen a.) Inhalten, die sich explizit auf die Zielgruppe des Netzwerks beziehen oder b.) Inhalten, die vor allem netzwerkinternen Zwecken dienen: Mit Blick auf die stadtteilbezogene Vernetzung von Ganztagsschulen steht bei der ersten Variante vor allem das Aktivitäts- und Angebotsspektrum im Hinblick auf die Zielgruppe (Kinder, Familien und ggf. weitere Bewohner/inne/n des Stadtteils) im Vordergrund. Es wird danach gefragt, welche Themen, Projekte und Angebote gemeinsam zugunsten der Zielgruppe bearbeitet und bereitgestellt werden. Die zweite Variante berücksichtigt Inhalte, von denen die beteiligten Akteure unmittelbar selbst profitieren, z.B. durch den fachlichen Informations- und Erfahrungsaustausch, gegenseitiger Unterstützung oder den Austausch von Ressourcen.
- Ziele und Zwecke: Eng verbunden mit den Inhalten der Zusammenarbeit sind auch die Zielsetzungen, die im Rahmen der Netzwerkarbeit verfolgt werden. Netzwerke sind kein Selbstzweck, denn „kooperative Strategien erfordern Investitionen im Sinne von Zeit, Personal und Informationen, die sich aus Perspektive der beteiligten Akteure nur rechtfertigen, wenn die eigenen Ziele durch Kooperation besser (effizienter und effektiver) erreicht werden können“ (Oppen/Strassheim 2002: 8). Das „Prinzip des Lohnens“ (Schubert 2001: 16) macht Netzwerke überhaupt erst tragfähig. In der Netzwerkliteratur wird der individuelle Nutzen im Regelfall mit ökonomi-

schen Faktoren bzw. Kosten-Nutzen-Aspekten in Verbindung gebracht (vgl. z.B. Nicolini 2001: 110). Diese Perspektive greift für die hier untersuchten Netzwerke mit einem hohen Anteil an Non-Profit-Organisationen eindeutig zu kurz. Daher gilt es neben finanziellen Aspekten weitere Anreizfaktoren für die Beteiligung als Netzwerkakteur zu identifizieren. So weisen Dobischat u.a. z.B. darauf hin, dass auch das Erreichen von mehr Professionalität und Qualität der eigenen Arbeit als Motivationsfaktor wirksam werden kann (vgl. Dobischat u.a. 2006: 26). Auch im Rahmen der quantitativ angelegten StEG-Studie[68] wird auf Beweggründe jenseits finanzieller Anreize hingewiesen, nämlich das "Ermöglichen besserer Freizeitangebote für Kinder und Jugendliche, die Vermittlung von Kompetenzen, die an der Schule zu kurz kommen, (…) die bessere Beteiligung Bildungsbenachteiligter“ sowie „Gründe, die eine verbesserte Kooperationskultur anstreben, zum Beispiel das Entwickeln gemeinsamer Handlungsansätze mit Schule oder den Ausbau der Vernetzung in der Kommune“ (Arnold 2007: 89f.). Im Kontext dieses Forschungsprojekts bietet sich durch den Einsatz qualitativer Methoden die Möglichkeit, derartige Zielsetzungen vertieft zu untersuchen und zu überprüfen, inwieweit diese auch eingelöst werden können. Gerade die Frage nach den tatsächlichen Umsetzungsmöglichkeiten kann Aufschluss über die Zufriedenheit und somit auch über die Tragfähigkeit und Qualität der Netzwerkarbeit geben.

Formen: Eine weitere Untersuchungskategorie, die Aufschluss über die Art und Form der Netzwerkarbeit geben kann, behandelt die verschiedenen Formen, in denen Austausch, Kommunikation und Zusammenarbeit stattfinden. Damit schließen sich vor allem Fragen nach „technischen“ Aspekten der Zusammenarbeit an. Auf welchen Wegen wird kommuniziert? Finden regelmäßige „Face-to-Face“-Kontake statt? Welche Personen stehen miteinander in Kontakt? Wie werden Verbindlichkeiten geschaffen? Wurden Kooperationsvereinbarungen geschlossen?

---

[68] Bei der „Studie zur Entwicklung von Ganztagsschulen“ (StEG) handelt es sich um ein länderübergreifendes Forschungsprogramm zur Entwicklung von Ganztagsschulen und Ganztagsangeboten, das in einem Forschungskonsortium, bestehend aus dem Deutschen Instituts für Internationale Pädagogische Forschung, dem Institut für Schulentwicklungsforschung und dem Deutschen Jugendinstitut, durchgeführt wird. Das Projekt untersucht dabei größere Stichproben von Schulen in drei Erhebungswellen (Längsschnitt) (http://www.projekt-steg.de/).

Koordination und Steuerung

Die Koordination bzw. die Steuerung stellt in Netzwerken eine besondere Herausforderung dar. Auch wenn Netzwerke Selbstorganisation und Eigenverantwortlichkeit betonen, benötigen sie eine geeignete Steuerungsform (vgl. Gnahs/Dollhausen 2006: 8). Dies gilt umso mehr, je höher die Anzahl der Netzwerkpartner ausfällt, denn „mit zunehmender Größe steigt die innere Komplexität der Netzwerke und ihr Bedarf an institutionalisierter Abstimmung und Steuerung nimmt zu“ (Dobischat/Stuhldreier u.a. 2006: 60). Dementsprechend ist davon auszugehen, dass mit zunehmendem Ausbaugrad der Vernetzungs- und Kooperationsstrukturen zwischen Ganztagsschule und Stadtteil die Frage nach einer geeigneten Koordinierung entsprechender Aktivitäten dringlicher wird. Die Relevanz einer gezielten Steuerung im Hinblick auf bilaterale Kooperationsbeziehungen zwischen Schule und außerschulischen Partnern wurde in der Literatur bereits aufgegriffen; auch Schulen haben die Notwendigkeit erkannt und in ihrer Praxis z.T. schulische Steuerungsgremien installiert (vgl. z.B. Arnold 2007: 100; Maykus 2005: 5) Neben diesen schulbezogenen Steuerungsformen wird im Rahmen dieses Forschungsprojekts aber auch die partnerübergreifende Koordinierung des Stadtteilnetzwerks in den Fokus der Untersuchung gerückt. Insofern wurde danach gefragt, wie und durch wen entsprechende Koordinations- und Organisationsleistungen erbracht werden und welche Rolle die Schulen hierbei spielen.

Netzwerkkultur

Als „weicher“ Faktor, welcher Aufschluss über die Qualität und Intensität eines Netzwerks geben kann, wird die „Kultur der Zusammenarbeit“ herangezogen. In der Netzwerkliteratur wird der Herausbildung einer eigenständigen Netzwerkidentität, mit der sich die die Akteure im Sinne einer „corporate identity“ identifizieren können besondere Relevanz beigemessen (vgl. z.B. Schubert 2001: 53ff.; vgl. Waldburg 2002: 28; vgl. Maykus 2005: 4). Insbesondere für die Kooperationsbeziehungen zwischen Schule und außerschulischen Partnern stellt ein „kooperationsorientiertes Leitbild (...) in jedem Fall ein wichtiges Verbindungselement für die beteiligten Professionen im Schulalltag dar und führt sie zusammen“ (Maykus 2005: 4). Es ist daher anzunehmen, dass sich ein gemeinsames, von allen getragenes Identifikationsprofil positiv auf die Netzwerkstrukturen auswirkt, da dadurch ein Zugehörigkeitsgefühl (vgl. Schubert 2001: 53) entsteht, welches auch zu mehr Verbindlichkeit beiträgt. Um eine Identität als kollektiver Akteur ausbilden zu können, sind gemeinsame Verhaltensnormen notwendig, die darüber entscheiden, wie der Austausch zwischen den Akteuren verläuft (vgl. Waldburg 2002: 28). Gemeinsam getragene Werte und Regeln spielen dabei eine herausragende Rolle, denn diese schaffen einen Rahmen für die Netzwerkarbeit (vgl. Schubert 2001: 57). Werterahmen und Regelkodex sind konstitutiver Bestandteil sowie Kennzeichen eines Netzwerks, denn „bei aller losen Koppelung, bei aller Teilautonomie von Akteursgruppen, muss es schon so einen Rahmen geben, sonst zerfällt es [das Netzwerk] nur in eine Aneinanderreihung von Beziehungen“ (ebd.).

Netzwerkkarten
Egozentrierte Netzwerkkarten sind bisher vorwiegend zur Analyse privater Beziehungsnetzwerke angewendet worden, haben sich im Rahmen dieser Untersuchung aber auch für die Analyse von Kooperationsbeziehungen zwischen Institutionen als geeignet erwiesen. Die Karten haben den Vorteil, dass das Ausfüllen für die Interviewpartner/innen eine relativ einfache und schnell zu erledigende Aufgabe darstellt und dass durch die vorgegebene Struktur eine kumulierte Auswertung der Karten verschiedener Interviewpartner/innen und die Ermittlung von Kennzahlen vereinfacht werden. Sie geben einen Überblick über die Gesamtheit der Schulpartner und die „Nähe“ dieser Partner zur Schule. Der Einsatz dieses Instruments unterliegt allerdings Grenzen. Die Netzwerkkarten spiegeln vor allem die subjektive Sichtweise der befragten Akteure wider, die insbesondere aus der speziellen Funktion dieses Akteurs innerhalb der Schule resultiert. So fallen die Netzwerkkarten der Schulleitungen oftmals anders aus als die der pädagogischen Fachkräfte im Ganztag. Der Vorteil dieses Verfahrens liegt darin, die Vielfalt eines Netzwerks aus verschiedenen Perspektiven und damit insgesamt auch vollständiger erfassen zu können. Die Vergleichbarkeit der Karten wird hierdurch sowie durch die unterschiedlichen Maßstäbe bei der Bemessung der „Wichtigkeit“ erschwert. Insgesamt bieten die Karten aber einen guten Überblick über Netzwerkstrukturen, die allerdings zwingend als „Momentaufnahmen“ verstanden werden müssen.

Die Befragten wurden gebeten, alle Partner der Schule der Relevanz nach „von innen nach außen“ in diese Netzwerkkarten einzutragen. Dabei wurde es den Befragten selbst überlassen, nach welchen Kriterien sie die Wichtigkeit bewerten. In der Regel wurden Partner als sehr wichtig eingeordnet, wenn häufig und regelmäßig gemeinsame Aktivitäten durchgeführt werden und zudem ein inhaltlicher Austausch erfolgt.

Um die methodischen Grenzen des Instruments zu relativieren, wurde bei der Auswertung jeder einzelnen Karte zunächst überprüft, ob die Eintragungen vor dem Hintergrund der übrigen Aussagen im Interview plausibel erscheinen. In einigen Fällen wurden Eintragungen gestrichen, wenn deutlich wurde, dass erwünschte Partner aufgenommen worden waren, mit denen aber eine praktische Zusammenarbeit noch gar nicht stattfand.

Abbildung 17: In den Interviews verwendete Netzwerkkarte

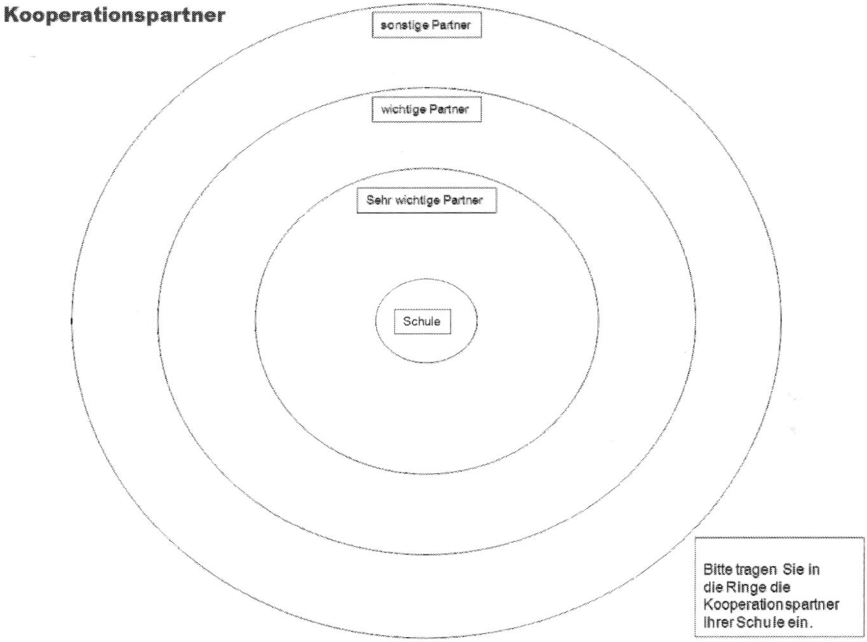

A2 Dokumentation der Workshops

Fokusgruppen

Zu einer ersten Bestandsaufnahme von Kooperationsaktivitäten wurden in den sechs Untersuchungsquartieren in Kooperation mit den beteiligten Schulen Auftaktworkshops in Form von Fokusgruppen mit Vertreter/inne/n von Schule, Eltern, Kooperationspartnern und Stadtteilpolitik bzw. -verwaltung durchgeführt:

Tabelle 12: Übersicht über die Fokusgruppen

Datum	Untersuchungsquartier	Zahl der Teilnehmenden
26.6.2008	Bremen-Blockdiek	21
21.8.2008	Essen-Werden	10
22.8.2008	Dortmund-Oesterholzschule	11
25.8.2008	Essen-Nordviertel	13
2.9.2008	Bremen-Steintorviertel	10
19.1.2009	Dortmund-Husen/Kurl	14

In den Fokusgruppen wurden im Plenum und in Arbeitsgruppen folgende Fragen diskutiert: Welche Ziele werden gemeinsam verfolgt? Wie ist die Zusammenarbeit organisiert? Welche Erfolge konnten erzielt werden, wo liegen zentrale Probleme bzw. Konflikte? Auf dieser Grundlage konnten erste Erkenntnisse zu wesentlichen Netzwerk- oder auch Kooperationsstrukturen sowie zu den Inhalten und Motiven dieser Beziehungsmuster gewonnen werden. Die Ergebnisse der Workshops wurden dokumentiert und allen Beteiligten zur Verfügung gestellt (http://www.iaw.uni-bremen.de/ccm/content/projekte/projekte-iaw-abgeschlossen.de?id=138).

Abschlussworkshops

Zum Projektabschluss wurden die Fallstudien den Projektbeteiligten und Multiplikator/inn/en in allen drei Untersuchungsstädten vorgestellt. Ziel der Veranstaltungen war es, die Ergebnisse aus den Untersuchungsquartieren und ihre Übertragbarkeit auf andere Schulstandorte zu überprüfen und gemeinsam Handlungsempfehlungen abzuleiten. Die Diskussionsergebnisse wurden protokolliert und sind in die Auswertung der Untersuchungsergebnisse eingeflossen.

Tabelle 13: Übersicht über die Abschlussworkshops

Datum	Ort	Teilnehmende
3.2.2010	Dortmund, OGS der Petri-Grundschule	25 Vertreter/innen von • Untersuchungsschulen und Referenzschulen Familienprojekt Dortmund • Schulamt Dortmund • Jugendhilfeträger und Wohlfahrtsverbände • Katholische Kirchengemeinde
10.2.10	Bremen, Grundschule Düsseldorfer Straße	15 Vertreter/innen von • Untersuchungsschulen und Referenzschulen • Senatorin für Bildung • Amt für Soziale Dienste • Serviceagentur Ganztägig Lernen Bremen • Arbeiter-Samariter-Bund • Sportakademie
23.2.10	Essen, Schulamt	24 Vertreter/innen von • Untersuchungsschulen und Referenzschulen • Schulamt für die Stadt Essen • Bildungsbüro/Lernen vor Ort • Büro Stadtentwicklung • Jugendamt, Soziale Dienste • Jugendhilfe Essen gGmbH • Bezirksvertretung I • Sportjugend Essen • Werdener Turnerbund • Folkwang-Musikschule

Tabelle 14: Programm der Abschlussworkshops

Programm Abschlussworkshop (Beispiel Bremen, 10.2.10)	
14.00	**Einführung und Moderation** Dr. Günter Warsewa/IAW
14.15	**Zusammenfassung der Untersuchungsergebnisse** Dr. Ulrike Baumheier, Dipl.-Päd. Claudia Fortmann/IAW
14.45	**Kurzkommentare** - Hat das Projektteam die Beobachtungen in den Untersuchungsquartieren richtig interpretiert? - Sind die Ergebnisse auch auf andere Schulen übertragbar? Dorothea Ilsen/Schule Düsseldorfer Str. Stefan Kunold/Hans-Wendt Stiftung Kornelia Martens/Schule an der Lessingstraße Ulli Barde/Sportakademie Karla Wagner/Paul-Singer-Schule Ulrike Deister-Haag/Schule Pulverberg
16.00	**Diskussion** - Welche Empfehlungen lassen sich aus den Ergebnissen ableiten? Gibt es konkrete Vorschläge, wie die Zusammenarbeit von Schulen und Partnern im Stadtteil in Bremen erleichtert werden könnte?

A3 Glossar

Bildungsvereinbarung NRW	Zur Verbesserung der Qualität der Bildungsarbeit in Tageseinrichtungen für Kinder in NRW hat die Landesregierung mit den Spitzenverbänden der öffentlichen und freien Wohlfahrtspflege sowie mit den Kirchen eine Vereinbarung über Bildungsziele, Bildungsbereiche und einen offenen Bildungsplan, der Grundlage für Bildungsprozesse in nordrhein-westfälischen Kindertageseinrichtungen sein soll, abgeschlossen. Die „Vereinbarung zu den Grundsätzen über die Bildungsarbeit der Tageseinrichtungen für Kinder – Bildungsvereinbarung NRW“ ist zum 01.08.2003 in Kraft getreten. Im Rahmen dieser Vereinbarung wird angestrebt, den Bildungsprozess des Kindes in einer sog. Bildungsdokumentation festzuhalten. Über die Eltern kann diese Bildungsdokumentation auch an die Grundschule weitergereicht werden (https://servicesnord- rheinwestfalendirekt.de/broschuerenservice/download/1343/bildungsvereinbarung.pdf).
DELFIN 4	DELFIN 4 steht für *„Diagnostik, Elternarbeit, Förderung der Sprachkompetenz in Nordrhein-Westfalen bei 4-Jährigen“* und beinhaltet in NRW einen seit 2007 verbindlich durchzuführenden Sprachtest in Kindertagesstätten. Bei erkannten Defiziten werden entsprechende Sprachförderungsmaßnahmen eingeleitet (http: //www.mgepa.nrw.de/kinder-und-jugend/kinder-nrw/sprachfoerderung/index.php).

Gebundene Ganztagsschulen	Zu den gebundenen Ganztagsschulformen gehören sowohl voll gebundene Ganztagsschulen, an denen alle Schülerinnen und Schüler verbindlich an mindestens drei Tagen für mindestens sieben Stunden Angebote wahrnehmen, und teilgebundenen Ganztagsschulen, an denen nur einzelne Klassen oder Jahrgangsstufen verbindlich am Ganztagsangebot teilnehmen (KMK 2008: 5).
GÖS	Durch das Landesprogramm *„Gestaltung des Schullebens und Öffnung von Schule (GÖS)"* wurden Außenbeziehungen von Schulen gefördert und systematisiert. Im Jahr 1997/98 nahmen insgesamt 500 Schulen aus mehr als 200 Kommunen teil (Haenisch 1999:1). Das Programm verfolgte u.a. das Ziel eines „Gemeinwesen orientierten Lehrens und Lernens" durch die „Förderung der Wahrnehmung des lebensweltlichen Umfeldes", die „Vermittlung authentischer Erfahrungen" und die „Verknüpfung außerschulischer Angebote und Aktivitäten mit schulischem Lernen" (Kultusministerium des Landes Nordrhein-Westfalen 1988:18ff.). „Während bis zum Schuljahr 2000/2001 die Öffnung von Schule zum Gemeinwesen im Vordergrund dieses Programms stand, hatte ab dem Schuljahr 2001/2002 dann die Bildung schulischer Netzwerke zum Informations- und Erfahrungsaustausch zwischen den Schulen Vorrang" (Behr-Heintze/Lipski 2004: 7).
HIPPY	HIPPY steht für „Home Instruction for Parents of Preschool Youngsters" und ist ein Familienbildungsprogramm, das bildungsbenachteiligte Eltern mit Kindern im Alter von 3 bis 6 Jahren darin unterstützt, die Entwicklung ihrer Kinder im häuslichen Umfeld zu fördern (http://www.hippy-deutschland.de /organisation. php).
IZBB	Investitionsprogramm „Zukunft Bildung und Betreuung": Mit dem Investitionsprogramm stellt die Bundesregierung im Zeitraum von 2003-2009 vier Milliarden Euro für den Auf- und Ausbau von Ganztagsschulen bereit. Über die konkrete Vergabe der Fördermittel entscheiden die Kultusministerien der Länder.
JEKI	Die musikalische Bildungsinitiative „Jedem Kind ein Instrument" hat sich zum Ziel gesetzt hat, bis zum Jahr 2010 jedem Grundschulkind des Ruhrgebiets die Möglichkeit zu bieten, ein Musikinstrument eigener Wahl zu erlernen. Ab dem ersten Schuljahr lernen alle Kinder der beteiligten Grundschulen in einem von Musikschul- und Grundschullehrkräften gemeinsam gestalteten Tandemunterricht eine Vielzahl an Instrumenten kennen und wählen schließlich ein Instrument zur Vertiefung aus. Die von der Kulturstiftung des Bundes, dem Land Nordrhein-Westfalen und der *Zukunftsstiftung Bildung in der GLS Treuhand* entwickelte Initiative ist ein Beitrag zum Programm der Kulturhauptstadt Europas 2010 (http://www.jedemkind.de/programm/home.php).

Offene Ganztags-schule	Offene Ganztagsschulen sind laut Definition der Kultusministerkonferenz Schulen, an denen die Eltern über die Teilnahme ihrer Kinder am Nachmittagsprogramm individuell entscheiden können (KMK 2008: 5).
QUIGS	QUIGS steht für „Qualität in Ganztagsschulen“ und ist ein Verfahren der Qualitätsfeststellung und -entwicklung, das als Selbstevaluationsinstrument eingesetzt werden kann und als Orientierungs- und Arbeitsgrundlage dient (http://www.ganztag.nrw.de/front_content.php?idcat=901)
Rhythmisierung	Wechsel von Unterrichtseinheiten und Förder- bzw. Freizeitangeboten im Laufe des Schultags
Rucksack	Rucksack ist ein nach niederländischen Vorbildern in Essen entwickeltes Programm zur koordinierten Sprachförderung und Elternbildung. Es basiert auf der engen Zusammenarbeit von Kindertagesstätten bzw. Grundschulen mit Eltern mit Migrationshintergrund (http://www.raa.de/rucksack.html).
Soziale Stadt	„Das Städtebauförderungsprogramm „Stadtteile mit besonderem Entwicklungsbedarf – Soziale Stadt“ des Bundesministeriums für Verkehr, Bau und Stadtentwicklung (BMVBS) und der Länder wurde im Jahr 1999 mit dem Ziel gestartet, die „Abwärtsspirale“ in benachteiligten Stadtteilen aufzuhalten und die Lebensbedingungen vor Ort umfassend zu verbessern. Die Soziale Stadt startete im Jahr 1999 mit 161 Stadtteilen in 124 Gemeinden; heute sind es bereits 571 Gebiete in 355 Gemeinden (Stand2009).“ (http://www. sozialestadt.de/programm/)
StEG	Bei der „Studie zur Entwicklung von Ganztagsschulen“ (StEG) handelt es sich um ein länderübergreifendes Forschungsprogramm zur Entwicklung von Ganztagsschulen und Ganztagsangeboten, das in einem Forschungskonsortium bestehend aus dem Deutschen Instituts für Internationale Pädagogische Forschung, dem Institut für Schulentwicklungsforschung und dem Deutschen Jugendinstitut durchgeführt wird. Das Projekt untersucht dabei größere Stichproben von Schulen in drei Erhebungswellen (Längsschnitt) (http://www.projekt-steg.de/).
TransKiGs	Das Verbundprojekt TransKiGs wurde im Zeitraum von 2005-2009 vom BMBF gefördert und konzentrierte sich darauf, die Bildungs- und Erziehungsqualität in Kindertageseinrichtungen und Grundschulen zu stärken um zur Anschlussfähigkeit der beiden Bildungsbereiche beizutragen und den Prozess des Übergangs für Kinder und ihre Familien zu verbessern (http://www. transkigs.de/).
WiN	Das Bremer Handlungsprogramm „Wohnen in Nachbarschaften“ (WiN) existiert seit 1998 und fördert die Entwicklung von benachteiligten Quartieren sowohl mit investiven als auch mit konsumtiven Maßnahmen (http://www.soziales.bremen.de/detail.php?gsid=bremen69.c.2891.de).

A4 Verzeichnis der Projektpublikationen und -vorträge

Veröffentlichungen im Rahmen des Projekts „Stadtteilvernetzung von Ganztagsschulen“

Baumheier, U./Fortmann, C./Gundert, H. (2008): Dokumentationen der Workshops „Lernen in Nachbarschaften. Kooperationen von Ganztagsschulen mit dem Stadtteil“ in Bremen, Essen und Dortmund (http://www.iaw.uni-bremen.de/ccm/content/ /projekte-iaw-laufend.de?id=138).

Baumheier, U./Schwarzer, T. (2009): Neue Ansätze der Vernetzung durch Quartierszentren in Bremen. Schriftenreihe Institut Arbeit und Wirtschaft, Bd. 4, November 2009 (http://www.iaw.uni-bremen.de/downloads/Nr4-BaumheierQuartierszentren.pdf).

Baumheier, U./Warsewa, G. (2010): Lokale Bildungslandschaften – Stadtteilnetzwerke für Bildung und soziale Integration. In: Sozialraum.de; Ausgabe 1/2010; http://www.sozialraum.de (ISSN: 1868-2596).

Baumheier, U./Warsewa, G. (2009a): Vernetzte Bildungslandschaften: Internationale Erfahrungen und Stand der deutschen Entwicklung. In: Peter Bleckmann/Anja Durdel (Hrsg.) Lokale Bildungslandschaften. Perspektiven für Ganztagsschulen und Kommunen. Wiesbaden 2009, S. 19-36.

Baumheier, U./Warsewa, G. (2009b): Schulen in städtischen Bildungs- und Integrationsnetzwerken; In: DfK (Deutsche Zeitschrift für Kommunalwissenschaften); Kommunale Bildungspolitik – Bd.1/2009; 48.Jg., S. 63-75 (ISSN 1617-8203).

Baumheier, U./Warsewa, G. (2009c): Bessere Chancen durch vernetzte Systeme? In: infodienst. Das Magazin für kulturelle Bildung Nr.93; herausgegeben vom Bundesverband der Jugendkunstschulen und kulturpädagogischen Einrichtungen e.V.; S.34/35 (ISSN 0936-6636).

Baumheier, U./Warsewa, G. (2008): Schulen in lokalen Bildungsnetzwerken: Ein Beitrag zu sozialer Integration durch Bildung? In: "Die Ganztagsschule", 48. Jg., Heft 4 – 2008; ISSN 0344-2101.

Baumheier, U./Warsewa, G. (2008): Lernen in Nachbarschaften. Erfahrungen mit lokalen Bildungsnetzwerken in Großbritannien und den Niederlanden. Die Deutsche Schule, Jg. 2008, H. 3, S. 324-333.

Baumheier, U./Warsewa, G. (2008): Lokale Bildungsnetzwerke in Bremen. Soziale Integration durch Bildung? In: Mittendrin am Rande, Zeitschrift für Arbeit und soziale Gerechtigkeit, Nr. 21/2008 (http://www.iaw.uni-bremen.de/downloads/Lokale BildungsnetzwerkeinBremen.pdf).

Fortmann, C./von Rittern, R./Warsewa, G. (2010): Zum Umgang mit Diversität und Heterogenität in Bildungslandschaften. Expertise im Auftrag der Deutschen Kinder- und Jugendstiftung (DKJS). Bremen.

Holtrup, A./Warsewa, G. (2008): Neue Governance-Formen in Wirtschaft, Arbeit und Stadt/Region. Schriftenreihe Institut Arbeit und Wirtschaft Bd. 1; Bremen (ISBN 978-3-88722-699-2).

Warsewa, G. (2009): Vernetzte Bildungslandschaften: Internationale Erfahrungen und Stand der deutschen Entwicklung. In: Urbane Landschaften I; Tagungsband November 2009; herausgegeben vom vhw – Bundesverband für Wohnen und Stadtentwicklung; S. 108-112.

Warsewa, G./Baumheier, U. (2009): Quartiersbildungszentrum Blockdiek. Dokumentation des Workshops am 19.2.09 in der Schule Düsseldorfer Straße.

Vorträge

Baumheier, U.: Schulen in lokalen Bildungsnetzwerken: Ein Beitrag zu sozialer Integration durch Bildung? Vortrag beim Difu-Seminar „Kommunale Bildungslandschaft – Wunsch oder Wirklichkeit?“ am 22./23.9.2008 in Berlin.

Baumheier, U.: Kommunale Bildungslandschaften als Untersuchungsgegenstand: Forschungsergebnisse und Evaluationsansätze. Vortrag bei der Fortbildungsveranstaltung des Landesjugendamts Rheinland „Neue Wege in der Bildungsförderung am 1.12.2009 in Münster.

Baumheier, U.: Neue Bildungslandschaften. Konzept und Praxis von Quartiers(bildungs)-zentren. Vortrag bei der Tagung „Von kommunaler Sozialpolitik zu sozialer Stadtpolitik“ am 10.12.10, Arbeitnehmerkammer Bremen.

Baumheier, U./Fortmann, C.: Lernen in Nachbarschaften. Kooperationen von Ganztagsschulen mit dem Stadtteil. Vortrag im Rahmen des IAW-Kolloquiums am 9.12.2008 in Bremen.

Baumheier, U./Fortmann, C.: Ganztagsschulen als Teil von Bildungslandschaften. Empirische Ergebnisse aus Bremen und NRW. Vortrag im Rahmen des IAW-Kolloquiums am 12.01.2010.

Baumheier, U./Fortmann, C.: Lernen in Nachbarschaften – Kooperation von Ganztagsschulen mit dem Stadtteil. Vorstellung der Ergebnisse des Forschungsprojekts zu Ganztagsgrundschulen in NRW und Bremen in Dortmund am 03.02.2010.

Baumheier, U./Fortmann, C.: Lernen in Nachbarschaften – Kooperation von Ganztagsschulen mit dem Stadtteil. Vorstellung der Ergebnisse des Forschungsprojekts zu Ganztagsgrundschulen in NRW und Bremen in Bremen am 10.02.2010.

Baumheier, U./Fortmann, C.: Lernen in Nachbarschaften – Kooperation von Ganztagsschulen mit dem Stadtteil. Vorstellung der Ergebnisse des Forschungsprojekts zu Ganztagsgrundschulen in NRW und Bremen in Essen am 23.02.2010.

Baumheier, U./Fortmann, C.: Stadtteilvernetzung von Ganztagsschulen. Vortrag bei der Bilanztagung „Professionsentwicklung und Kooperation an Ganztagsschulen“ am 4.6.2010 in Potsdam.

Baumheier, U./Hempe-Wankerl, Chr.: Quartiersbildungszentren in Bremen. Vortrag beim Regionalforum zu „Elternbeteiligung und Gewaltprävention in kommunalen Bildungslandschaften“ am 13.4.10 im Rauhen Haus, Hamburg.

Baumheier, U./Schwarzer, T.: Neue Ansätze der Vernetzung durch Quartierszentren in Bremen. Vortrag beim Werkstattgespräch der Arbeitnehmerkammer Bremen, 24.9.2009.

Fortmann, C./Warsewa, G.: Stadtteilvernetzung von Ganztagsschulen. Vortrag im Rahmen der 7. Tagung des Forschungsnetzwerk Ganztagsschule am 02. und 03. Juli 2009 in Dortmund.

Warsewa, G.: „Bremer Quartiersbildungszentren – Experiment aus Erfahrung". Vortrag bei der Konferenz „Lernend leben im Quartier" des Projekts *koopstadt* im Rahmen der Initiative Nationale Stadtentwicklungspolitik des Bundesministeriums für Verkehr, Bauen und Stadtentwicklung am 16.11.2009 in Bremen.

Warsewa, G.: „Die Entwicklung von Ganztagsschulen zu vernetzten Quartiersbildungszentren". Vortrag beim Bundeskongress des Ganztagsschulverbandes GGT e.V. am 21.11.2008 in Hannover.

Warsewa, G.: „Quartiersbildungszentren – Stadtteilnetzwerke für Bildung und soziale Integration." Vortrag bei der Bildungsbehörde Bremen am 11.6.2008 in Bremen.

Warsewa, G.: Expertenstatement und Teilnahme an Podiumsdiskussion bei der Tagung "Bildung in lokaler Verantwortung" der Jacobs Foundation und der Deutschen Kinder- und Jugendstiftung (DKJS) am 18.11.2008 in Berlin.

Warsewa, G./Baumheier, U.: „Ganztagsschule kommunal verantworten – Bildungspolitische Perspektive und internationale Erfahrungen". Vortrag in der Ringvorlesung „Das Einmaleins der Ganztagsschule", veranstaltet von der Deutschen Kinder- und Jugendstiftung, der Service-Agentur „Ganztägig lernen" Sachsen-Anhalt und dem Zentrum für Schul- und Bildungsforschung der Martin-Luther-Universität Halle-Wittenberg am 26.1.2010.

Warsewa, G./Baumheier, U.: „Lernen in Nachbarschaften". Vortrag bei der Jahreshauptversammlung des Ganztagsschulverbandes GGT e.V., Landesverband Bremen am 14.2.2008 in Bremen

Im Rahmen des Projekts durchgeführte Veranstaltungen

Workshops (Fokusgruppen) „Lernen in Nachbarschaften – Netzwerke von Schule und Stadtteilinstitutionen" am 26.6.2008 in der Ganztagsgrundschule Düsseldorfer Straße/Bremen, am 21.8.2008 in der Ludgerusschule/Essen, am 22.8.2008 in der Oesterholzschule/Dortmund, am 25.8.2008 in der Gemeinschaftsgrundschule Nordviertel/Essen, am 2.9.2008 in der Schule Lessingstraße/Bremen und am 19.1.2009 in der Eichwaldschule/Dortmund

Expertenworkshop „Vernetzung von Bildungseinrichtungen im Stadtteil" am 5.12.2008 in Bremen

Workshop zur Planung des Quartiersbildungszentrums Blockdiek am 19.2.2009 an der Grundschule Düsseldorfer Straße, Bremen.

Vernetzungstreffen zum Thema „Schulforschung und Beratung des bremischen Bildungsressorts" am 01.10.2009 in Bremen.

Abschlussveranstaltungen in den beteiligten Fallstudienkommunen Dortmund, Bremen und Essen: Präsentation und Diskussion der Ergebnisse am 03.02.10 (Dortmund), am 10.02.10 (Bremen) und am 23.02.10 (Essen).

Sonstige Aktivitäten

Baumheier, U.: Mitwirkung an einer von den ServiceAgenturen Ganztägig Lernen organisierten Expertenrunde zu Bildungsverbünden in Stadtstaaten.
Baumheier, U.: Mitwirkung in einer Kooperationsrunde zu Bildung der Städte Bremen, Groningen und Oldenburg.
Warsewa, G.: Mitwirkung im Programmbeirat des Projekts „Lebenswelt Schule" der Deutschen Kinder- und Jugendstiftung.

A5 Literaturverzeichnis

Altrichter, H./Heinrich, M. (2007): Kategorien der Governance-Analyse und Transformationen der Systemsteuerung in Österreich. In: Altrichter, H./Brüsemeister, T./Wissinger, J. (Hrsg.): Educational Governance. Handlungskoordination und Steuerung im Bildungssystem. Wiesbaden, S. 55-104.

Arnoldt, Bettina (2007): Öffnung von Ganztagsschule. In: Holtappels, Heinz Günter/ Klieme, Eckhard/Rauschenbach, Thomas/Stecher, Ludwig (Hrsg.): Ganztagsschule in Deutschland. Ergebnisse der Ausgangserhebung der „Studie zu Entwicklung von Ganztagsschulen" (StEG). Weinheim/München, S. 86-106.

Auernheimer, (Georg 2001): Anforderungen an die Schule im Stadtteil. In: Jahrbuch Stadt-Region. Schwerpunkt: Einwanderungsstadt, Opladen; S. 75-91.

Augsburg, Ralf (2005): Auf dem Weg zur selbständigen Schule (http://www.ganztags schulen.org/4244.php; letzter Zugriff 1.10.09).

Avenarius, H./Döbert, H./Geißler, G./Sroka, W. (2007): Die Bildungssysteme Kanadas und Deutschland im Überblick. In: Arbeitsgruppe Internationale Vergleichsstudie (2007): Schulleistungen und Steuerung des Schulsystems im Bundesstaat. Kanada und Deutschland im Vergleich. Studien zur International und Interkulturell Vergleichenden Erziehungswissenschaft, Band 9. Münster, S. 57-69.

Bastian, J./Rolff, H.-G. (2002): Abschlussevaluation des Projektes "Schule & Co.". (http://www.bertelsmann-stiftung.de/cps/rde/xbcr/SID-935F268F-2C0CC03F /bst/ xcms_bst_dms_25134_25135_2.pdf; letzter Zugriff: 24.04.2009).

Baumheier, Ulrike/Warsewa, Günter (2009): Vernetzte Bildungslandschaften: Internationale Erfahrungen und Stand der deutschen Entwicklung. In: Bleckmann, Peter/Durdel, Anja: Lokale Bildungslandschaften. Perspektiven für Ganztagsschulen und Kommunen. Wiesbaden, S. 19-36.

Beher, Karin/Haenisch, Hans/Hermens, Claudia/Liebig, Reinhard/Nord, Gabriele/Schulz, Uwe (2007): Offene Ganztagsschule im Primarbereich. Begleitstudie zu Einführung, Zielsetzungen und Umsetzungsprozessen in NRW. Weinheim/München.

Behr-Heintze, A./Lipski, J. (2004): Schule und soziale Netzwerke. Zentrale Befunde und Empfehlungen. Eine Zusammenfassung des Schlussberichtes. (http://www.dji.de /bibs/147_3286_zusa_schluss.pdf; letzter Zugriff: 16.08.10).

Berse, Christoph (2009): Mehrdimensionale Bildung im Kontext Kommunaler Bildungslandschaften. Bestandsaufnahme und Perspektiven. Opladen/Farmington Hills.

Bildungskommission NRW (1995): Zukunft der Bildung – Schule der Zukunft. Denkschrift der Kommission „Zukunft der Bildung – Schule der Zukunft“ beim Ministerpräsidenten des Landes Nordrhein-Westfalen. Neuwied.

BMBF/KMK (Bundesministerium für Bildung und Forschung/Kultusministerkonferenz) (2007): Neue Steuerungselemente für weitere Verbesserung des Bildungswesens. Gemeinsame Pressemitteilung vom 28.2.2007 (http://www.bmbf.de/_media/press/pm_20070228-041.pdf; letzter Zugriff 28.9.2009).

Bösebeck, Ulrich/Tölle, Renate/Hagedorn, Manfred (2006): Ganztagsschulen brauchen Partner in der Administration. In: Höhmann, Katrin/Holtappels, Heinz Günter: Ganztagsschule gestalten. Konzeption – Praxis – Impulse. Seelze-Velber, S. 223-234.

Böttcher, Wolfgang (2008): Endbericht. Evaluation des Qualitätsentwicklungsinstruments QUIGS („Qualitätsentwicklung in Ganztagsschulen“). Westfälische Wilhelms-Universität Münster (http://www.ganztag.nrw.de/upload/pdf/quigs/QUIGS-Endbericht_final.pdf; letzter Zugriff 1.10.09).

Bremer Senat (2005): Qualitätsstandards für Ganztagsschulen. Mitteilung des Senats vom 18.1.2005. Bremische Bürgerschaft, Stadtbürgerschaft, Drucksache 16/287 vom 19.1.2005.

Bremisches Schulgesetz (BremSchulG) vom 28. Juni 2005 (Brem.GBl. S. 260 – 223-a-5) (http://www.bildung.bremen.de/sfb/schulgesetz.pdf).

Bronfenbrenner, Urie/Morris, Pamela (1998):The ecology of developmental processes. In: Lerner, Richard M. (Hrsg.). Handbook of Child Psychology. Fifth Edition Volume 1: Theoretical Models of Human Development. New York, S. 993-1028.

Buhren, Claus G. (1997): Community Education. Münster/New York/München/Berlin.

Bundesministerium für Familie, Senioren, Frauen und Jugend (Hrsg.) (2005): Zwölfter Kinder- und Jugendbericht. Bericht über die Lebenssituation junger Menschen und die Leistungen der Kinder- und Jugendhilfe in Deutschland. (http://www.bmfsfj.de/RedaktionBMFSFJ/Abteilung5/Pdf-Anlagen/zwoelfter-kjb,property=pdf.pdf; letzter Zugriff 24.8.10).

Burrow, Olaf-Axel/Pauli, Bettina (2006): Ganztagsschule entwickeln. Schwalbach/Ts.

Curländer, L./Engelking, G. (2004): Regionale Bildungslandschaft Kreis Herford. Die Stärkung von Schulen im kommunalen und regionalen Umfeld – oder was ist eigentlich „Schule&Co.“? In: Projektleitung „Selbstständige Schule“ (Hrsg.) : Regionale Bildungslandschaften. Grundlagen einer staatlich-kommunalen Verantwortungsgemeinschaft. Troisdorf, S. 62-80.

Deutscher Bildungsrat (1973): Empfehlung der Bildungskommission. Zur Reform von Organisation und Verwaltung im Bildungswesen. Teil I. Verstärkte Selbstständigkeit der Schule und Partizipation der Lehrer, Schüler und Eltern. Bonn.

Deutscher Städtetag (2007): Aachener Erklärung anlässlich des Kongresses „Bildung in der Stadt“ am 22./23.11.2007 (http://ec.europa.eu/education/migration/germany9_de.pdf; letzter Zugriff 19.8.10).

Deutsches Institut für Internationale Pädagogische Forschung u.a. (2008): Pressekonferenz StEG-Folien vom 08.09.2010. (http://www.projekt-steg.de/files/pk080908/Pressekonferenz_Steg_Folien.pdf; Letzter Zugriff: 23.04.2010).

DIFU (Deutsches Institut für Urbanistik) (2005): Fachtagung Bildung im Stadtteil. Arbeitspapiere zum Programm „Soziale Stadt" Band 11. Berlin.

DIFU (Deutsches Institut für Urbanistik) (Hrsg.) (2005): Zukunft von Stadt und Region. Bd.1: Integration und Ausgrenzung in der Stadtgesellschaft. Wiesbaden.

Dobischat, R./Stuhldreier, J./Düsseldorff, C. (2006): Netzwerkbildung und Netzwerkstruktur. In: Nuissl, E./Dobischat, R./Hagen, K./Tippelt, R. (Hrsg.): Regionale Bildungsnetze. Bielefeld, S. 59-89.

Dobischat, R./Düsseldorff, C./Nuissl, E./Stuhldreier, J. (2006): Lernende Regionen – begriffliche Grundlagen. In: Nuissl, E./Dobischat, R./Hagen, K./Tippelt, R. (Hrsg.): Regionale Bildungsnetze. Bielefeld, S. 23-34.

Durdel, Anja (2009): Ganztagsschulen als Teil von Bildungslandschaften. Zwischen Bereicherung und Überforderung. In: Bleckmann, Peter/Durdel, Anja (Hrsg.): Ganztagsbildung vor Ort gestalten: Ganztagsschulen und Kommunen. Auf dem Weg zu einer neuen Partnerschaft, Wiesbaden, S. 121-134.

Dürrenberger, Gregor/Behringer, Jeanette (1999): Die Fokusgruppen in Theorie und Anwendung. Stuttgart:

Düx, Wiebke/Sass, Erich (2005): Macht Engagement schlau? Oder engagieren sich die Schlauen? Hessische Jugend (57) 4 2005, S. 10-12.

Epstein, Joyce (1995): School/family/community partnerships: Caring for the children we share. Phi Delta Kappan, 76, S. 701–712.

Fend, H./Berger, F./Grob, U. (2004): Langzeitwirkungen von Bildungserfahrungen am Beispiel von Lesen und Computer Literacy. Ergebnisse der LIFE-Studie. In: Zeitschrift für Pädagogik, 50, 1, S. 56-76.

Flick, U. (2005): Qualitative Sozialforschung. Eine Einführung. Reinbek.

Freie Hansestadt Bremen, Die Senatorin für Bildung und Wissenschaft (2007): Der Bremer Orientierungsrahmen Schulqualität. Bremen.

Freie Hansestadt Bremen, Die Senatorin für Bildung und Wissenschaft (2008): Bremer Schulentwicklungsplan 2008. Ergebnisse der Arbeit des Fachausschusses „Schulentwicklung" der Deputation für Bildung. Bremen (http://www.bildung.bremen.de/fastmedia/13/Schulentwicklungsplan.pdf; letzter Zugriff 25.2.10).

Frey, Birgit (o.J.): Ganztag als kommunale Gestaltungsaufgabe. Ein Praxisbericht aus Nordrhein-Westfalen. „Ideen für mehr! Ganztägig Lernen", Arbeitshilfe 04 (http://www.ganztaegig-lernen.org/media/web/download/ah-04.pdf; letzter Zugriff 19.3.10).

Furstenberg, Frank F., Jr./Cook, Thomas D./Eccles, Jacquelynne/Elder, Glen H. Jr. (1999): Managing to make it: Urban families in high-risk neighborhoods. Chicago.

Gemeinschaftsgrundschule Nordviertel: Internetpräsenz. Schulprogramm. (http://www.grundschule-nordviertel.essen.de/pages/schulprogramm/allgemeines.php; letzter Zugriff: 06.04.10).

Gläser, J./Laudel, G. (2006): Experteninterviews und qualitative Inhaltsanalyse. 2. Auflage. Wiesbaden.

Gnahs, D./Dollhausen, K. (2006): Koordination von regionalen Bildungsnetzwerken – eine neue Aufgabe von Volkshochschulen? (http://www.die-bonn.de/esprid/dokumente/doc-2006/gnahs06_01.pdf; Letzter Zugriff: 23.04.2010).

Gomolla, Mechtild (2005): Schulentwicklung in der Einwanderungsgesellschaft. Strategien gegen institutionelle Strategien in England, Deutschland und der Schweiz. Münster

Gonzales, Thoralf (2002): Handlungsperspektiven für Arbeit und Ausbildung am Hamburger Stadtrand. In: Walther, Uwe-Jens (Hrsg.) 2002: Soziale Stadt – Zwischenbilanzen. Opladen, S. 133-145.

Haenisch, H. (1999): GÖS-Landesprogramm fördert Innovation in vielen nordrhein-westfälischen Schulen. Kurzinformation zu den Ergebnissen der wissenschaftlichen Auswertung (Stand: Februar 1999). Soest.

Haenisch, Hans (2008): Qualitätszirkel in der Erkundung. Der GanzTag in NRW. Beiträge zur Qualitätsentwicklung, 4. Jahrgang, 2008, Heft 10, Münster.

Haenisch, Hans (2009): Verzahnung zwischen Unterricht und außerunterrichtlichen Angeboten im offenen Ganztag. Eine qualitative Studie zu praktischen Ansätzen der Verzahnung in ausgewählten Schulen. Der Ganztag in NRW, 5. Jahrgang 2009, Heft 11 (http://www.ganztag.nrw.de/upload/pdf/material/Heft_11_-_Verzahnung.pdf; letzter Zugriff 24.8.10).

Hartnuss, Birger/Maykus, Stephan (Hrsg.) (2004): Handbuch Kooperation von Jugendhilfe und Schule. Berlin.

Häußermann, Hartmut (2005): Integration und Urbanität – eine problematisch gewordene Beziehung. In: DIFU (Deutsches Institut für Urbanistik) (Hrsg.) 2005: Zukunft von Stadt und Region. Bd.1: Integration und Ausgrenzung in der Stadtgesellschaft. Wiesbaden, S. 19-5.

Hebborn, Klaus (2008): Städtische Bildungspolitik. In: Coelen, Thomas/Otto, Hans-Uwe (Hrsg.): Grundbegriffe Ganztagsbildung. Das Handbuch. Wiesbaden, S. 958-967.

Hebborn, Klaus (2008): Städtische Bildungspolitik. In: Coelen, Thomas/Otto, Hans-Uwe (Hrsg.): Grundbegriffe Ganztagsbildung. Das Handbuch. Wiesbaden, S. 958-967.

Hempe-Wankerl, Christel/Reith, Sandra (2007): Länderprojekt Bremen – Profil. Lernen für den GanzTag (http://www.ganztag-blk.de/cms/front_content.php?idcat=46; letzter Zugriff 24.8.10).

Hollstein, Bettina (2006): Qualitative Methoden und Netzwerkanalyse – ein Widerspruch? In: Hollstein, Bettina/Strauss, Florian (Hrsg.): Qualitative Netzwerkanalyse. Wiesbaden, S. 11-37.

Hollstein, Bettina/Strauss, Florian (Hg.) 2006: Qualitative Netzwerkanalyse. Wiesbaden.

Holtappels, Heinz Günter/Klieme, Eckhard/Rauschenbach, Thomas/Stecher, Ludwig (Hrsg.) 2007: Ganztagsschule in Deutschland. Weinheim/München.

Holtappels, H-G. (2006): Entwicklung ist messbar. Zwischenbericht der wissenschaftlichen Begleitforschung zum Projekt "Selbstständige Schule". Troisdorf.

IfS (Institut für Stadtforschung und Strukturpolitik)/ForStaR (Forschungsinstitut Stadt und Region) (2004): Evaluation der Programme „Wohnen in Nachbarschaften – WiN“ und "Stadtteile mit besonderem Entwicklungsbedarf – die Soziale Stadt" in Bremen. Anhang zum Endbericht. Berlin (http://www.sozialestadt.de/gebiete/gebietAnzeige.php?id=134; letzter Zugriff 23.8.10).

Kahn, R. L. & Antonucci, T. C. (1980), Conoys over the life course: attachment, roles and social support. Life span development and behavior 3, S. 253-286.

Klemm, K. (2005): Dezentralisierung und Privatisierung im Bildungswesen. In: Holtappels, H-G./Höhmann, K. (Hrsg.): Schulentwicklung und Schulwirksamkeit. Systemsteuerung, Bildungschancen und Entwicklung der Schule. Weinheim und München, S. 111-121.

KMK (Sekretariat der Ständigen Konferenz der Kultusminister der Länder in der Bundesrepublik Deutschland) (2008): Allgemein bildende Schulen in Ganztagsform in den Ländern der Bundesrepublik Deutschland – Statistik 2002 bis 2006. Bonn (http://www.kmk.org /fileadmin/pdf/PresseUndAktuelles/2004/GTS_2006.pdf08; letzter Zugriff 22.9.09).

Koch, S./Gräsel, C. (2004): Schulreformen und Neue Steuerung – erziehungs- und verwaltungswissenschaftliche Perspektiven. In: Koch, S./Fisch, R. (Hrsg.): Schulen für die Zukunft. Neue Steuerung im Bildungswesen. Grundlagen der Schulpädagogik, Band 51. Baltmannsweiler, S. 3-25.

Kromrey, Helmut (2002): Empirische Sozialforschung. Modell und Methoden der standardisierten Datenerhebung und Datenauswertung. Opladen.

Krüger, Helga (2005): Integrierte Familienpolitik – Oder: Warum es sich für eine Stadt lohnt, ihre Einwohner/innen bei der Verwirklichung von Lebenswünschen zu unterstützen. In: Der Präsident des Senats/Universität Bremen (Hg): Reformoptionen für eine nachhaltige Bildungs- und Familienpolitik. Anstöße aus dem Bremer Perspektiven-Labor, Bd.7. Bremen.

Kuckartz, U. (2007): Einführung in die computergestützte Analyse qualitativer Daten. Lehrbuch. Wiesbaden.

Kultusministerium des Landes Nordrhein-Westfalen (Hrsg.) (1988): Rahmenkonzept.

Lamnek, S. (2005): Qualitative Sozialforschung. Lehrbuch. Weinheim und Basel.

Läpple, Dieter/Stohr, Henrik (2006): Arbeits- und Lebenswelten im Umbruch – Herausforderungen für die Entwicklung sozialer Infrastrukturen in Stadtquartieren. In: Sozialwissenschaften und Berufspraxis, Band 29, Heft 2, S.173-191.

Liesner, Brigitte/Micklinghoff, Gabriele (2005): Steuerung im Netzwerk – Neue Wege der Elternbildung im Stadtteil. In: Regiestelle E&C der Stiftung SPI (Hrsg.): Fachforum „Orte der Bildung im Stadtteil" – Dokumentation zur Veranstaltung am 16. und 17. Juni 1005 in Berlin. Berlin (http://www.uni-bielefeld.de/paedagogik/agn/ag8/ff_ orte_bil- dung.pdf; letzter Zugriff 24.8.10)

Lipski, Jens (2007): Keine halben Sachen mit der Ganztagsschule. DJI-Bulletin 1/2007, S. 21.

Maag-Merki (2008): Die Architektur einer Theorie der Schulentwicklung. In: Journal für Schulentwicklung, H. 2, S.22-30.

Mack, W./Harder, A./Kelo, J./Wach, K. (2006): Lokale Bildungslandschaften. Projektbericht. (http://www.dji.de/bibs/Projektbericht_Bildungslandschaften_Mack.pdf; letzter Zugriff: 24.04.2009).

Mack, Wolfgang (2006): Neue Perspektiven für das Zusammenspiel von Schule und Jugendhilfe. Das Bildungskonzept des Zwölften Kinder- und Jugendberichts und seine Implikationen für Schule und Jugendhilfe. In: Die deutsche Schule, 98. Jg. 2006, H. 2, S. 162-177.

Mack, Wolfgang (2009): Bildung in sozialräumlicher Perspektive. Das Konzept Bildungslandschaften. In: Bleckmann, Peter/Durdel, Anja: Lokale Bildungslandschaften. Perspektiven für Ganztagsschulen und Kommunen, S. 57-66.

Maykus, S. (2005): Kooperation konkret. Der Weg zur Zusammenarbeit. Arbeitspapier im Rahmen des Verbundprojekts „Lernen für den Ganztag". (http://www.ganztag.nrw.de/upload/pdf/material/Schritte_zur_Kooperation_Maykus.pdf; letzter Zugriff 18.04.2008).

Maykus, Stephan (2009): Neue Perspektiven für Kooperation: Jugendhilfe und Schule gestalten kommunale Systeme von Bildung, Betreuung und Erziehung. In: Bleckmann, Peter/Durdel, Anja: Lokale Bildungslandschaften. Perspektiven für Ganztagsschulen und Kommunen. Wiesbaden, S. 37-56.

Mayring, Philipp (2003): Qualitative Inhaltsanalyse. Grundlagen und Techniken. 8. Auflage. Weinheim/Basel.

Meinecke, Annika/Schalkhaußer, Sofie/Täubig, Vicki (2009): „Stadtteil und Schule"-Netzwerke der „lokalen Bildungslandschaft" Lübeck. In: Berkemeyer, Nils/Kuper, Harm/Manitius, Veronika/Müthing, Kathrin (Hrsg.): Schulische Vernetzung. Eine Übersicht zu aktuellen Netzwerkprojekten. Münster/New York/München/Berlin, S. 149-162.

Meuser, M./Nagel, U. (2002): ExpertInneninterviews – vielfach erprobt und wenig bedacht. Ein Beitrag zur qualitativen Methodendiskussion. In: Bogner, A./Littig, B./Menz, W. (Hrsg.): Das Experteninterview. Theorie, Methode, Anwendung. Opladen, S. 71-95.

Minderop, Dorothea/Solzbacher, Claudia (2007): Ansätze und Dimensionen – eine Einführung. In: Solzbacher, Claudia/Minderop, Dorothea: Bildungsnetzwerke und Regionale Bildungslandschaften. Ziele und Konzepte, Aufgaben und Prozesse. München/Unterschleißheim, S. 3-13.

Ministerium für Schule und Weiterbildung des Landes NRW (o.J.): Qualitätstableau für die Qualitätsanalyse für Schulen in Nordrhein-Westfalen (http://www.schulmi nisterium .nrw.de/BP/Schulsystem/Qualitaetssicherung/Qualitaetsanalyse/Das_ Qualitaetstableau.pdf; letzter Zugriff 24.8.10).

Ministerium für Schule, Jugend und Kinder des Landes NRW (2003): Zuwendungen für die Durchführung außerunterrichtlicher Angebote offener Ganztagsschulen im Primarbereich. RdErl. v. 12. 2. 2003 (ABl. NRW. S. 43), bereinigt mit Einarbeitung der Änderungen durch den Rd.Erl. des Ministeriums für Schule und Weiterbildung vom 26.1.2006 (BASS 11 – 02 Nr. 19).

Ministerium für Schule, Jugend und Kinder des Landes NRW (2004): Die offene Ganztagsgrundschule in Nordrhein-Westfalen. Bericht des Ministeriums für Schule, Jugend und Kinder an den Landtag vom 6. Januar 2004. Düsseldorf.

Ministerium für Schule, Wissenschaft und Forschung des Landes NRW (2006): Offene Ganztagsschule im Primarbereich – RdErl. v. 26. 1. 2006 (ABl. NRW. S. 29).

Nicolini, H. (2001): Netzwerke – Eine Annäherung. In: DLR (Hrsg.): Dokumentation der Workshops „Netzwerke erfolgreich entwickeln" im Rahmen des BMMF-Förderprogramms „Lernende Regionen – Förderung von Netzwerken".

Olejniczak, Claudia/Schaarschmidt, Meike (2005): Schule im Stadtteil. Fallstudie im Rahmen der Evaluation des integrierten Handlungsprogramms „Soziale Stadt

NRW". ies-Bericht 108-04. Institut für Entwicklungsplanung und Strukturforschung GmbH an der Universität Hannover. Hannover/Essen.

Oppen/Strassheim (2002): Lebenszyklen und Steuerungsprobleme von Netzwerken. In: Bertelsmann-Stiftung/Hans-Böckler-Stiftung/KGSt (Hrsg): Netzwerk Kommunen der Zukunft. Produkte der Netzwerkarbeit Bd. 14 (1-3) – Kommunen und lokale Beschäftigungsförderung. Bausteine guter Praxis: Bd. 14-3 – Arbeiten in Netzwerken. Frankfurt a. M Offenbach am Main, S. 12-17.

Oppen/Strassheim (2002): Partnerschaften und Netzwerke in der kommunalen Beschäftigungsförderung". In: a.a.O., S. 8-12.

Pädagogisches Ganztagskonzept der Oesterholzgrundschule (2004). (http://innenstadt nord.dortmund.de/upload/binarydata_do4ud4cms/97/61/06/00/00/00/66197/gganzta gskonzept_oesterholz_gs.pdf; letzter Zugriff: 23.03.2010).

Pauli, Bettina (2006): Kommunikation und Kooperation innerhalb der Schule und im Sozialraum. Expertise für das BLK-Verbundprojekt „Lernen für den GanzTag" (http://www.ganztag-blk.de/cms/upload/pdf/berlin/Pauli_Kooperation.pdf; letzter Zugriff 18.8.10).

Preiß, Christine (2007): Voneinander lernen – der Ganztag ist auf Kooperation angewiesen. DJI-Bulletin 1/2007, S. 19/20.

Projektleitung „Selbstständige Schule" (Hrsg.) (2008): Selbstständige Schulen in regionalen Bildungslandschaften. Eine Bilanz. Troisdorf.

Rolff, H-G./Tölle, R. (2008): Kommunale Handlungsstrategien zur innovativen Schulentwicklung – Am Beispiel des Kommunalen Bildungsberichts der Stadt Dortmund. In: Die Deutsche Schule. Zeitschrift für Erziehungswissenschaft, Bildungspolitik und pädagogische Praxis. 100 Jg., H.3, S. 289-300.

Runder Tisch Bildung (2005), Aus Unterschieden lernen – Lebenschancen eröffnen. Empfehlungen des Runden Tisches Bildung an die Freie Hansestadt Bremen. Bremen, 07.10.2005 (http://www2.bildung.bremen.de/sfb/behoerde/deputation/depu/g187_16_a2 .pdf; letzter Zugriff 21.12.2009).

Sachs, Michael (2008): Abschied von der gesamtstaatlichen Verantwortung? Das Bildungswesen nach der Föderalismusreform. In: Deutsche Gesellschaft für Bildungsverwaltung (Hrsg.): Abschied von der gesamtstaatlichen Verantwortung? Das Bildungswesen nach der Föderalismusreform. Dokumentation der 28. DGBV-Jahrestagung vom 13. bis 15.9.2007 in Bonn. Berlin (http://www.dgbv.de/dokumente/4-2_Jahrestagung_2007.pdf; letzter Zugriff 28.9.09).

Schubert, H. (2001): Netzwerke von innen gesehen. In: DLR (Hrsg.): Dokumentation der Workshops „Netzwerke erfolgreich entwickeln" im Rahmen des BMBF-Förderprogramms „Lernende Regionen – Förderung von Netzwerken".

Schubert, Herbert/Spieckermann, Holger (2002): Aufbau von Netzwerken als Kernaufgabe des Quartiersmanagements. In: Walther, Uwe-Jens (Hrsg.): Soziale Stadt – Zwischenbilanzen. Opladen, S. 147-163

Schulgesetz für das Land Nordrhein-Westfalen (Schulgesetz NRW – SchulG) vom 15.2.2005 (GV. NRW, S. 102), zuletzt geändert durch Gesetz vom 17.12.2009 (GV, NRW, S. 863) (http://www.schulministerium.nrw.de/BP/Schulrecht/Gesetze/SchulG_Info/Schul gesetz.pdf; letzter Zugriff 19.3.10).

Schulz, Andreas (2000): Grundschule und soziale Ungleichheiten. Bildungsperspektiven in großstädtischen Regionen. In: Die deutsche Schule 92 (2000) 4.

Senator für Bildung und Wissenschaft des Landes Bremen (2004): Bewerbung für die Einrichtung als gebundene Ganztagsschule zum Schuljahr 2005/06. Informationsschreiben Nr. 181/2004 vom 7.9.2004 (http://www2.bildung.bremen.de/sfb/behoerde /deputation /depu/g77_16_a1.pdf; letzter Zugriff 24.8.10).

Senator für Bildung und Wissenschaft des Landes Bremen (2007): Verordnung über die Ganztagsschule vom 30. Januar 2007 (Brem.GBl. S. 53-223-a-17) (http://www.bildung.bremen.de/sfb/behoerde/gesetze/html/310_01.htm).

Serviceagentur NRW („Ganztägig Lernen in NRW") (Hrsg.) (2007a): QUIGS. Qualitätsentwicklung in Ganztagsschulen. Grundlagen, praktische Tipps und Instrumente. Der GanzTag in NRW – Beiträge zur Qualitätsentwicklung, 3. Jahrgang, Heft 4, Münster (http://www.ganztag.nrw.de/upload/pdf/quigs/QUIGS_Handreichung.pdf; letzter Zugriff 24.8.10).

Serviceagentur NRW („Ganztägig Lernen in NRW") (Hrsg.) (2007a): QUIGS. Pädagogische Arbeitsbereiche (P11): Schule sozialräumlich verankern (http://www.ganztag.nrw.de/upload/pdf/quigs/Modul_P_11__Schule_sozialraeumlich_verankern_.pdf; letzter Zugriff 24.8.10).

SfAFJGS /SfB (Senatorin für Arbeit, Frauen, Jugend, Gesundheit und Soziales/Senatorin für Bildung und Wissenschaft) des Landes Bremen (2008): Rahmenvereinbarung zur Zusammenarbeit zwischen Jugendhilfe und Schule in Bremen. Bremen (http://www2.bi-l dung.bremen.de/sfb/behoerde/deputation/depu/g03_9b_17.pdf; letzter Zugriff 20.10.09).

Shonkoff,Jack P./Phillips, Deborah A. (2000): From neurons to neighborhoods. The science of early childhood development. Washington D. C.

Solzbacher, Claudia (2007): NetzwerkBildung: Schultheoretische Perspektiven. In: Solzbacher, Claudia/Minderop, Dorothea (Hrsg.): Bildungsnetzwerke und Regionale Bildungslandschaften. Ziele und Konzepte, Aufgaben und Prozesse. München/ Unterschleißheim, S. 33-43.

Solzbacher, Claudia/Minderop, Dorothea (Hrsg.) (2007): Bildungsnetzwerke und Regionale Bildungslandschaften. Ziele und Konzepte, Aufgaben und Prozesse. München/ Unterschleißheim.

Stadt Dortmund (2002a): Leitbild: Schulstadt Dortmund. Dortmund (http://schulverwaltungsamt.dortmund.de/upload/binarydata_do4ud4cms/91/21/12/0 0 /00/00/122191/leitbild.pdf; letzter Zugriff 15.4.08).

Stadt Dortmund (o.J.): Rahmenvereinbarung zur Einrichtung der Offenen Ganztagsschule im Primarbereich der Dortmunder Schulen zwischen den beteiligten Schulen, den Trägern der freien Wohlfahrtspflege und andere (sic) Organisationen und dem Schulträger Stadt Dortmund (http://dev.familie.dortmund.de/upload/binarydata _do4ud4cms/13/78/16/00/00/00/167813/rahmenvereinbarung_ogs_08_09.pdf; letzter Zugriff 24.8.10).

Stadt Dortmund, Der Oberbürgermeister (Hrsg.) (2008): Erster kommunaler Bildungsbericht für die Schulstadt Dortmund. Schulentwicklung in Dortmund. Münster/New York/München/Berlin.

Stadt Dortmund, Dezernat für Arbeit, Gesundheit und Soziales (2007): Sozialstrukturatlas 2005, Dortmund.

Stadt Dortmund, Fachbereich Schule (2002b): „Schule als Stadtteilzentrum". Perspektivpapier aus der Dortmunder Bildungskommission. Dortmund (http://schulverwal tungsamt. dormund.de/upload/binarydata_do4ud4cms/58/12/00/00/00/00/1258/ schule_stadtteil zentrum.pdf; letzter Zugriff 15.4.08).

Stadt Dortmund, Fachbereich Statistik (Hrsg.) (2009): Jahresbericht Bevölkerung. Dortmunder Statistik. Dortmund.

Stadt Dortmund, Fachbereich Statistik (Hrsg.) (2009): Jahresbericht Bevölkerung. Dortmunder Statistik. Dortmund. (http://dev.statistik.dortmund.de/upload/binarydata_ do4ud 4cms/04/95/18/00/00/00/189504 /Internetversion_-_Nummer_187.pdf; letzter Zugriff: 18.03.2010).

Stadt Dortmund, Familienprojekt (2007): Offene Ganztagsschulen im Primarbereich in Dortmund. Entwicklungsschritte und Statements. Dortmund.

Stadt Dortmund, Familienprojekt (Hrsg.) (2006): Geschäftsbericht 2006 Familienprojekt. Dortmund.

Stadt Dortmund, Stadtplanungsamt (Hrsg.) (2004): Integriertes Stadtbezirksentwicklungskonzept Innenstadt-Nord. Dortmund. (http://dev.stadtplanungsamt.dortmund.de/ upload/binarydata_do4ud4cms/99/13/06/00/00/00/61399/InSEKt_Innenstadt-Nord.pdf; letzter Zugriff: 23.03.2010).

Stadt Dortmund, Stadtplanungsamt (Hrsg.) (2007): Integriertes Stadtbezirksentwicklungskonzept Innenstadt-Nord Fortschreibungsentwurf 2007. Dortmund. (https://dosys01. digistadtdo.de/dosys/gremrech.nsf/%28embAttOrg%29/D2F285C858A9539EC1257 4 47006F27F3/$FILE/Anlagen_07922-07.pdf?OpenElement; letzter Zugriff: 23.03. 2010).

Stadt Essen (2003a): Gesamtkonzeption von Jugendhilfe und Schule zum bedarfsgerechten Ausbau von Ganztagsangeboten für Kinder und Jugendliche. Vorlage 0990/ 2003/4 für den Jugendhilfeausschuss des Rates der Stadt vom 13.5.2003.

Stadt Essen (2003b): Offene Ganztagsschule in Essen. Kurzfassung des abgestimmten Konzeptes des Schulträgers und der örtlichen öffentlichen und freien Jugendhilfeträger zur Umgestaltung von Schulen des Primarbereichs in offene Ganztagsschulen. Anlage II zur Ratsvorlage 1628/2003/4 vom 30.6.2003.

Stadt Essen (2005): Neue Grundschule – Offene Ganztagsschule in Essen. Ratsbeschluss vom 27.4.2005. Drs. 0668/2005/4.

Stadt Essen (2007a): Neue Grundschule/Offene Ganztagsschule in Essen. Ratsvorlage 290/2007/4 vom 28.3.2007.

Stadt Essen (2007b): Auswertung der Umfrage an Essener Grundschulen zum Thema NGS/OGS. Stand: 25.01.2007. Anlage zur Ratsvorlage 290/27004 vom 28.3.2007.

Stadt Essen (2007c): Kooperationsvereinbarung zwischen den Schulen der Stadt Essen und den Sozialen Diensten des Jugendamts zu § 42 Abs. 6 Schulgesetz NRW und § 8a SGB VIII (http://www.essen.de/Deutsch/Rathaus/Aemter/Ordner_40/Schulbera tung/Druck version_Kooperationsvereinbarung_8a_Schule.pdf; letzter Zugriff 21.12.2009).

Stadt Essen (2008): Kinderbericht 2008, Essen (http://www.essen.de/deutsch/Rathaus /Aemter/Ordner_0512/Kinderbericht_gesamt.pdf; letzter Zugriff 21.12.2009).

Stadt Essen, Amt für Statistik, Stadtforschung und Wahlen (2006): Statistischer Halbjahresbericht der Stadt Essen. 59 Jg., H. 1/2006. Essen.

Stadt Essen, Amt für Statistik, Stadtforschung und Wahlen (2008): Statistischer Halbjahresbericht der Stadt Essen. 61 Jg., H. 2/2008. Essen.

Stadt Essen, Amt für Statistik, Stadtforschung und Wahlen (2008): Halbjahresbericht 2007, 1. Halbjahr. Mit Sonderbericht: An weiterführenden Schulen angemeldete und angenommene Grundschülerinnen und –schüler für das Schuljahr 2007/08. Essen.

Stadt Essen, Amt für Statistik, Stadtforschung und Wahlen (2009): Statistischer Halbjahresbericht der Stadt Essen. 61. Jg., H. 2/2008. Essen.

Stadt Essen, der Oberbürgermeister (Büro Stadtentwicklung) (o.J.).: Integriertes Entwicklungskonzept Essen – Altenessen-Süd/Nordviertel Soziale Stadt. Antrag auf Aufnahme in das EFRE- Ziel 2- Programm 2007-2013. Essen.

Stadt Essen, RAA/Büro für interkulturelle Arbeit (o.J.): Interkulturelle Vermittlung (http://www.essen.de/Deutsch/Rathaus/Aemter/Ordner_0513/Dokumente_RAA/Flyer _Streit_mit_dem.pdf; letzter Zugriff 19.3.10).

Statistisches Landesamt Bremen (2008): Bremen Kleinräumig Infosystem. (http://www.statistik-bremen.de/soev/abfrage.cfm?tabelle=34010&baumstruktur=ja&netscape=ja&titelname =Bremen%20Kleinr%C3%A4umig%20Infosystem; letzter Zugriff: 15.04.2010).

Statistisches Landesamt Bremen (2008): Ortsteilatlas. (http://www.statistik-bremen.de/tabellen/kleinraum/ortsteilatlas/atlas.html; letzter Zugriff: 15.04.2010).

Stolz, Heinz-Jürgen (2006): Dezentrierte Ganztagsbildung. Diskurskritische Anmerkungen zu einer aktuellen Debatte. In: Otto,Hans-U./Oelkers,Jürgen (Hrsg.): Zeitgemäße Bildung. Herausforderung für Erziehungswissenschaft und Bildungspolitik. München, S.114-130.

Stolz, Heinz-Jürgen (2009): Gelingensbedingungen lokaler Bildungslandschaften. Die Perspektive der dezentrierten Ganztagsbildung. In: Bleckmann, Peter/Durdel, Anja: Lokale Bildungslandschaften. Perspektiven für Ganztagsschulen und Kommunen. Wiesbaden, S. 105-120.

Süss, Ulrike/Harmand, Carmen/Felger, Susanne (2009): Auf dem Weg zu lokalen Bildungslandschaft. Integriertes Bildungsmanagement in Weinheim. In: Bleckmann, Peter/Durdel, Anja (Hrsg.): Lokale Bildungslandschaften. Perspektiven für Ganztagsschulen und Kommunen. Wiesbaden, S. 265-284.

Verwaltungsvereinbarung IZBB (Investitionsprogramm „Zukunft Bildung und Betreuung“) 2003-2007 vom 29.5.2003 (http://www.bmbf.de/pub/20030512 _verwaltungs vereinbarung_zukunft_bildung_und_betreuung.pdf; letzter Zugriff 24.8.10).

Von Recum, H. (2003): Aspekte bildungspolitischer Steuerung. In: Döbert, H./von Kopp; B./Martini, R./Weiß, M. (Hrsg.): Bildung vor neuen Herausforderungen. Historische Bezüge – Rechtliche Aspekte – Steuerungsfragen – Internationale Perspektiven. Kriftel, S. 102-111.

Waldburg, P. (2002): Arbeit in Netzwerken – Herausforderung an die Organisations- und Personalentwicklung. In: Bertelsmann-Stiftung/Hans-Böckler-Stiftung/KGSt (Hrsg.): Netzwerk Kommunen der Zukunft. Produkte der Netzwerkarbeit Bd. 14 (1-3) – Kommunen und lokale Beschäftigungsförderung. Bausteine guter Praxis: Bd. 14-3 – Arbeiten in Netzwerken. Frankfurt a. M., S. 27-29.

Wasserman, Stanley/Faust, Katherine (1994): Social Network Analysis: Methods and Applications. Cambridge/New York.

Weishaupt, H./Weiß, M. (1997): Schulautonomie als theoretisches Problem und als Gegenstand empirischer Bildungsforschung. In: Döbert, H./Geißler, G. (Hrsg.): Schulautonomie in Europa. Umgang mit dem Thema, Theoretisches Problem, Europäischer Kontext, Bildungshistorischer Exkurs. Baden-Baden, S. 27-47.

Weyer, J. (2000). Soziale Netzwerke. Konzepte und Methoden der sozialwissenschaftlichen Netzwerkforschung. München/Wien.

Witzel, Andreas (2000): Das problemzentrierte Interview [26 Absätze]. Forum Qualitative Sozialforschung/Forum: Qualitative Social Research [Online Journal], 1(1). (http://www.qualitative-research.net/fqs-texte/1-00/1-00witzel-d.htm; letzter Zugriff: 18.04.10).

Zimmermann, K. (2005). Soziale Stadt und Local Governance. Hannover.

Zlatkin-Troitschanskaia, O. (2006): Steuerbarkeit von Bildungssystemen mittels politischer Reformstrategien. Frankfurt am Main u.a.

Züchner, Ivo (2009): Zusammenspiel oder Konkurrenz? Spurensuche zum Zusammenhang von schulischen Ganztagsangeboten und dem Zeitregime von Familien. In: Hesper, Werner/Fatke, Reinhard (Hrsg.): Ganztägige Bildung und Betreuung. Zeitschrift für Pädagogik, 54. Beiheft, S. 266ff.

Druck: KN Digital Printforce GmbH · Schockenriedstraße 37 · 70565 Stuttgart